一图读懂新的
《中华人民共和国突发事件应对法》

闪淳昌◎主编

中国法治出版社
CHINA LEGAL PUBLISHING HOUSE

图书在版编目（CIP）数据

一图读懂新的《中华人民共和国突发事件应对法》/ 闪淳昌主编. -- 北京：中国法治出版社，2024. 10.
ISBN 978-7-5216-4718-1

Ⅰ. D922.1

中国国家版本馆 CIP 数据核字第 2024LX9695 号

| 责任编辑：宋　平 | 插图设计：孙雨岐 | 封面设计：李　宁 |

一图读懂新的《中华人民共和国突发事件应对法》
YI TU DUDONG XINDE《ZHONGHUA RENMIN GONGHEGUO TUFA SHIJIAN YINGDUIFA》

主编/闪淳昌
经销/新华书店
印刷/应信印务(北京)有限公司

开本/889 毫米×1194 毫米　16 开　　　　　　　　印张/ 13.5　字数/ 242 千
版次/2024 年 10 月第 1 版　　　　　　　　　　　　2024 年 10 月第 1 次印刷

中国法治出版社出版

书号 ISBN 978-7-5216-4718-1　　　　　　　　　　　　　　　　　　定价：65.00 元

北京市西城区西便门西里甲 16 号西便门办公区
邮政编码：100053　　　　　　　　　　　　　　　　　传真：010-63141600
网址：http：//www.zgfzs.com　　　　　　　　　　**编辑部电话：010-63141825**
市场营销部电话：010-63141612　　　　　　　　　**印务部电话：010-63141606**

（如有印装质量问题，请与本社印务部联系。）

编辑指导委员会

主　任　闪淳昌

副主任　范维澄　张兴凯　马怀德　薛　澜　闫　鹏
　　　　　陈越良　陈少云　张文杰　雷长群

编写组

主　编　闪淳昌

执行主编　孙雨岐

副主编　李海鹏　王　磊　陈　厦　刘　军

成　员　敬云川　王泽阳　刘丽丽　孙成明
　　　　　郭　歌　刘佩仪　王　皖　杨　惠

前 言

党和国家高度重视突发事件应对工作法治建设。2007年全国人大常委会审议通过《中华人民共和国突发事件应对法》（以下简称《突发事件应对法》），是我国应急管理法治建设的一个里程碑。《突发事件应对法》是突发事件应对领域的基础性、综合性法律，对依法加强突发事件应对工作，预防和减少突发事件的发生，控制、减轻和消除突发事件引起的严重社会危害，提高突发事件预防和应对能力，规范突发事件应对活动，保护人民生命财产安全，维护国家安全、公共安全、生态环境安全和社会秩序，发挥着重要的法治保障作用。《突发事件应对法》于2024年作了修改。新的《突发事件应对法》，贯彻落实党中央关于突发事件应对管理工作的决策部署，把坚持党的领导以及深化党和国家机构改革的最新成果等通过法律条文予以明确；坚持问题导向，补充完善相关制度措施，吸收应对新冠疫情的经验教训；坚持该法突发事件应对管理领域基础性、综合性法律定位不变，处理好与本领域其他专门立法的关系，做好衔接配合。新的《突发事件应对法》是我国应急管理法治工作的重大成就。

加强突发事件应对工作，提升突发事件应对能力，首先要加强突发事件应对法律法规及有关知识的学习宣传。鉴于《突发事件应对法》条款修改和增加较多，为配合修正后的相关法条的学习宣传、贯彻实施，我们组织编写了《一图读懂新的〈中华人民共和国突发事件应对法〉》一书，将《突发事件应对法》的一百零六条条文逐一转化为"一张图"进行展示，将复杂的法律条款转变为流程图，以期帮助读者快速理解《突发事件应对法》相关规定精神。

由于时间仓促，书中如有不足之处，欢迎广大读者朋友批评指正，再版时修订完善。

编　者

2024年9月10日

目　录

第一章　总　　则 …………………………………… 1

　　第 1 条　立法目的和依据 / 1

　　第 2 条　概念、调整范围和适用规则 / 3

　　第 3 条　突发事件分级标准 / 5

　　第 4 条　指导思想和治理体系 / 7

　　第 5 条　工作原则和理念 / 9

　　第 6 条　社会动员机制 / 10

　　第 7 条　信息发布 / 11

　　第 8 条　新闻报道和宣传 / 12

　　第 9 条　投诉与举报 / 13

　　第 10 条　比例原则 / 15

　　第 11 条　特殊群体保护 / 17

　　第 12 条　财产征用与补偿 / 18

　　第 13 条　时效和程序中止 / 20

　　第 14 条　国际合作与交流 / 21

　　第 15 条　表彰和奖励 / 23

第二章　管理与指挥体制 …………………………… 24

　　第 16 条　管理体制和工作体系 / 24

　　第 17 条　分级负责、属地管理和报告机制 / 26

　　第 18 条　协调配合与协同应对 / 28

　　第 19 条　行政领导机关和应急指挥机构 / 29

　　第 20 条　应急指挥机构职责权限 / 31

　　第 21 条　部门职责 / 33

　　第 22 条　基层职责 / 34

　　第 23 条　公民、法人和其他组织的义务 / 35

　　第 24 条　解放军、武警部队和民兵组织参与 / 36

　　第 25 条　工作备案与监督 / 37

第三章　预防与应急准备 …………………………… 38

　　第 26 条　应急预案体系 / 38

　　第 27 条　应急预案衔接 / 40

　　第 28 条　应急预案制定依据与内容 / 41

　　第 29 条　应急体系建设规划 / 43

　　第 30 条　国土空间规划等考虑预防和处置突发事件 / 44

　　第 31 条　应急避难场所标准体系 / 45

　　第 32 条　突发事件风险评估体系 / 46

　　第 33 条　安全防范措施 / 48

　　第 34 条　及时调处矛盾纠纷 / 50

　　第 35 条　安全管理制度 / 51

第 36 条　矿山和危险物品单位预防义务 / 53
第 37 条　人员密集场所经营单位或者管理单位的预防义务 / 55
第 38 条　应对管理培训制度 / 57
第 39 条　应急救援队伍 / 58
第 40 条　应急救援人员人身保险和资格要求 / 60
第 41 条　解放军、武警和民兵专门训练 / 61
第 42 条　应急知识宣传普及和应急演练 / 62
第 43 条　学校的应急教育和演练义务 / 63
第 44 条　经费保障 / 64
第 45 条　应急物资储备保障制度和目录 / 65
第 46 条　应急救援物资、装备等生产、供应和储备 / 68
第 47 条　应急运输保障 / 70
第 48 条　能源应急保障 / 72
第 49 条　应急通信和广播保障 / 73
第 50 条　卫生应急体系 / 74
第 51 条　急救医疗服务网络建设 / 75
第 52 条　鼓励社会力量支持 / 76
第 53 条　紧急救援、人道救助和应急慈善 / 78
第 54 条　救援资金和物资管理 / 79
第 55 条　巨灾风险保险体系 / 80
第 56 条　技术应用、人才培养和研究开发 / 82
第 57 条　专家咨询论证制度 / 84

第四章　监测与预警 …… 85

第 58 条　突发事件监测制度 / 85
第 59 条　突发事件信息系统 / 87
第 60 条　突发事件信息收集制度 / 88
第 61 条　突发事件信息报告制度 / 90
第 62 条　突发事件信息评估制度 / 92
第 63 条　突发事件预警制度 / 93
第 64 条　预警信息发布、报告和通报 / 94
第 65 条　预警信息发布 / 96
第 66 条　三级、四级预警措施 / 97
第 67 条　一级、二级预警措施 / 100
第 68 条　预警期保障措施 / 102
第 69 条　社会安全事件信息报告制度 / 103
第 70 条　预警调整和解除 / 104

第五章　应急处置与救援 …… 105

第 71 条　应急响应制度 / 105
第 72 条　应急处置机制 / 106
第 73 条　自然灾害、事故灾难和公共卫生事件应急处置措施 / 108
第 74 条　社会安全事件应急处置措施 / 110
第 75 条　严重影响国民经济运行的突发事件应急处置机制 / 112
第 76 条　应急协作机制和救援帮扶制度 / 113
第 77 条　群众性基层自治组织组织自救与互助 / 115
第 78 条　突发事件有关单位的应急职责 / 116
第 79 条　突发事件发生地的公民应当履行的义务 / 118

第 80 条　城乡社区组织应急工作机制 / 119
第 81 条　心理援助工作 / 120
第 82 条　遗体处置及遗物保管 / 121
第 83 条　政府及部门信息收集与个人信息保护 / 122
第 84 条　有关单位、个人获取信息及使用限制 / 123
第 85 条　信息用途、销毁和处理 / 124

第六章　事后恢复与重建 ······ 125

第 86 条　应急响应解除 / 125
第 87 条　影响、损失评估与恢复重建 / 126
第 88 条　支援恢复重建 / 128
第 89 条　扶持优惠和善后工作 / 129
第 90 条　公民参与应急的保障 / 130
第 91 条　伤亡人员保障 / 132
第 92 条　突发事件调查、应急处置总结 / 133
第 93 条　资金和物资审计监督 / 134
第 94 条　应对工作档案管理 / 135

第七章　法律责任 ······ 136

第 95 条　地方政府、有关部门及其人员不依法履责的法律责任 / 136
第 96 条　突发事件发生地的单位不履行法定义务的法律责任 / 140
第 97 条　编造、传播虚假信息的法律责任 / 142
第 98 条　单位和个人不服从、不配合的法律责任 / 144

第 99 条　单位和个人违反个人信息保护规定的法律责任 / 145
第 100 条　民事责任 / 146
第 101 条　紧急避险 / 148
第 102 条　治安管理处罚和刑事责任 / 149

第八章　附　　则 ······ 151

第 103 条　紧急状态 / 151
第 104 条　域外突发事件应对 / 153
第 105 条　境内的外国人、无国籍人义务 / 154
第 106 条　施行日期 / 155

附　　录

中华人民共和国突发事件应对法（2024 年 6 月 28 日）/ 156
《中华人民共和国突发事件应对法》新旧对照表 / 169

第一章 总 则

第1条 立法目的和依据

第一条[①] 为了预防和减少突发事件的发生，控制、减轻和消除突发事件引起的严重社会危害，提高突发事件预防和应对能力，规范突发事件应对活动，保护人民生命财产安全，维护国家安全、公共安全、生态环境安全和社会秩序，根据宪法，制定本法。[②]

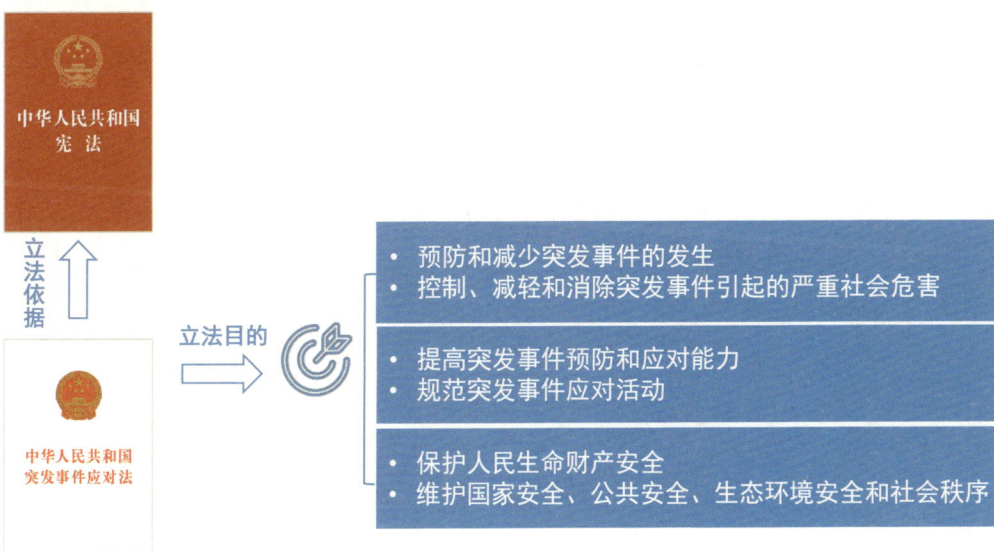

注：①本条是关于立法目的和立法依据的规定。

②我国自然灾害多发频发，各类事故隐患和安全风险交织叠加、易发多发，影响特别重大突发事件发生的原因日益增多，突发事件应对工作面临的形势严峻复杂。应急管理是国家治理体系和治理能力的重要组成部分，承担防范化解重大安全风险、及时应对处置各类灾害事故的重要职责。党的十八大以来，习近平总书记就应急管理作出一系列重要论述，为做好突发事件应对和应急管理工作指明了前进方向，提供了根本遵循。为深入贯彻落实习近平总书记关于应急管理重要论述精神，全面落实党中央关于应急管理体制改革重大决策部署，及时修订《中华人民共和国突发事件应对法》，为全面加强和规范突发事件应对工作打下更加坚实法治根基。将《中华人民共和国宪法》作为本法的立法依据，彰显了本法在突发事件应对和应急管理中具有基础性、综合性法律地位。本法的修订实施，标志着我国公共应急法治体系的进一步健全完善，推进应急管理体系和能力现代化取得重大进展。

第2条　概念、调整范围和适用规则

第二条[①]　本法所称突发事件[②]，是指突然发生，造成或者可能造成严重社会危害，需要采取应急处置措施予以应对的自然灾害[③]、事故灾难[④]、公共卫生事件[⑤]和社会安全事件[⑥]。

突发事件的预防与应急准备、监测与预警、应急处置与救援、事后恢复与重建等应对活动，适用本法。

《中华人民共和国传染病防治法》等有关法律对突发公共卫生事件应对作出规定的，适用其规定。有关法律没有规定的，适用本法。[⑦]

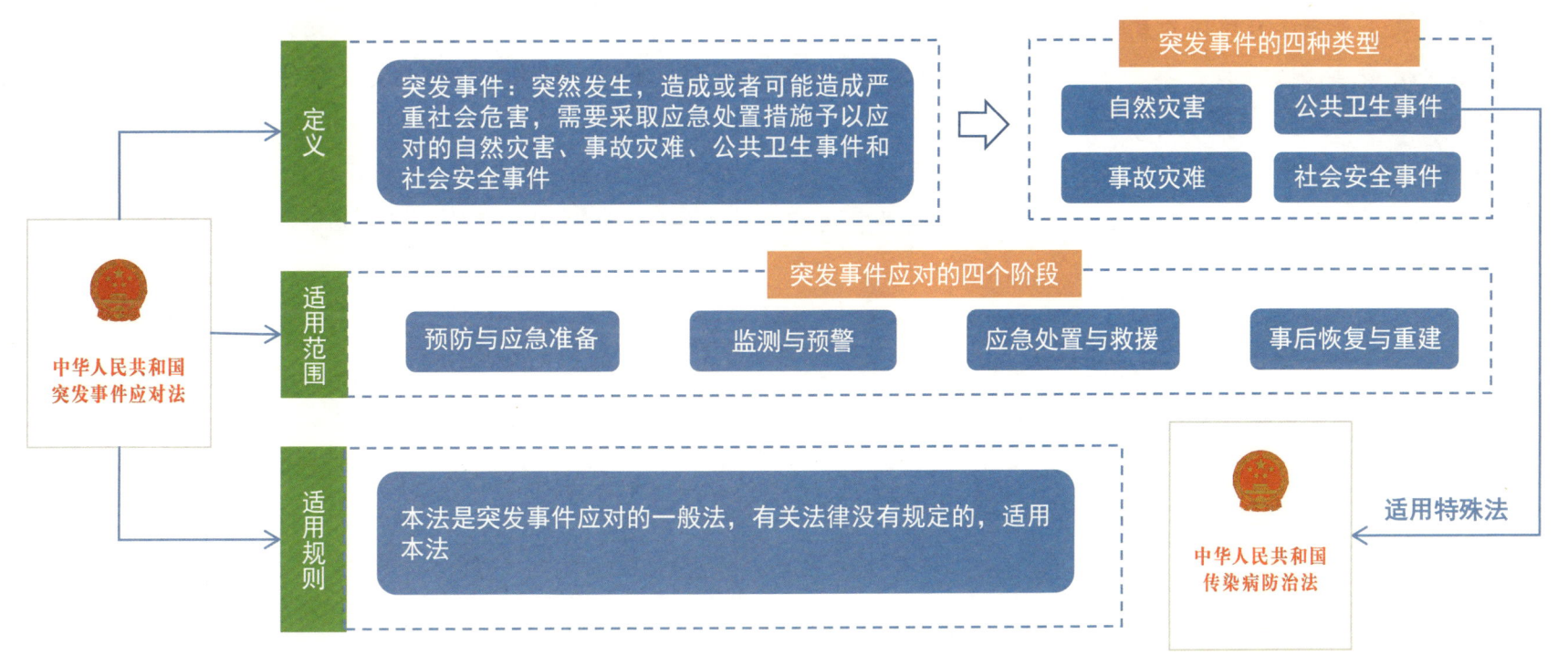

注：①本条是关于突发事件概念、类型及适用范围的规定。

②突发事件分类，是按照突发事件的性质、过程和机理的不同进行区分的。本法将突发事件分为四类，即自然灾害、事故灾难、公共卫生事件和社会安全事件。突发事件一般具有下列特征：一是突发性，突发事件的发生是不能预料或者难以预料的。二是发展的不确定性，突发事件的发展进程和损害结果并不确定，难以被完全预测和控制。三是危害的严重性和公共性，如果某一事件所造成的危害并不严重，不应构成突发事件。突发事件的危害后果具有公共性，即其直接受害者应是特定或不特定的多数人，或者直接受害者虽是个别人却产生了严重的社会影响。四是采取特别措施的必要性，人们采取正常状态下的各种手段无法消除突发事件所带来的影响，而必须采取特定的应急措施。

③自然灾害，是指由自然因素直接所致，主要包括水旱灾害、气象灾害、地震灾害、地质灾害、海洋灾害、生物灾害和森林草原火灾等。

④事故灾难主要包括工矿商贸等企业的各类生产安全事故、交通运输事故、公共设施和设备事故、环境污染和生态破坏事件等。

⑤公共卫生事件，是指由自然因素和人为因素、群体性不明原因疾病、食品安全和严重影响公众健康和生命安全的事件。

⑥社会安全事件，是指由一定的社会问题诱发，主要包括恐怖袭击事件、民族宗教事件、经济安全事故、涉外突发事件和群体性事件等。

⑦本法是突发事件应对的一般法，《中华人民共和国传染病防治法》等有关法律对突发事件应对作出的具体规定属于特别法，特别法有规定的，适用其规定。

第3条　突发事件分级标准

第三条[①] 　按照社会危害程度、影响范围等因素，突发自然灾害、事故灾难、公共卫生事件分为特别重大、重大、较大和一般四级。[②]法律、行政法规或者国务院另有规定的，从其规定。

突发事件的分级标准由国务院或者国务院确定的部门制定。[③]

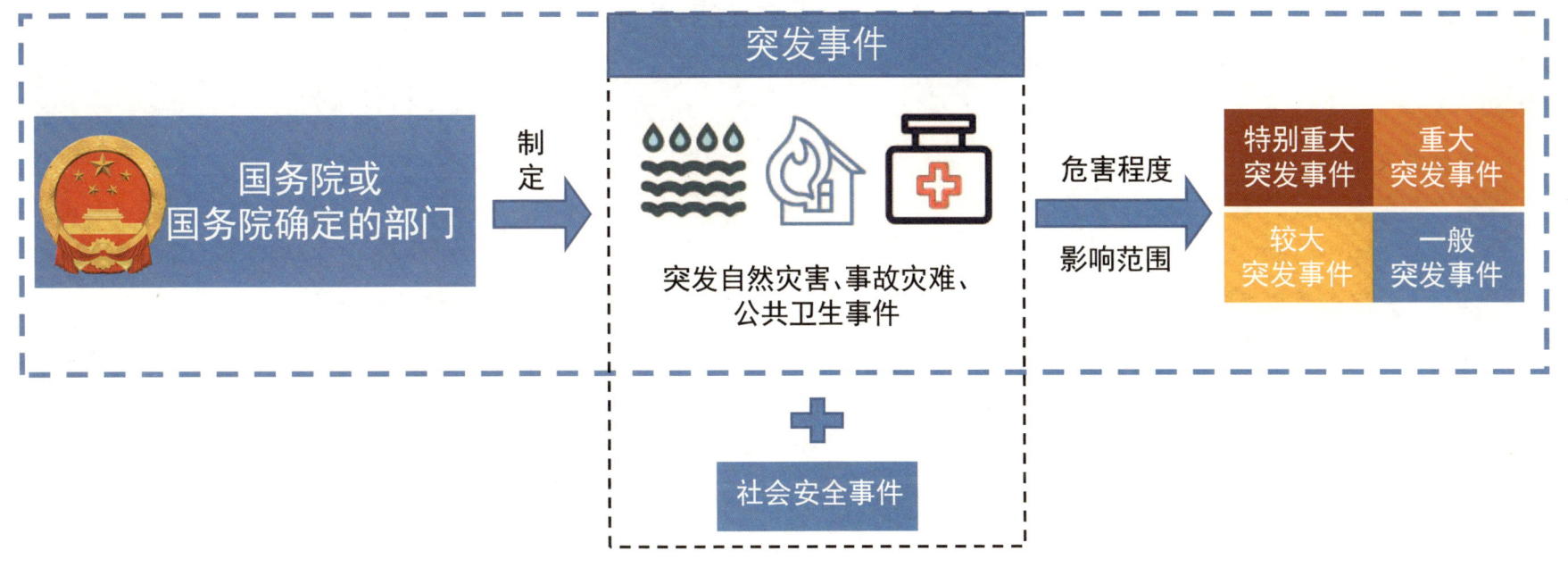

注：①本条是关于突发事件内涵、分类、分级和分级标准的规定。

②特别重大突发事件，是指事态非常复杂，对社会稳定、社会秩序造成严重危害和威胁，已经或可能造成特别重大人员伤亡或财产损失（其中，特别重大生产安全事故，是指造成30人以上死亡，或者100人以上重伤，或者1亿元以上直接经济损失的事故）；重大突发事件，是指事态复杂，对一定范围内的社会财产、人身安全、政治稳定和社会秩序造成严重危害和威胁，已经或可能造成重大人员伤亡或财产损失（其中，重大生产安全事故，是指造成10人以上30人以下死亡，或者50人以上100人以下重伤，或者5000万元以上1亿元以下直接经济损失的事故）；较大突发事件，是指事态比较复杂，对一定范围内的社会财产、人身安全、政治稳定和社会秩序造成严重危害和威胁，已经或可能造成较大人员伤亡或财产损失（其中，较大生产安全事故，是指造成3人以上10人以下死亡，或者10人以上50人以下重伤，或者1000万元以上5000万元以下直接经济损失的事故）；一般突发事件，是指事态比较简单，对较小范围内的社会财产、人身安全、政治稳定和社会秩序造成严重危害和威胁，已经或可能造成人员伤亡或财产损失（其中，一般生产安全事故，是指造成3人以下死亡，或者10人以下重伤，或者1000万元以下直接经济损失的事故）。对突发事件加以分级，主要是为监测、预警、报送信息、分级处置以及有针对性地采取应急措施提供依据，为解决不同等级的突发事件确定不同的应对主体、采取不同的应对措施提供基础。突发事件的分级，要求具有科学性。每一类突发事件都具有特殊性，其发展机理都不相同，必须在科学论证的基础上确定标准。本法针对自然灾害、事故灾难和公共卫生事件，将突发事件按照社会危害程度、影响范围等因素分为四级，即特别重大、重大、较大、一般。社会安全事件由于其自身的性质和复杂性，在监测、预警、处置方面往往需要各级、各类机关协同配合、统一联动，从法律上、权利义务上很难对其进行分级。

③国务院和国务院确定的部门，是统一领导、分类处置突发事件的主管部门，授权其对突发事件分级标准作出规定，与国务院及有关部门的职责权限相一致。

第4条 指导思想和治理体系

第四条[①] 突发事件应对工作坚持中国共产党的领导[②]，坚持以马克思列宁主义、毛泽东思想、邓小平理论、"三个代表"重要思想、科学发展观、习近平新时代中国特色社会主义思想为指导[③]，建立健全集中统一、高效权威[④]的中国特色突发事件应对工作领导体制，完善党委领导、政府负责、部门联动、军地联合、社会协同、公众参与、科技支撑、法治保障[⑤]的治理体系。

突发事件应对工作

【党的领导】	坚持中国共产党的领导	新时代立法工作的重要要求
【指导思想】	坚持以马克思列宁主义、毛泽东思想、邓小平理论、"三个代表"重要思想、科学发展观、习近平新时代中国特色社会主义思想为指导	做好突发事件应对的根本遵循
【领导体制】	建立健全集中统一、高效权威的中国特色突发事件应对工作领导体制	领导体制的特点和内在要求
【治理体系】	完善党委领导、政府负责、部门联动、军地联合、社会协同、公众参与、科技支撑、法治保障的治理体系	涵盖了治理体系的参与主体、相互关系、支撑保障等要素

注：①本条是关于突发事件应对工作指导思想和治理体系方面的规定。

②全面贯彻"中国共产党领导是中国特色社会主义最本质的特征"的宪法规定，有效发挥中国共产党领导和我国社会主义制度能够集中力量办大事的政治优势，是新时代突发事件应对和应急管理工作的政治要求。党的集中统一领导，是我们战胜重大风险和成功应对任何突发事件的关键所在。坚持党的领导，把坚持党的领导最高政治原则贯彻到应对工作全过程各方面，具有统摄作用，有利于把握突发事件应对工作的正确政治方向，各级党委政府和有关方面要强化政治意识，加强应急管理等部门和单位在突发事件应对工作中党组织和党员干部队伍建设，切实发挥领导干部骨干带头、基层党组织战斗堡垒、党员先锋模范作用。

③明确突发事件应对工作的指导思想是马克思列宁主义、毛泽东思想、邓小平理论、"三个代表"重要思想、科学发展观、习近平新时代中国特色社会主义思想，这是做好突发事件应对工作的根本遵循。

④"集中统一、高效权威"体现了中国特色突发事件应对工作领导体制的特点和内在要求。

⑤"党委领导、政府负责、部门联动、军地联合、社会协同、公众参与、科技支撑、法治保障"涵盖了突发事件应对工作治理体系的参与主体、相互关系、支撑保障等各要素。

第5条 工作原则和理念

| 第五条[1] | 突发事件应对工作应当坚持总体国家安全观,统筹发展与安全;坚持人民至上、生命至上[2];坚持依法科学应对,尊重和保障人权[3];坚持预防为主、预防与应急相结合[4]。 |

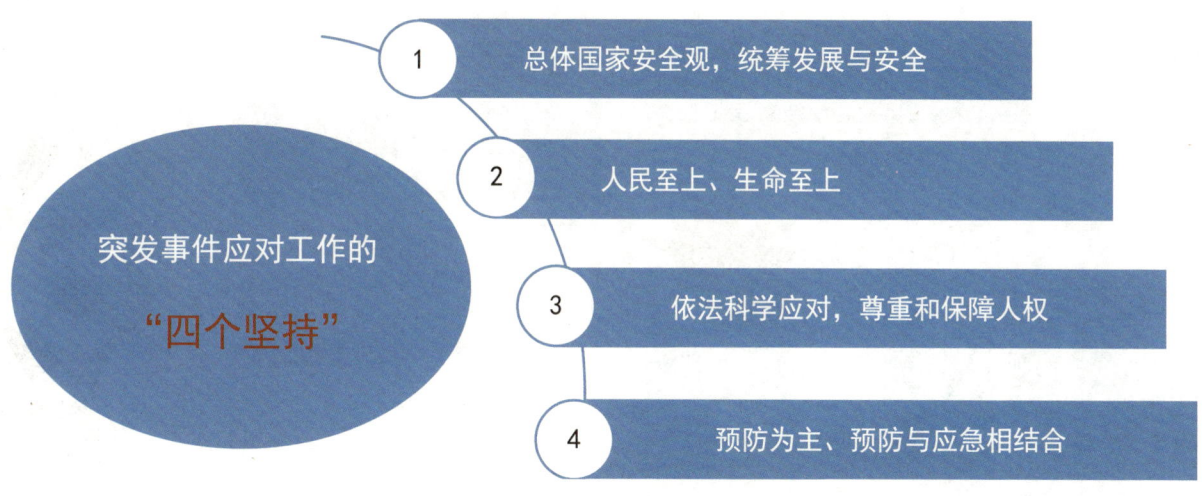

注:[1]本条是关于突发事件应对工作原则的规定。

[2]习近平总书记指出,人民是历史的创造者,是决定党和国家前途命运的根本力量。以法律形式确定人民至上、生命至上理念在应急管理中的重要地位,明确突发事件应对工作坚持人民至上、生命至上的总要求,彰显了以人民为中心的发展思想和价值取向,必将进一步发挥法律的引领保障作用,为在法治轨道上更好地维护人民生命安全提供制度保证。

[3]突发事件应对工作坚持依法科学应对,要求行政机关必须遵守法律,还要求公民遵守法律。公民遵守法律必须建立在尊重和保障人权的基础上,这是由人民性的中国特色社会主义法治的根本属性所决定的。

[4]坚持预防为主、预防与应急相结合,是由突发事件应对工作的规律决定的。做好突发事件应对工作,要尊重科学,采取有效的事前控制措施,坚持以防为主、防抗救相结合,全面提升全社会突发事件应对能力。

第6条 社会动员机制

| 第六条[①] | 国家建立有效的社会动员机制[②]，组织动员企业事业单位、社会组织、志愿者等各方力量[③]依法有序参与突发事件应对工作，增强全民的公共安全和防范风险的意识，提高全社会的避险救助能力。 |

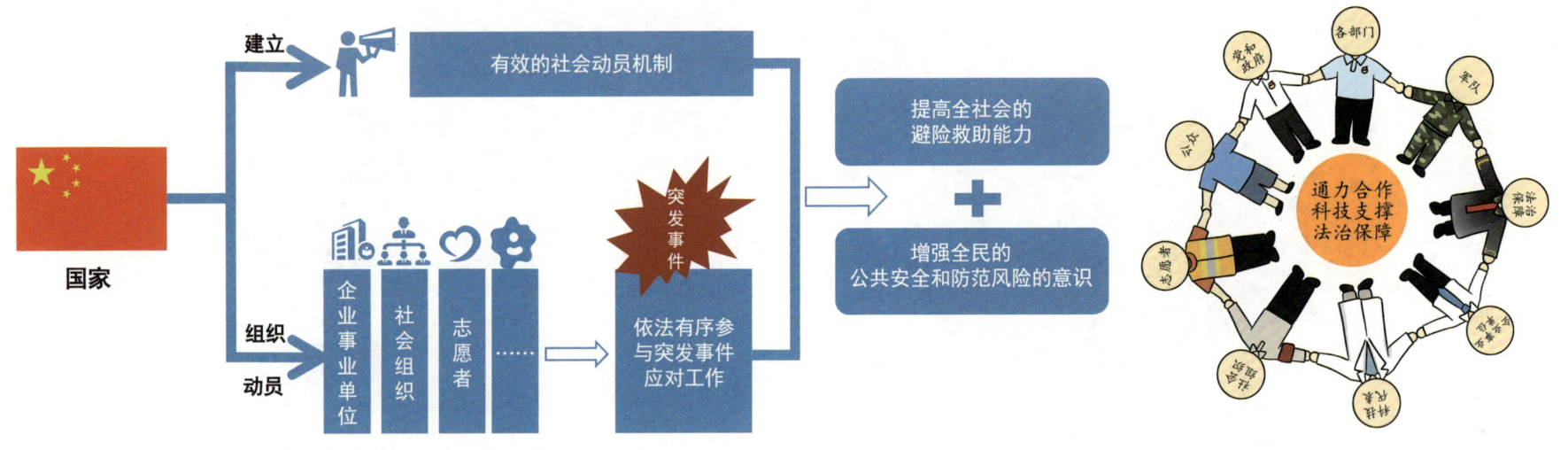

注：①本条是关于突发事件应对社会动员机制的规定。

②社会动员机制是国家治理体系的重要组成部分，是衡量国家治理能力的重要标志。通过提高人民群众的危机意识和依法应对突发事件的能力，推动应急管理体系和能力现代化。社会参与机制包括信息发布和动员、应急准备、开展自救与互救、协助维护秩序、服从指挥和安排、积极参与应急救援和恢复重建工作等。

③明确突发事件应对的社会参与主体包括企业事业单位、社会组织、志愿者等各方力量，强调有关社会力量的法律地位，进一步调动各方参与突发事件应对的积极性。

第7条 信息发布

第七条[①]

国家建立健全突发事件信息发布制度。有关人民政府和部门应当及时向社会公布突发事件相关信息和有关突发事件应对的决定、命令、措施等信息。[②]

任何单位和个人不得编造、故意传播有关突发事件的虚假信息。有关人民政府和部门发现影响或者可能影响社会稳定、扰乱社会和经济管理秩序的虚假或者不完整信息的,应当及时发布准确的信息予以澄清。[③]

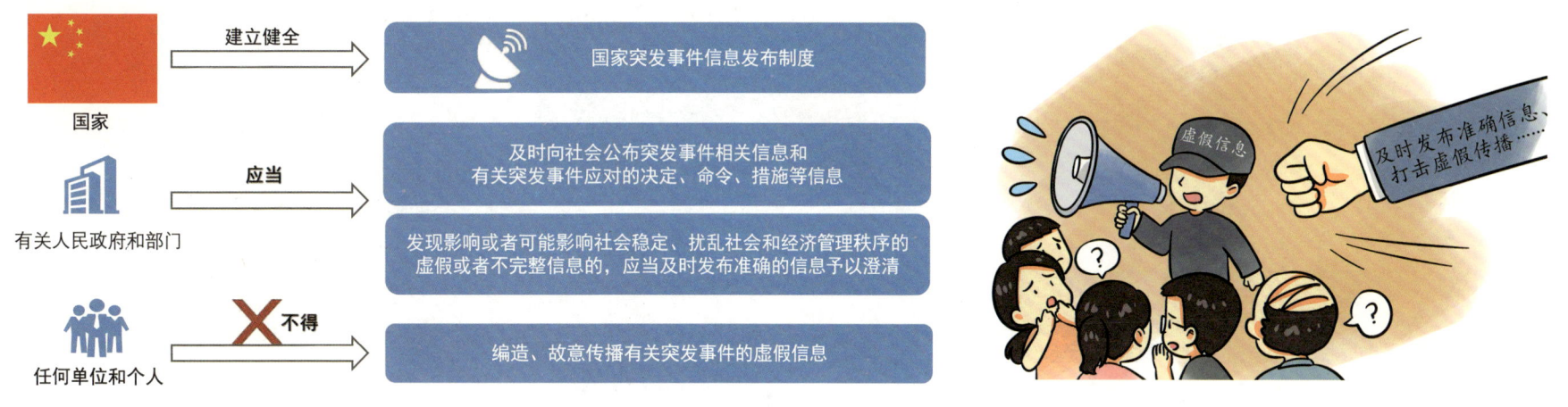

注:①本条是关于突发事件信息发布的有关规定。

②进一步规范有关人民政府和部门的突发事件信息发布,针对突发事件虚假信息的编造与传播影响应急处置工作有效开展的情况,有必要对谣言传播等虚假信息严加控制。

③针对影响或者可能影响社会稳定、扰乱社会和经济管理秩序的虚假或者不完整信息,明确有关人民政府和部门的澄清义务。

第 8 条　新闻报道和宣传

第八条[①]　国家建立健全突发事件新闻采访报道制度。有关人民政府和部门应当做好新闻媒体服务引导工作，支持新闻媒体开展采访报道和舆论监督。

新闻媒体采访报道突发事件应当及时、准确、客观、公正。[②]

新闻媒体应当开展突发事件应对法律法规、预防与应急、自救与互救知识等的公益宣传。[③]

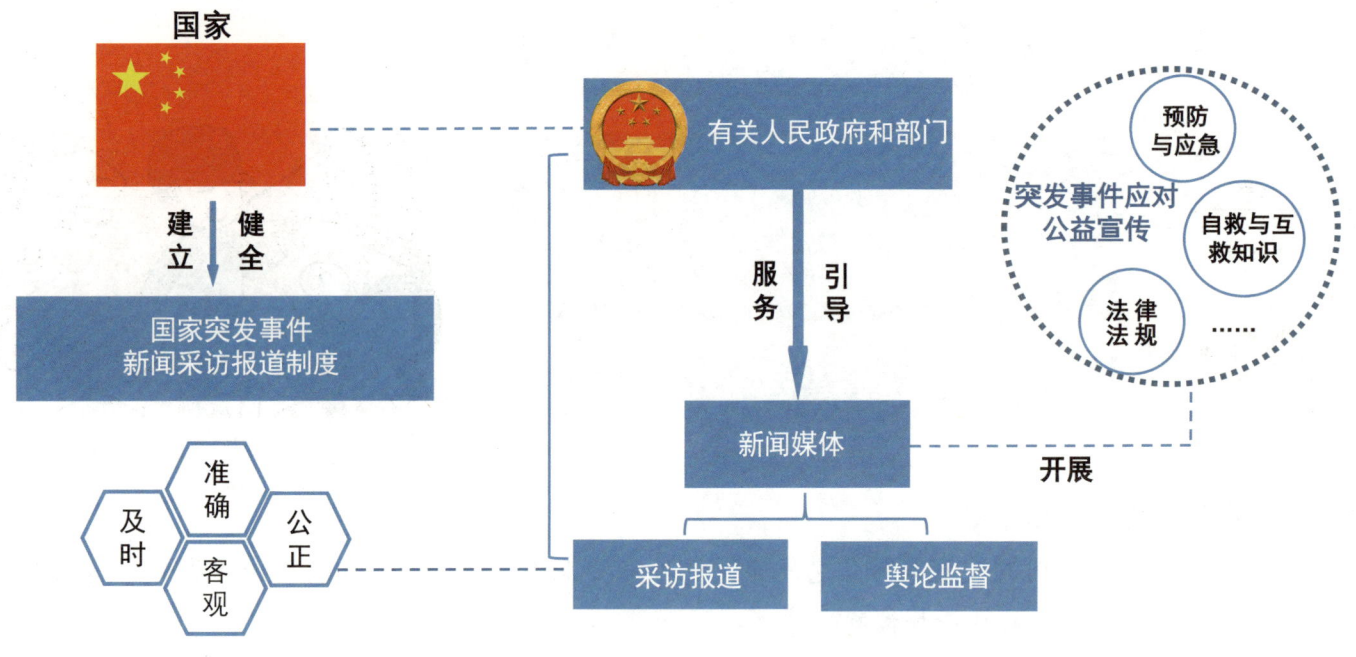

注：①本条是关于突发事件新闻采访报道制度的规定。

②明确新闻媒体采访突发事件的义务，即及时、准确、客观、公正。

③规定新闻媒体进行公益宣传的具体义务，即开展突发事件应对法律法规、预防与应急、自救与互救知识等的公益宣传。

第9条　投诉与举报

第九条[①]

国家建立突发事件应对工作投诉、举报制度，公布统一的投诉、举报方式。

对于不履行或者不正确履行突发事件应对工作职责的行为，任何单位和个人有权向有关人民政府和部门投诉、举报。

接到投诉、举报的人民政府和部门应当依照规定立即组织调查处理，并将调查处理结果以适当方式告知投诉人、举报人；投诉、举报事项不属于其职责的，应当及时移送有关机关处理。[②]

有关人民政府和部门对投诉人、举报人的相关信息应当予以保密，保护投诉人、举报人的合法权益。[③]

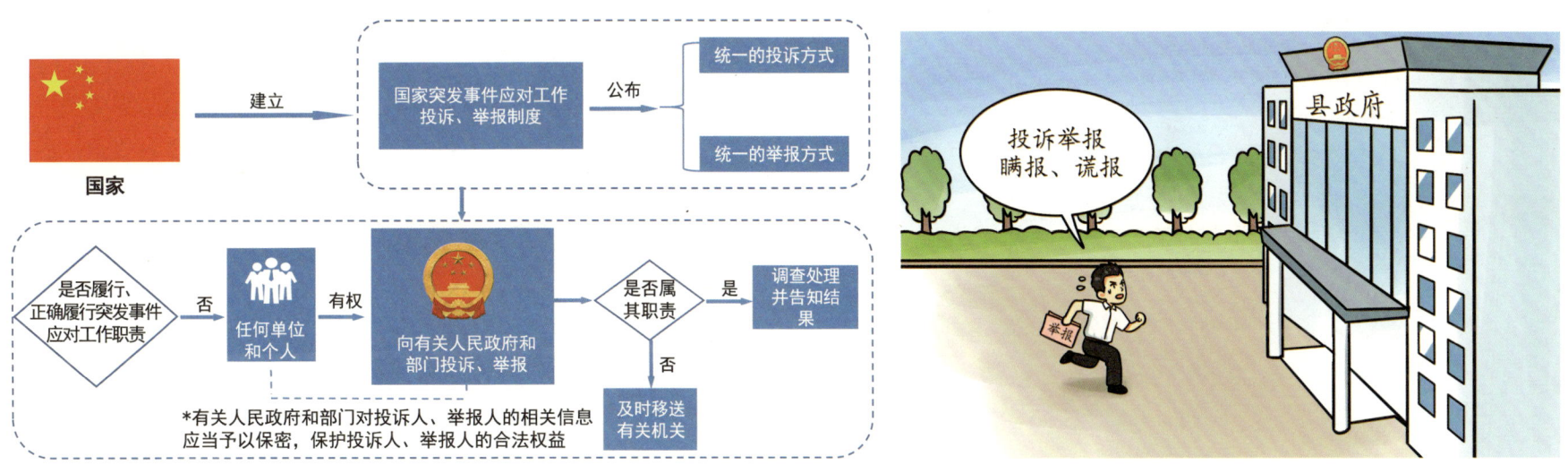

注：①本条是关于突发事件应对工作投诉、举报制度的规定。
②投诉、举报，是指对违反法律、法规或者相关规定的行为进行控诉和向上级报告。国家建立突发事件应对工作投诉、举报制度，畅通社会监督渠道，鼓励人民群众监督政府及部门等不履行或者不正确履行职责的行为，并进一步明确诉讼、举报的处理和移送程序。
③明确对投诉人、举报人的保护机制，规范投诉举报线索处理工作，充分调动社会监督的主动性和积极性。

第10条 比例原则

第十条[1] 突发事件应对措施应当与突发事件可能造成的社会危害的性质、程度和范围相适应；有多种措施可供选择的，应当选择有利于最大程度地保护公民、法人和其他组织权益，且对他人权益损害和生态环境影响较小的措施，并根据情况变化及时调整，做到科学、精准、有效。[2]

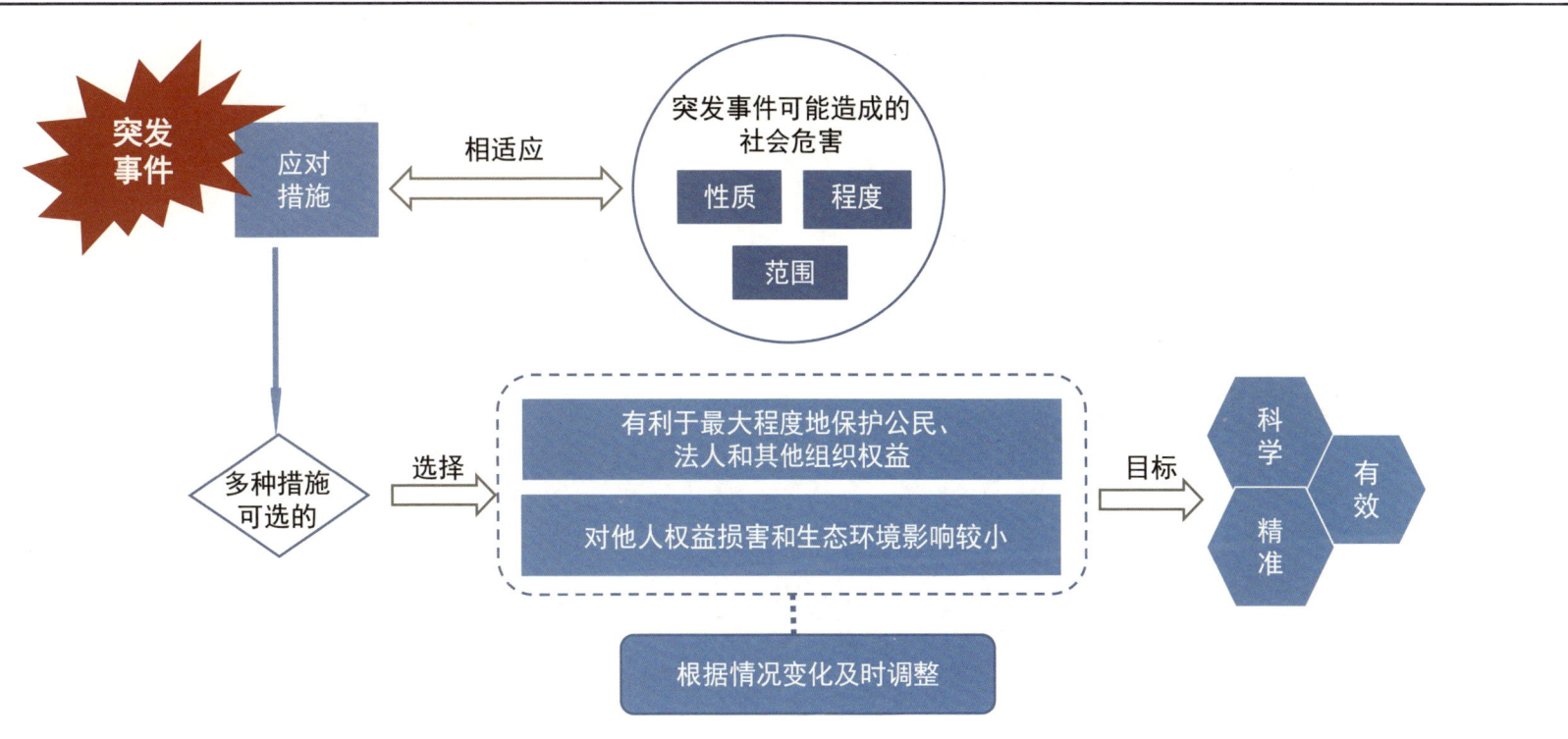

注：[1]本条是关于突发事件应对行政行为合理性原则的规定。行政合理原则又称行政适当原则、比例原则、禁止过度原则，是指行政行为在形式合法的前提下应尽可能合理、适当和公正。

[2]突发事件的比例原则，是指行政机关在行使行政紧急权力时，应当全面权衡有关公共利益和个人权益，采取对公民权益造

成限制或损失最小的行政行为，并且使行政行为造成的损害与所实现的行政目的相适应。法律赋予有关人民政府和部门可以采取应对突发事件的措施具有很大的裁量空间，难免在行政行为中造成相对人损害，有必要加以合理性限制。突发事件应对措施与应急响应紧密关联，不同类型的突发事件可能造成的社会危害，根据其性质、程度和范围，应当由不同级别的政府或部门采取不同级别的应急响应措施。保证行政合理原则在突发事件应急措施中得到落实，要严格落实各类、各层级突发事件应急预案；在一定应急响应级别下，应急主体和应急措施范围具有相对固定性，但在具体适用应急措施范围的一项或是多项措施时，人民政府和部门有很大的自由裁量权，这就要求有多种措施可供选择的，应当选择有利于最大程度地保护公民、法人和其他组织权益的措施。

第11条 特殊群体保护

第十一条[1] 国家在突发事件应对工作中，应当对未成年人、老年人、残疾人、孕产期和哺乳期的妇女、需要及时就医的伤病人员等群体给予特殊、优先保护。[2]

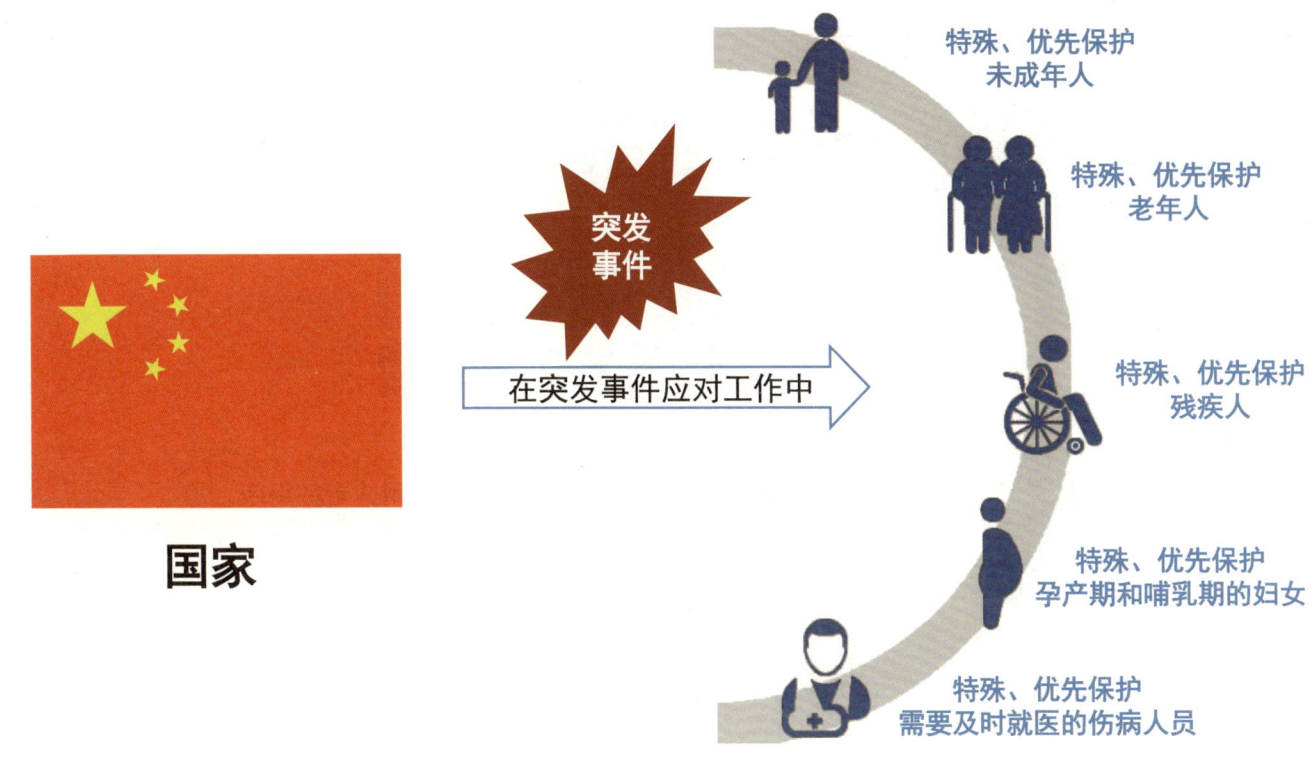

注：[1] 本条是关于在突发事件应对工作中特殊、优先保护的人群的规定。
　　[2] 突发事件影响面广、涉及社会群体多，未成年人、老年人、残疾人、孕产期和哺乳期的妇女、需要及时就医的伤病人员等特殊群体自救和自助能力较弱，需要给予特殊、优先的保护、关怀和照顾。

第 12 条　财产征用与补偿

| 第十二条[①] | 县级以上人民政府及其部门为应对突发事件的紧急需要，可以征用单位和个人的设备、设施、场地、交通工具等财产。[②]被征用的财产在使用完毕或者突发事件应急处置工作结束后，应当及时返还。财产被征用或者征用后毁损、灭失的，应当给予公平、合理的补偿。[③] |

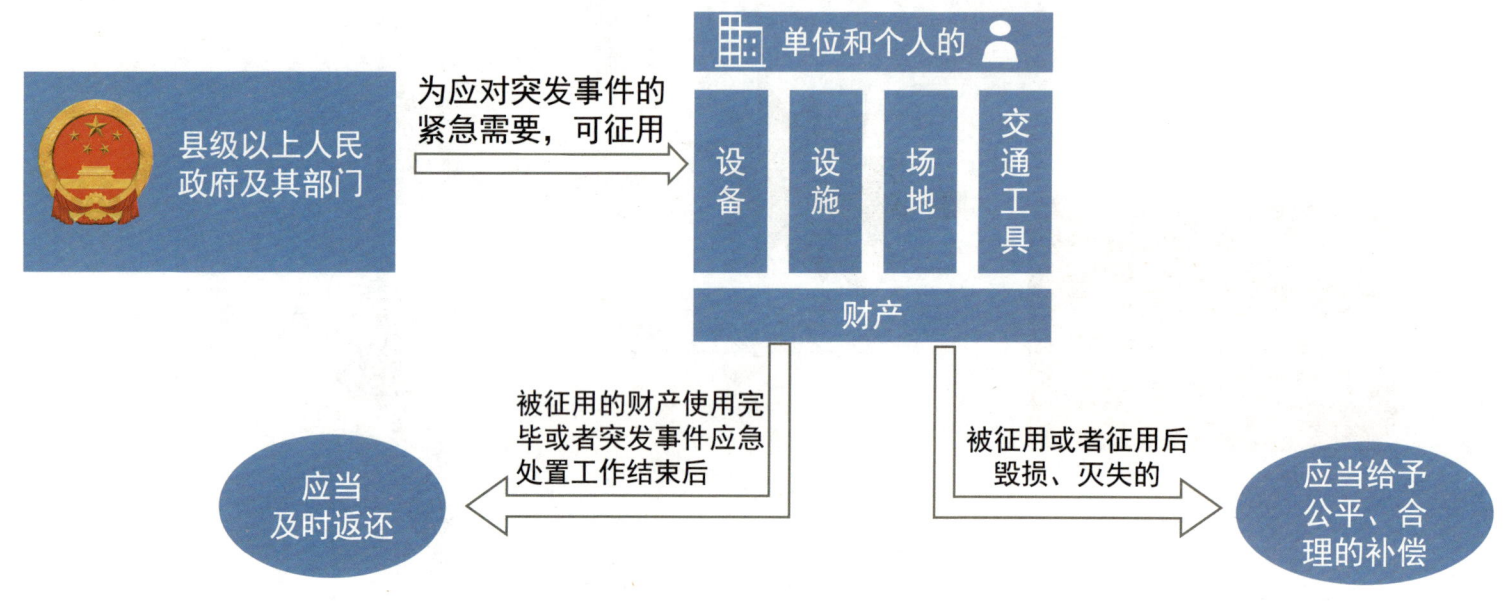

注：①本条是关于突发事件应对工作中财产征用与补偿的有关规定。
②有关人民政府及其部门为应对突发事件，征用单位和个人的财产的具体行政行为，属于应急征用。行政征用，是指行政主体出于公共利益的需要，依据法律法规强制性地取得行政相对人财产使用权或劳务并给予经济补偿的一种具体行政行为。《中华人民共和国宪法》规定，国家为了公共利益的需要，可以依照法律规定对公民的私有财产实行征收或者征用并给予补偿。《中华人民共和国防震减灾法》《中华人民共和国传染病防治法》等规定，征用主体包括有关人民政府、政府有关部门等，征用客体包括土地、建筑物、房屋、设施、运输工具、通信设备、工程机械、抢险救灾工具等。
③征用补偿，是指在突发事件的应对过程中，如果行政紧急权力的行使给相对人造成侵害或增加负担，行政机关应当根据相对人的请求或依职权补偿这种侵害或负担，以保护、救济相对人的权益。征用补偿属于行政补偿。单位、个人的不动产或者动产被征用或者征用后毁损、灭失的，应当给予补偿。征用不改变财产所有权，不发生财产所有权的转移，它只是为了突发事件应急需要而采取的临时措施。被征用的财产在使用完毕或者突发事件应急处置工作结束后，应当及时返还给财产所有人。被征用的财产毁损、灭失的，会导致被征用财产使用价值的降低或财产所有权的消灭，应当给予补偿；财产被征用的，虽未造成财产本身的直接损害，但基于利用财产使用价值的事实，应当给予补偿。

第13条 时效和程序中止

| 第十三条[①] | 因依法采取突发事件应对措施，致使诉讼、监察调查、行政复议、仲裁、国家赔偿等活动不能正常进行的，适用有关时效中止[②]和程序中止[③]的规定，法律另有规定的除外。 |

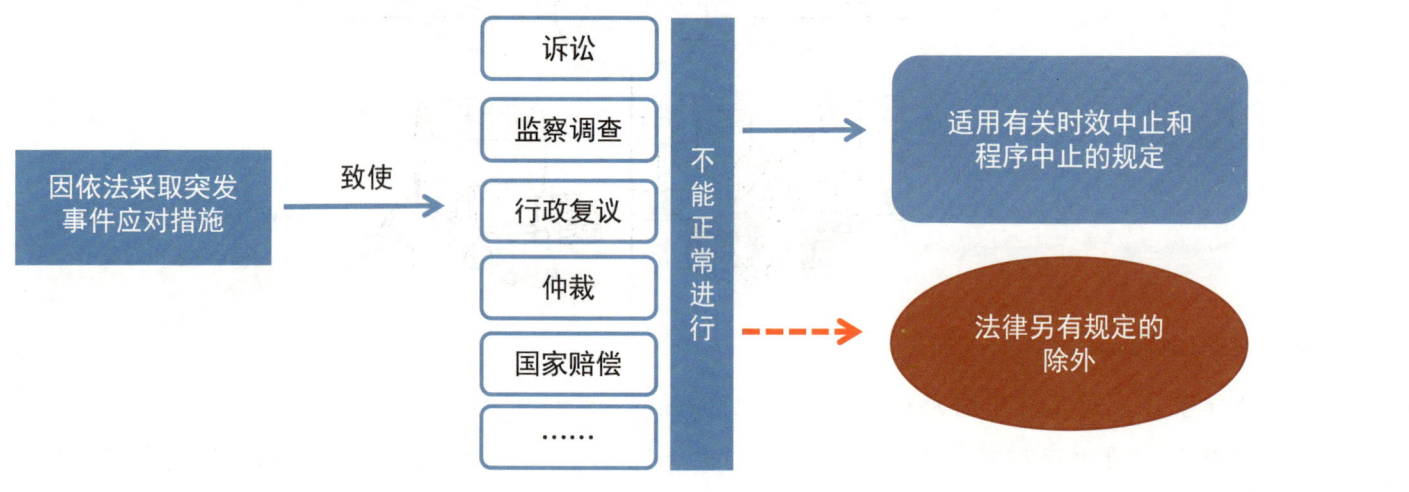

注：[①]本条是关于在突发事件应对中有关活动适用时效中止和程序中止的规定。

[②]时效中止，是指在诉讼时效期间的最后六个月内，因不可抗力或者其他障碍不能行使请求权的，诉讼时效中止。从中止时效的原因消除之日起，诉讼时效期间继续计算。时效中止的事由包括两类：不可抗力或者其他障碍。因采取突发事件应对措施而导致诉讼、监察调查、行政复议、仲裁和国家赔偿等活动不能正常进行的，属于时效中止事由中的"其他障碍"。突发事件中因不可抗力而导致时效中止的，按照有关法律规定处理。

[③]程序中止，指的是在诉讼和执行过程中，由于出现了某种特殊情况而使诉讼程序、执行程序暂时停止，待这种情况消失后，诉讼程序或执行程序继续进行。程序中止主要是诉讼中止和执行中止。因采取突发事件应对措施而导致中止诉讼或中止执行的，应当属于人民法院依照职权认定的可以适用程序中止的情况。

第14条 国际合作与交流

第十四条[1] 中华人民共和国政府在突发事件的预防与应急准备、监测与预警、应急处置与救援、事后恢复与重建等方面，同外国政府和有关国际组织开展合作与交流。[2]

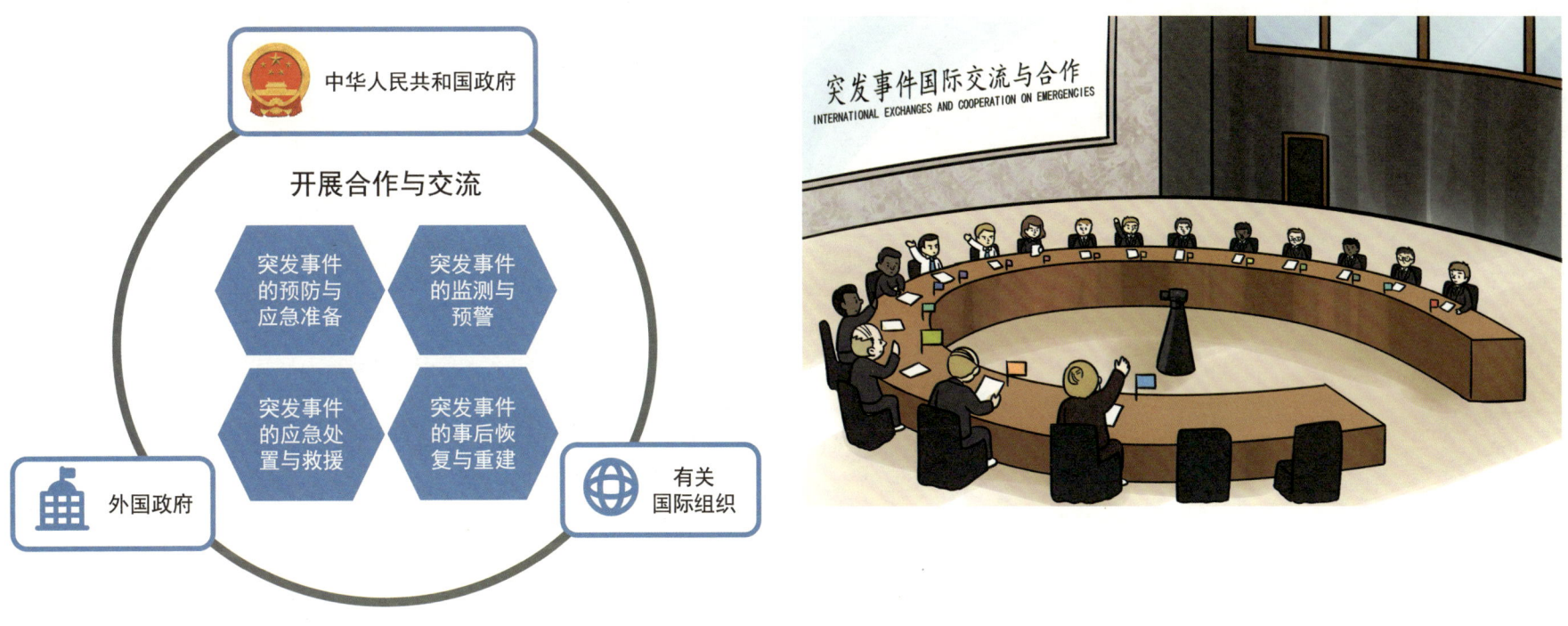

注：[1]本条是关于开展突发事件应对国际合作与交流的规定。
[2]印度洋海啸等特别重大自然灾害、新冠疫情等特别重大公共卫生事件、全球气候变暖所带来的特别重大国际突发事件等一系列问题，难以由一个国家单独应对，加强国家、地区间的突发事件应对国际合作与交流，实施国际人道主义援助，防范和抵御人类面临的共同灾害和威胁，对于人类社会携手应对跨国或世界性突发事件至关重要。加强与有关国家、地区及国

际组织在应急管理领域的沟通与合作，密切跟踪研究国际应急管理发展的动态和趋势，参与公共安全领域重大国际项目研究与合作，学习借鉴有关国家在灾害预防、紧急处置和应急体系建设等方面的有益经验。建立健全与联合国组织、国际或区域减灾机构、各国政府以及非政府组织在减灾领域的国际交流与合作机制，严格履行国际条约或协定中的国际义务。

第15条　表彰和奖励

第十五条[①]　对在突发事件应对工作中做出突出贡献的单位和个人，按照国家有关规定给予表彰、奖励。[②]

注：①本条是关于突发事件工作表彰和奖励制度的规定。
　　②明确完善表彰和奖励的适用对象和适用情形，即在突发事件应对工作中做出突出贡献的单位和个人，按照国家有关规定给予表彰、奖励，充分调动单位和个人参与突发事件应对的积极性和主动性。

第二章　管理与指挥体制

第 16 条　管理体制和工作体系

| 第十六条[①] | 国家建立统一指挥、专常兼备、反应灵敏、上下联动的应急管理体制[②]和综合协调[③]、分类管理[④]、分级负责[⑤]、属地管理[⑥]为主的工作体系。 |

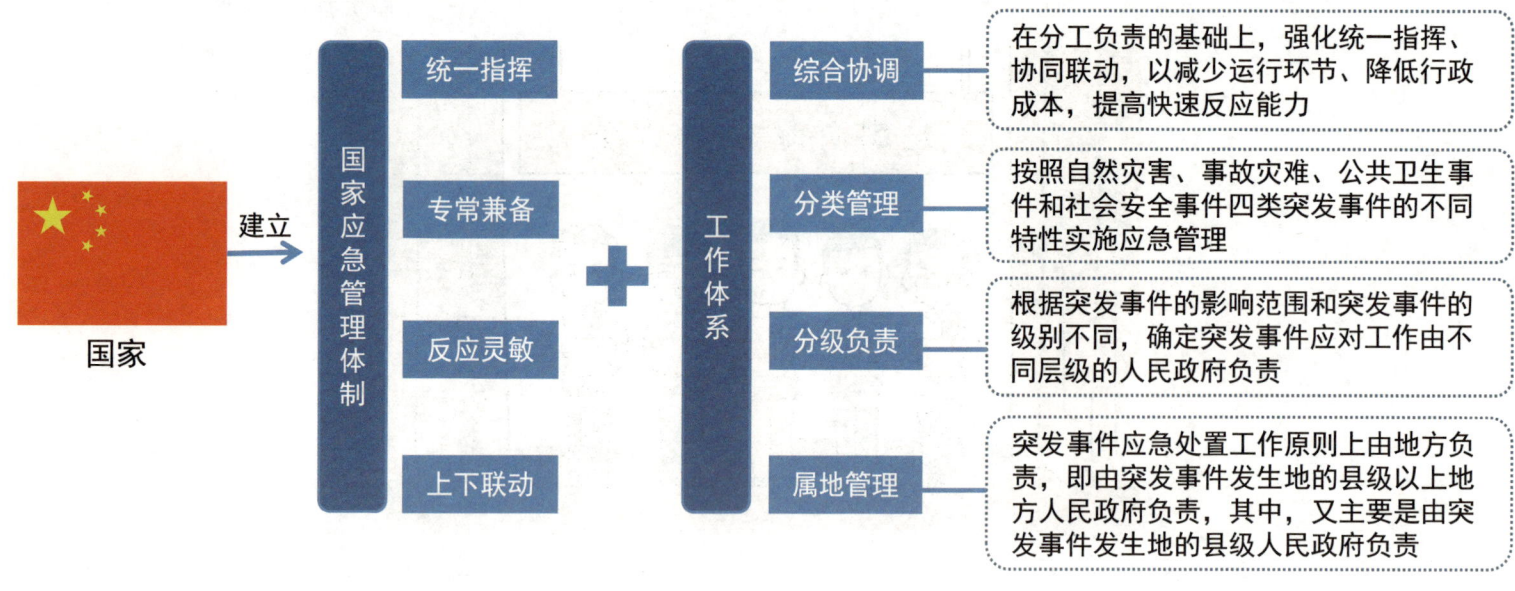

注：[①]本条是关于管理体制和工作体系的规定。

　　[②]根据党和国家机构改革方案，为防范化解重特大突发事件，健全公共安全体系，整合优化应急力量和资源，提出建立健全

统一指挥、专常兼备、反应灵敏、上下联动、平战结合的中国特色应急管理体制。

③在突发事件应对过程中，参与主体是多样的，必须加强在统一领导下的综合协调能力建设，明确有关政府和部门的职责，明确不同类型突发事件管理的牵头部门和单位；综合协调人力、物力、技术、信息等保障力量，以整合各类应急资源。

④由于突发事件有不同的类型，每一种类型产生的原因、表现的方式、涉及的范围等各不相同，在集中统一的指挥体制下，应该实行分类管理。

⑤各类突发事件的性质、涉及的范围、造成的危害程度各不相同，应由当地政府负责管理，实行分级负责。不同级别的突发事件需要动用的人力和物力是不同的。分级负责明确了各级政府在应对突发事件中的职责。

⑥突发事件发生后，发生地政府作为第一责任人，第一时间作出响应和应对，是有效遏制突发事件发生、发展的关键。突发事件发生后，地方政府必须依照有关规定，及时、如实向上级报告，必要时可以越级上报，同时动员或调集资源进行救助或处置；如果出现本级政府无法应对的突发事件时，应当第一时间请求上级政府协助处置。

第17条 分级负责、属地管理和报告机制

第十七条[①]

县级人民政府对本行政区域内突发事件的应对管理工作负责。突发事件发生后,发生地县级人民政府应当立即采取措施控制事态发展,组织开展应急救援和处置工作,并立即向上一级人民政府报告,必要时可以越级上报,具备条件的,应当进行网络直报或者自动速报。[②]

突发事件发生地县级人民政府不能消除或者不能有效控制突发事件引起的严重社会危害的,应当及时向上级人民政府报告。上级人民政府应当及时采取措施,统一领导应急处置工作。[③]

法律、行政法规规定由国务院有关部门对突发事件应对管理工作负责的,从其规定;地方人民政府应当积极配合并提供必要的支持。[④]

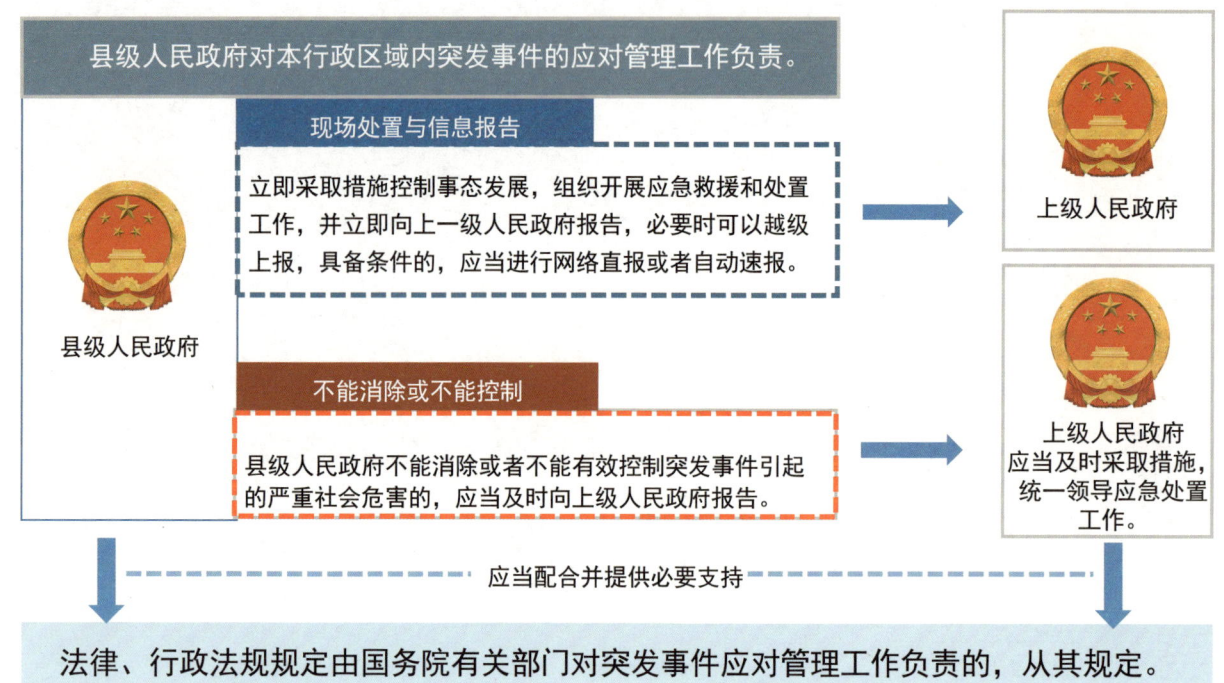

注：①本条是关于突发事件应对分级负责、属地管理的规定。

②根据突发事件应对信息化建设状况和工作实践，要求具备条件的县级人民政府对突发事件信息进行网络直报或者自动速报，以进一步提高信息报送报告效率，打通信息报告上行渠道。

③"属地负责为主，上级负责为辅"，我国的突发事件应对工作，由县级人民政府承担主要责任；只有当超出县级人民政府能力时，才由其上级人民政府统一领导应急处置工作。

④民航、铁路、海事、核安全等行业领域具有特殊性，有关法律、行政法规赋予有关部门负责相关领域突发事件应对工作。

第18条　协调配合与协同应对

第十八条[①]　突发事件涉及两个以上行政区域的，其应对管理工作由有关行政区域共同的上一级人民政府负责，或者由各有关行政区域的上一级人民政府共同负责。[②]共同负责的人民政府应当按照国家有关规定，建立信息共享和协调配合机制。根据共同应对突发事件的需要，地方人民政府之间可以建立协同应对机制。[③]

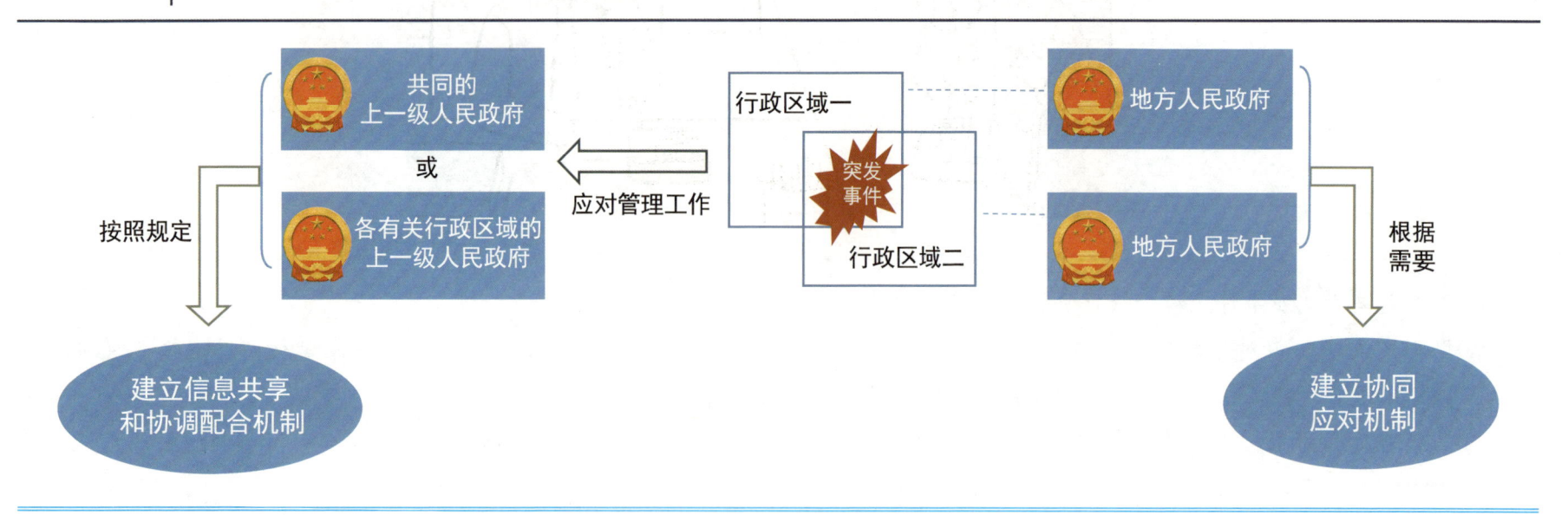

注：①本条是关于跨区域突发事件应对机制的规定。

②本条明确了对涉及两个以上行政区域的突发事件，不论是哪一类型或者哪一级别的突发事件，其应对工作均由有关行政区域共同的上一级人民政府负责。突发事件涉及一个省级范围内的两个县级行政区域的，其应对工作就由管辖这两个县的地市级人民政府负责，或者由分别管辖这两个县的地市级人民政府共同负责。

③为适应突发事件应对跨地域、综合性等特点，对共同负责的人民政府规定建立信息共享和协调配合机制，以及协同应对机制。

第19条 行政领导机关和应急指挥机构

第十九条[①]

县级以上人民政府是突发事件应对管理工作的行政领导机关。

国务院在总理领导下研究、决定和部署特别重大突发事件的应对工作；根据实际需要，设立国家突发事件应急指挥机构，负责突发事件应对工作；必要时，国务院可以派出工作组指导有关工作。[②]

县级以上地方人民政府设立由本级人民政府主要负责人、相关部门负责人、国家综合性消防救援队伍和驻当地中国人民解放军、中国人民武装警察部队有关负责人等组成的突发事件应急指挥机构，统一领导、协调本级人民政府各有关部门和下级人民政府开展突发事件应对工作；根据实际需要，设立相关类别突发事件应急指挥机构，组织、协调、指挥突发事件应对工作。[③]

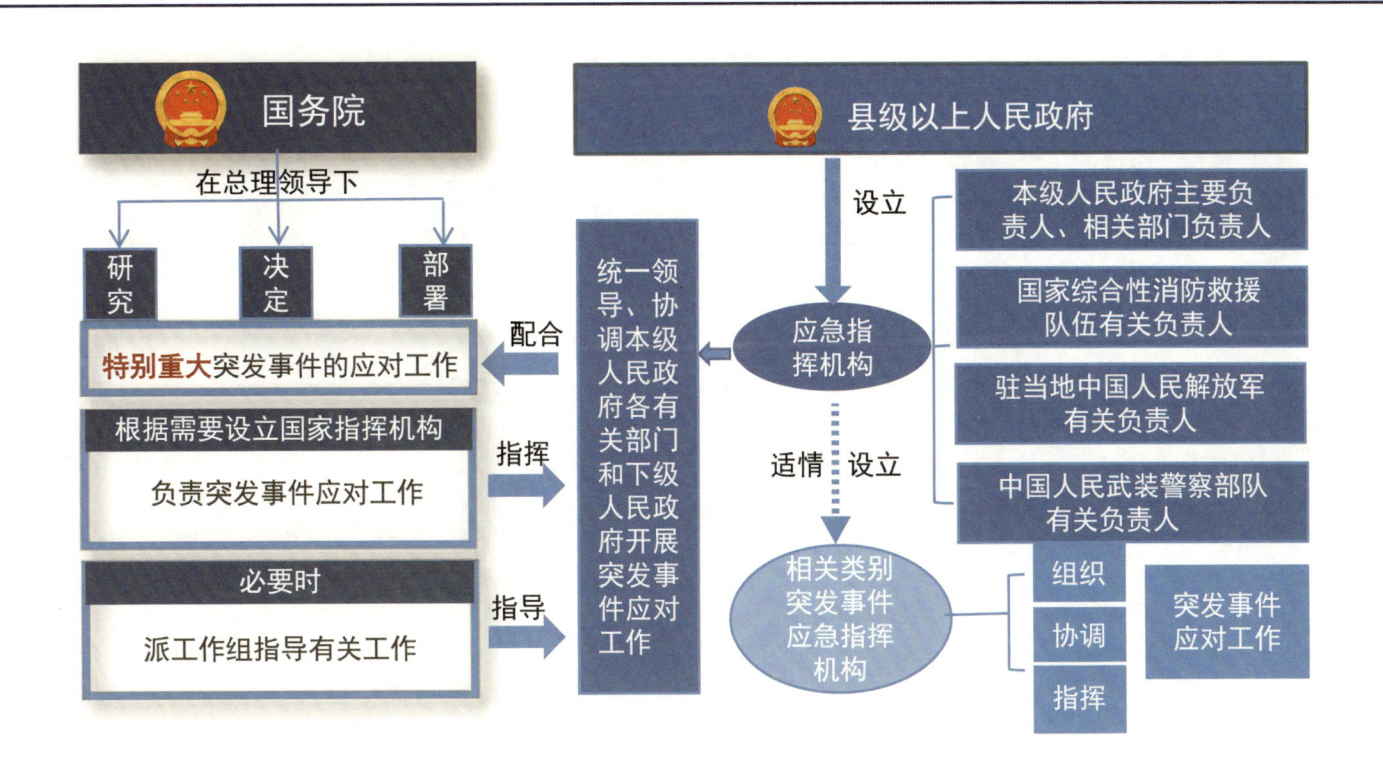

注：①本条是关于突发事件应对领导机关和指挥机构的规定。

②本条明确县级以上人民政府是突发事件应对管理工作的行政领导机关，并明确其与应急指挥机构的关系，以发挥政府在突发事件应对中的行政领导作用。对于特别重大突发事件，国务院是全国应急管理工作的最高行政领导机关，在总理领导下研究、决定和部署应对工作；根据需要，设立国家突发事件应急指挥机构，负责相关类别的突发事件应对工作；必要时，可派出国务院工作组指导有关工作。

③对县级以上人民政府建立应急指挥机构作出规定。

第 20 条　应急指挥机构职责权限

第二十条[①]　突发事件应急指挥机构在突发事件应对过程中可以依法发布有关突发事件应对的决定、命令、措施。突发事件应急指挥机构发布的决定、命令、措施与设立它的人民政府发布的决定、命令、措施具有同等效力[②]，法律责任由设立它的人民政府承担[③]。

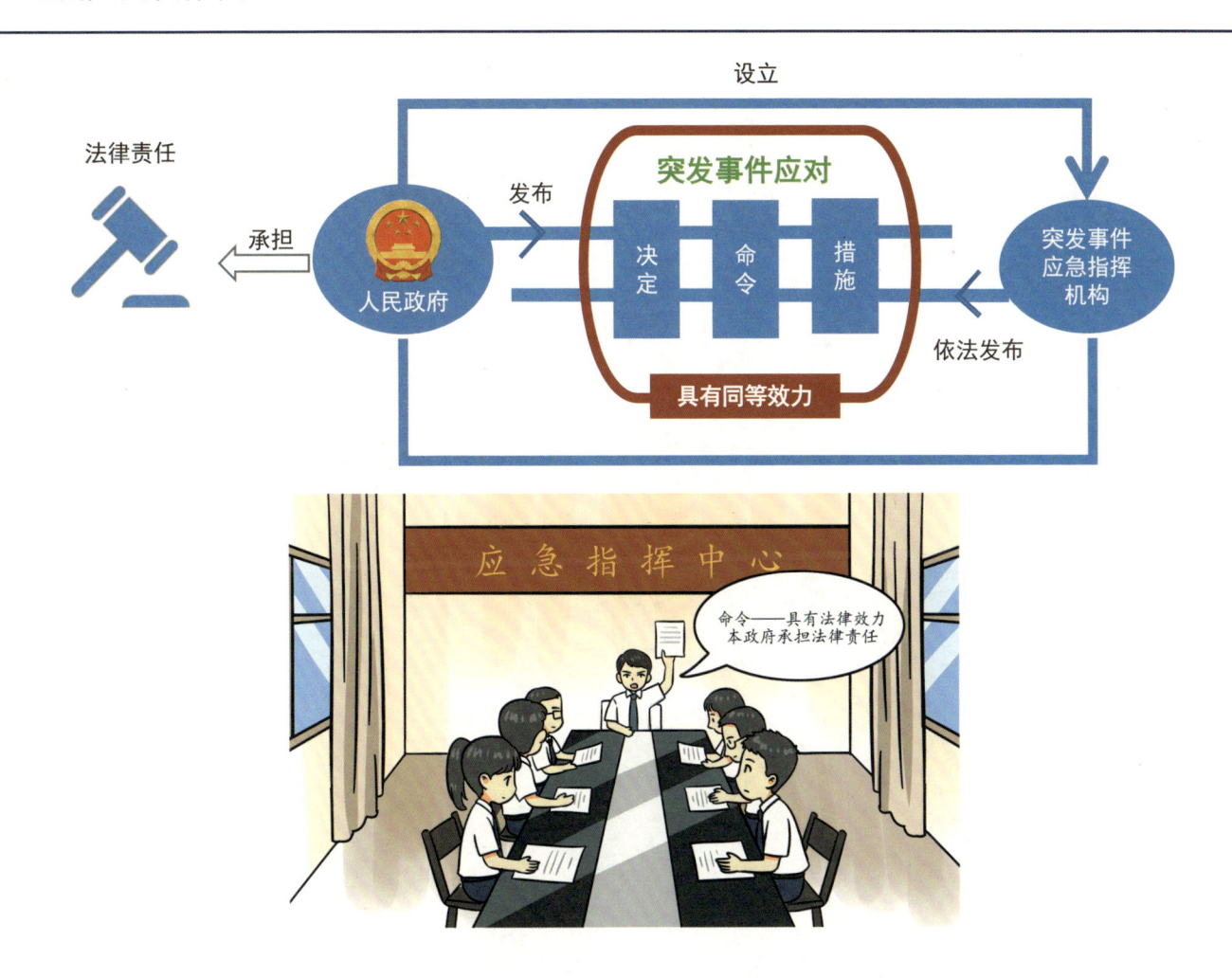

注：①本条是关于应急指挥机构职责权限的规定。

②本条明确突发事件应急指挥机构发布的决定、命令、措施的效力。

③本条明确突发事件应急指挥机构的法律责任承担主体是设立它的人民政府。

第 21 条 部门职责

第二十一条[①] 县级以上人民政府应急管理部门和卫生健康、公安等有关部门应当在各自职责范围内做好有关突发事件应对管理工作，并指导、协助下级人民政府及其相应部门做好有关突发事件的应对管理工作。

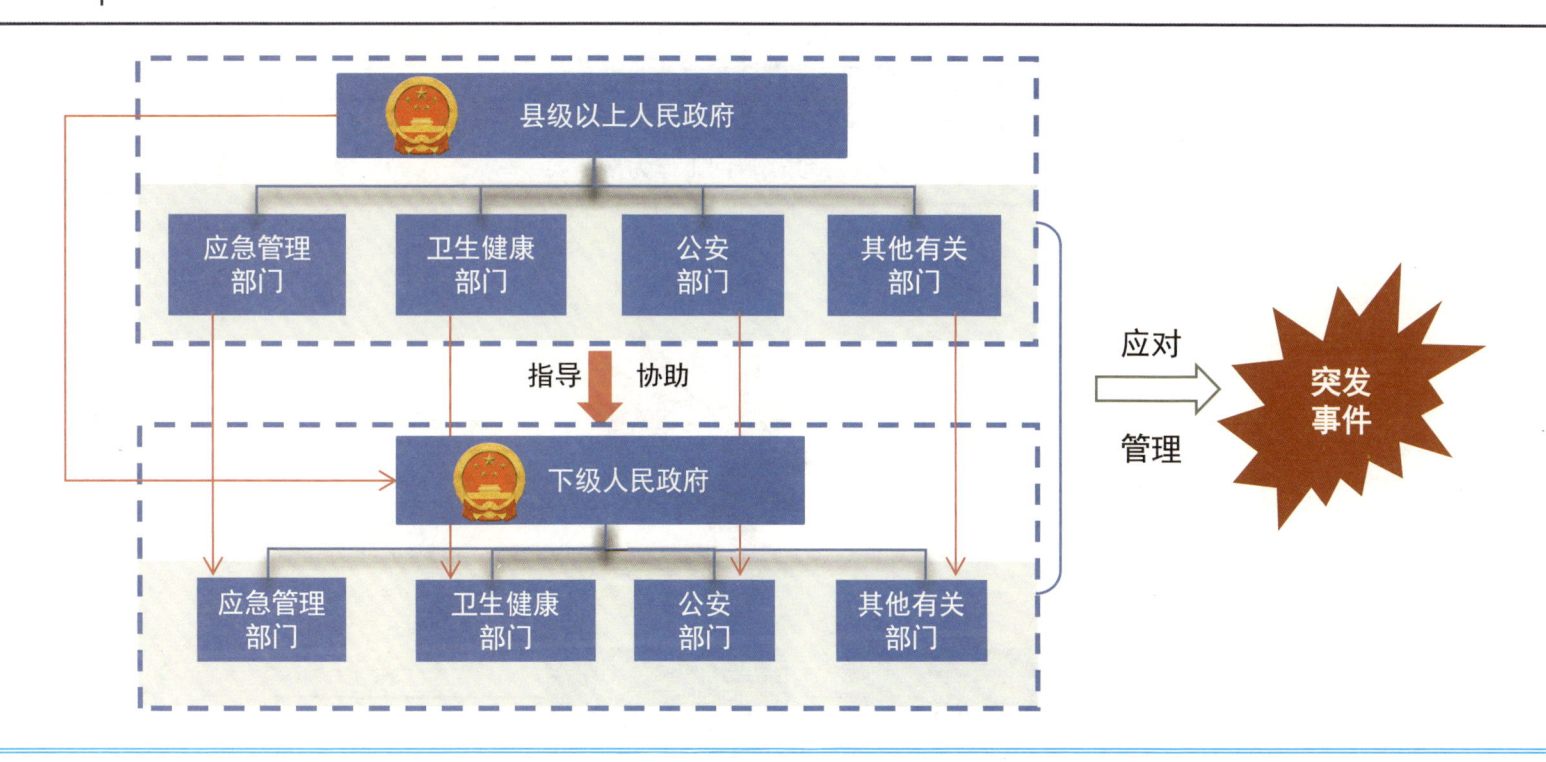

注：[①]本条是关于落实深化党和国家机构改革成果，明确县级以上人民政府应急管理和卫生健康、公安等有关部门在突发事件应对工作中的职责，同时提出要指导、协助下级人民政府及其相应部门做好有关突发事件的应对管理工作的规定。

第 22 条　基层职责

第二十二条[①]	乡级人民政府、街道办事处应当明确专门工作力量，负责突发事件应对有关工作。居民委员会、村民委员会依法协助人民政府和有关部门做好突发事件应对工作。[②]

```
            ┌─────────────┬─────────────┐
            │★ 乡级人民政府 │★ 街道办事处  │
            └─────────────┴─────────────┘
                  明确专门工作力量

                    负责 ⇩ 应对

  依
  法                  突发
  协                  事件
  助
                    协助 ⇧ 应对

            ┌─────────────┬─────────────┐
            │★ 居民委员会  │★ 村民委员会  │
            └─────────────┴─────────────┘
              协助做好突发事件应对工作
```

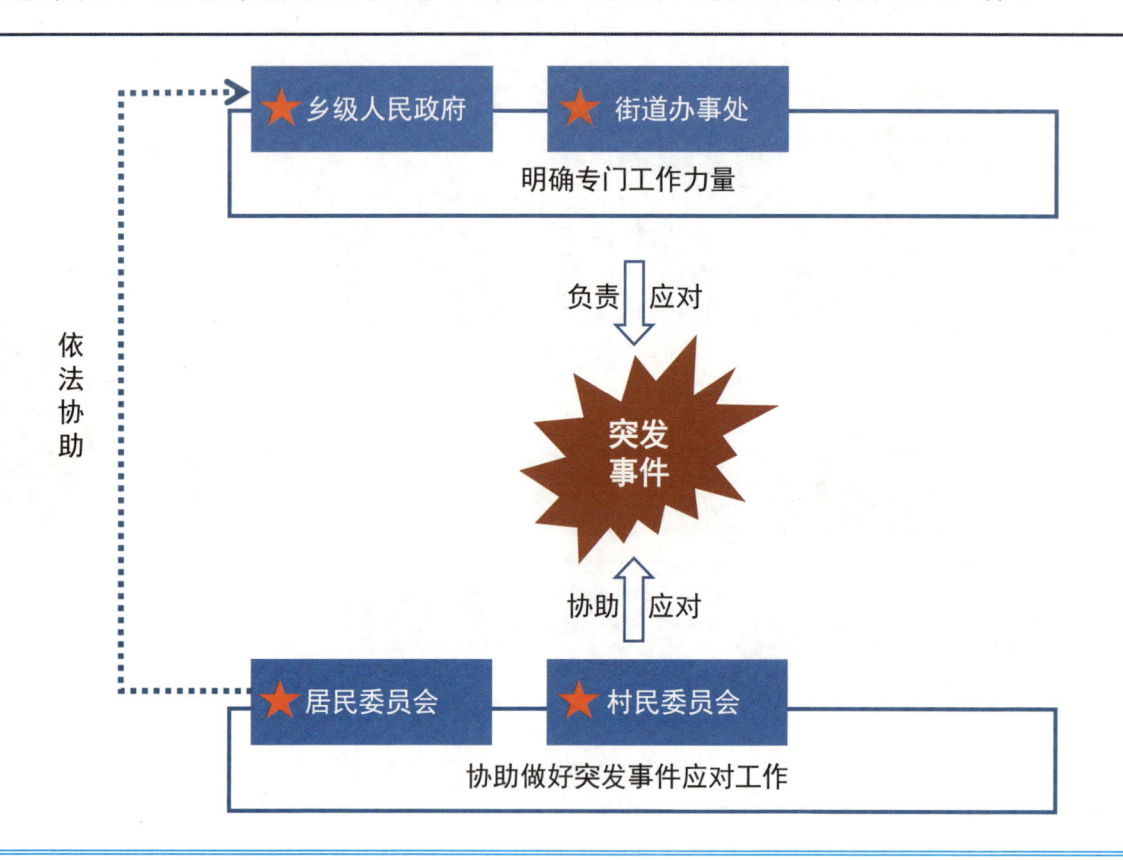

注：①本条是关于乡级人民政府、街道办事处和居民委员会、村民委员会职责义务的规定。

②明确乡级人民政府、街道办事处和居民委员会、村民委员会在突发事件应对工作中的职责义务，进一步筑牢突发事件应对工作的基层和基础力量。

第23条 公民、法人和其他组织的义务

第二十三条[①] 公民[②]、法人和其他组织[③]有义务参与突发事件应对工作。

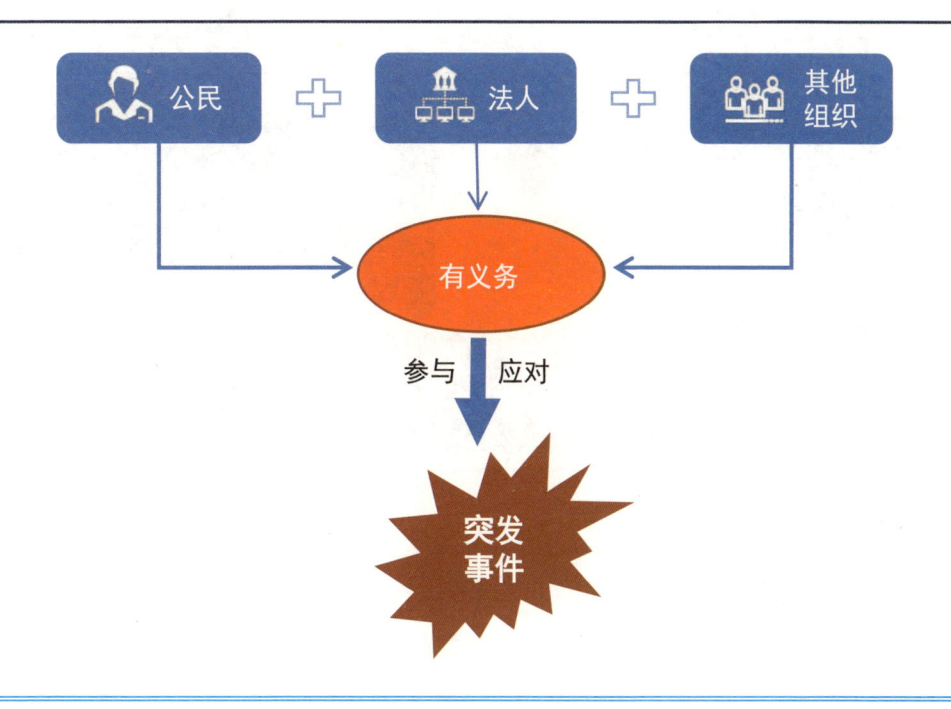

注：①本条是关于公民、法人和其他组织参与突发事件应对工作的义务的规定。

②法律不仅需要赋予公民、法人和其他组织参与突发事件应对的权利，也要规定他们负有协作、配合、支持应急工作的义务。本条为公民、法人和其他组织及时报告信息、主动采取自救、积极配合政府处理突发事件等提供了法律依据。

③《中华人民共和国宪法》规定，凡具有中华人民共和国国籍的人都是中华人民共和国公民。《中华人民共和国民法典》规定，法人是具有民事权利能力和民事行为能力，依法独立享有民事权利和承担民事义务的组织；非法人组织是不具有法人资格，但是能依法以自己的名义从事民事活动的组织，包括个人独资企业、合伙企业、不具有法人资格的专业服务机构等。

一图读懂新的《中华人民共和国突发事件应对法》

第24条 解放军、武警部队和民兵组织参与

| 第二十四条[①] | 中国人民解放军、中国人民武装警察部队和民兵组织[②]依照本法和其他有关法律、行政法规、军事法规的规定以及国务院、中央军事委员会的命令，参加突发事件的应急救援和处置工作。 |

```
中国人民解放军
中国人民武装警察部队       《中华人民共和国突发事件应对法》
民兵组织

其他有关法律
行政法规   军事法规
国务院、中央军事委员会的命令

依照法律法规、命令 → 参加突发事件的应急救援和处置工作
```

注：①本条是关于军队和民兵参加突发事件应急救援和处置工作原则的规定。

②中国人民解放军、中国人民武装警察部队和民兵组织是保卫国家安全的忠诚战士，其职责是保卫国家的平安和稳定。由于突发事件具有严重的社会危害性，中国人民解放军、中国人民武装警察部队和民兵组织具有良好纪律性、组织性以及训练有素等特点，有职责义务参与突发事件的处置。

第 25 条　工作备案与监督

第二十五条[①]　县级以上人民政府及其设立的突发事件应急指挥机构发布的有关突发事件应对的决定、命令、措施，应当及时报本级人民代表大会常务委员会备案[②]；突发事件应急处置工作结束后，应当向本级人民代表大会常务委员会作出专项工作报告[③]。

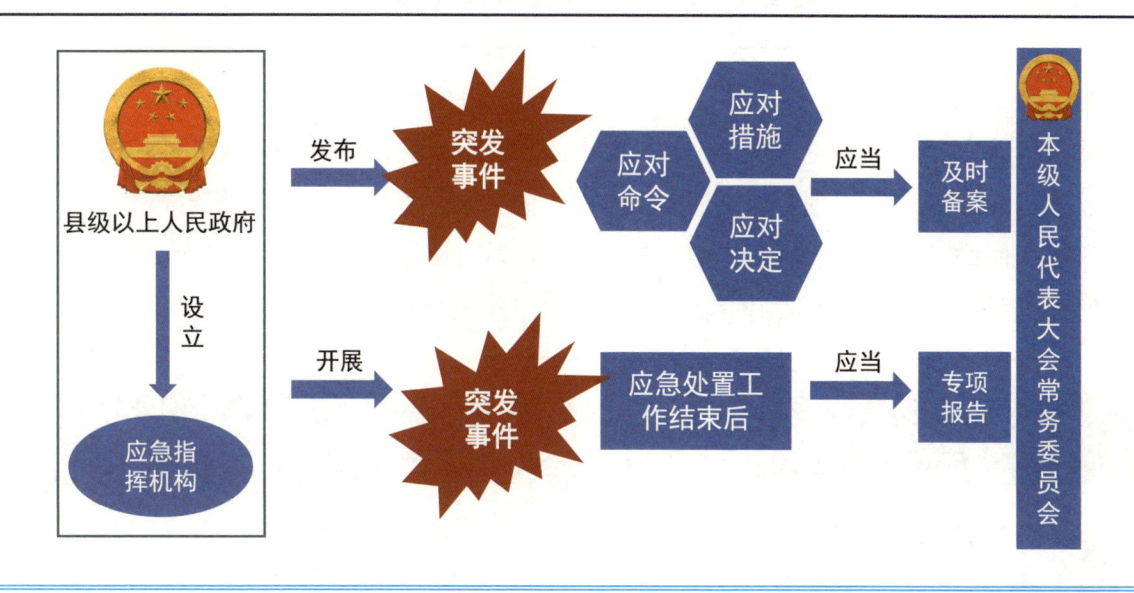

注：[①]本条是关于突发事件应对工作备案监督和工作监督的规定。

[②]备案监督，是指县级以上人民政府及其设立的突发事件应急指挥机构发布的突发事件应对的决定、命令、措施，应当报本级人大常委会备案。人大常委会收到备案文件后，需要对其进行备案审查，认为有关决定、命令、措施违反法律、法规的，依法及时予以纠正。

[③]工作监督，是指县级以上人民政府在突发事件应急处置工作结束后，应当向本级人大常委会作出专项报告，报告内容包括突发事件及其应对的基本情况、应对工作的经验与不足、需要完善的制度和措施、恢复与重建的计划等。向本级人大常委会作出专项报告是在应急处置工作结束之后、恢复与重建开始之前。

第三章　预防与应急准备

第 26 条　应急预案体系

第二十六条①

国家建立健全突发事件应急预案体系。②

国务院制定国家突发事件总体应急预案，组织制定国家突发事件专项应急预案；国务院有关部门根据各自的职责和国务院相关应急预案，制定国家突发事件部门应急预案并报国务院备案。③

地方各级人民政府和县级以上地方人民政府有关部门根据有关法律、法规、规章、上级人民政府及其有关部门的应急预案以及本地区、本部门的实际情况，制定相应的突发事件应急预案并按国务院有关规定备案。

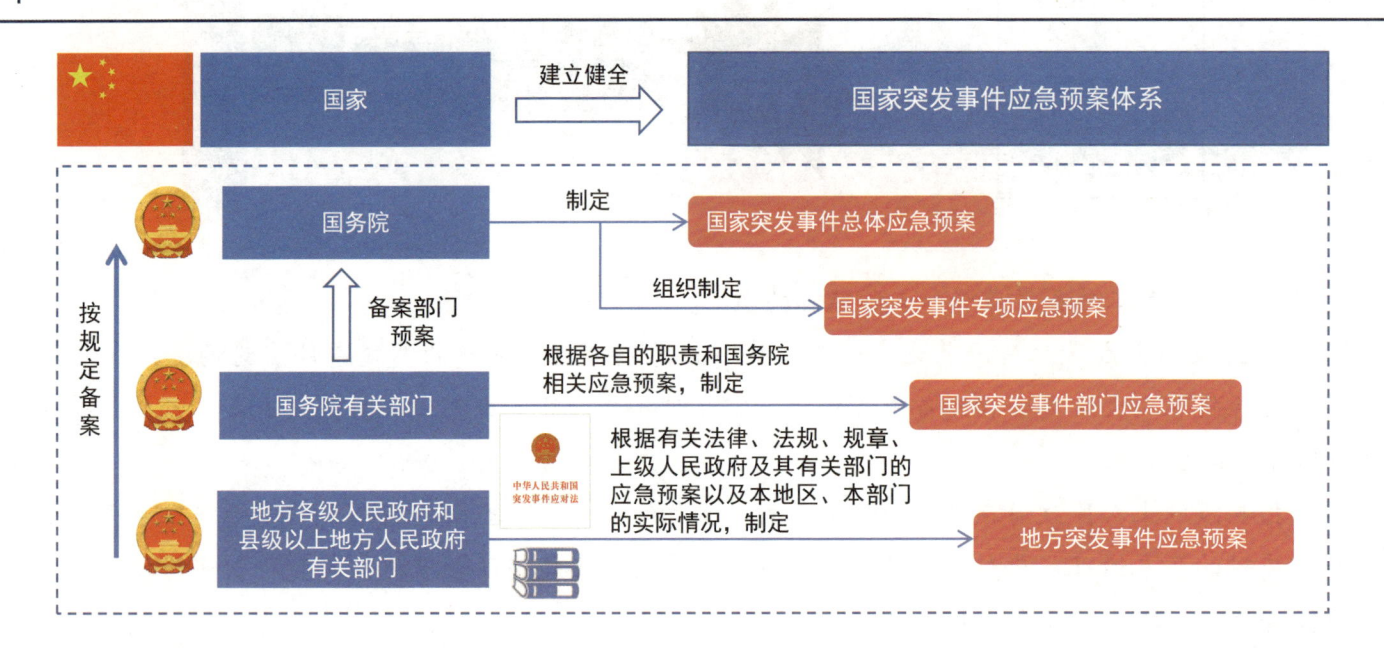

```
国家 ──建立健全──▶ 国家突发事件应急预案体系

          国务院 ──制定──▶ 国家突发事件总体应急预案
                 ──组织制定──▶ 国家突发事件专项应急预案
按规定备案
     ▲ 备案部门预案
          国务院有关部门 ──根据各自的职责和国务院相关应急预案，制定──▶ 国家突发事件部门应急预案

          地方各级人民政府和县级以上地方人民政府有关部门 ──根据有关法律、法规、规章、上级人民政府及其有关部门的应急预案以及本地区、本部门的实际情况，制定──▶ 地方突发事件应急预案
```

注：①本条是关于国家突发事件应急预案体系的规定。

②应急预案，简称"预案"，是指各级人民政府及其有关部门、基层组织、企业事业单位、社会组织等为依法、迅速、科学、有序应对突发事件，最大程度减少突发事件及其造成的损害而预先制定的方案。应急预案是在对灾害事件进行风险辨识、评估、应急资源调查和应急能力评估的基础上，针对设施、设备、场所、气候、环境等因素可能引发的突发事件，为降低突发事件造成的人身、财产与生态环境损失，控制事态发展，消除影响，防止发生次生或衍生灾害，而对应急组织机构与职责、人员、技术、装备、设施、设备、物资、救援行动及其指挥与协调等预先做出的科学有效的具体计划和安排。预案明确突发事件事前、事发、事中、事后谁来做、做什么、怎么做、何时做等问题。

③突发事件具有种类多、分布广、损失大、影响广泛、危害严重等特点，应急预案必须覆盖各领域、各行业、各类型和各单位，形成"横向到边、纵向到底、具体到点"的预案体系。应急预案的分类有多种多样，按时间特征，可划分为常备应急预案和临时应急预案；按应急管理的对象，可划分为自然灾害类应急预案、事故灾难类应急预案、公共卫生事件类应急预案和社会安全事件类应急预案；按适用范围和功能，可划分为突发事件总体应急预案、专项应急预案、部门应急预案、企业事业单位应急预案和重大活动应急预案等；按应急预案的编制和执行责任主体，可划分为政府及其部门应急预案、单位和基层组织应急预案。在具体编制工作中执行国务院办公厅印发的2023年新修订的《突发事件应急预案管理办法》。

第 27 条 应急预案衔接

第二十七条[①] 县级以上人民政府应急管理部门指导突发事件应急预案体系建设，综合协调应急预案衔接工作，增强有关应急预案的衔接性和实效性。[②]

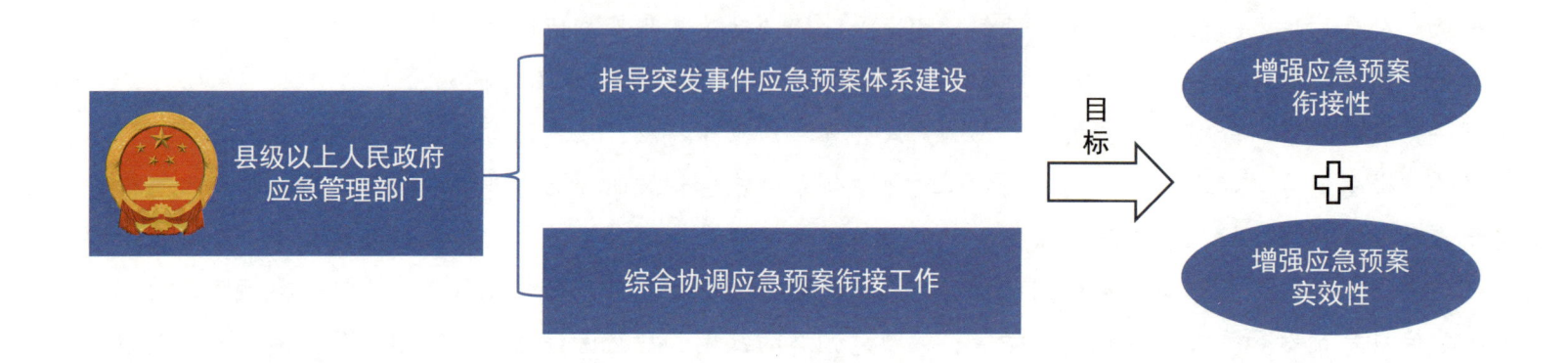

```
                         ┌─── 指导突发事件应急预案体系建设 ───┐         ┌─ 增强应急预案衔接性 ─┐
  县级以上人民政府 ───────┤                                      ├─ 目标 ─┤          +           │
  应急管理部门             └─── 综合协调应急预案衔接工作 ─────┘         └─ 增强应急预案实效性 ─┘
```

注：①本条是关于应急预案衔接的规定。

②为保证应急预案的衔接性和实效性，由应急管理部门作为应急预案体系建设的指导部门，综合协调应急预案衔接工作。

第28条　应急预案制定依据与内容

第二十八条① 　　应急预案应当根据本法和其他有关法律、法规的规定，针对突发事件的性质、特点和可能造成的社会危害，具体规定突发事件应对管理工作的组织指挥体系与职责和突发事件的预防与预警机制、处置程序、应急保障措施以及事后恢复与重建措施等内容。

　　应急预案制定机关应当广泛听取有关部门、单位、专家和社会各方面意见，增强应急预案的针对性和可操作性，并根据实际需要、情势变化、应急演练中发现的问题等及时对应急预案作出修订。②

　　应急预案的制定、修订、备案等工作程序和管理办法由国务院规定。③

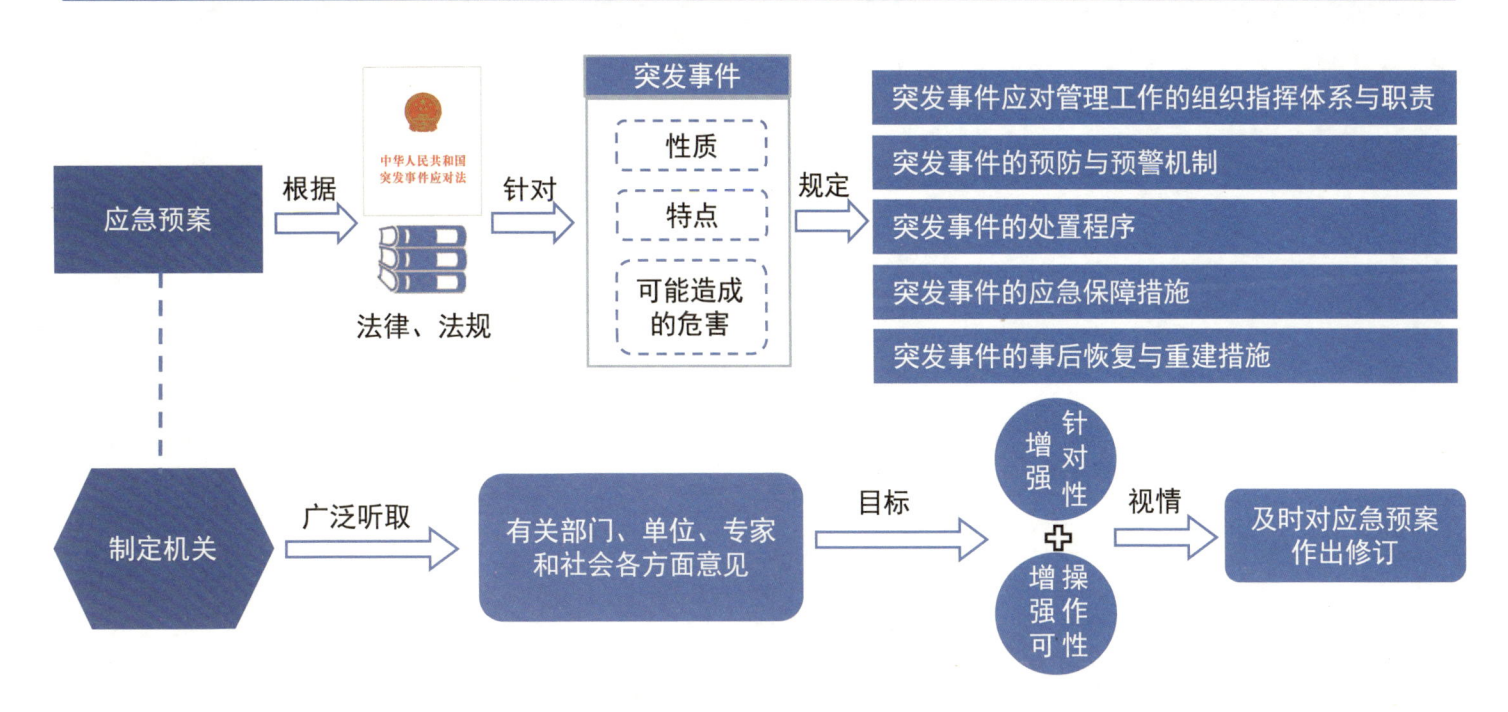

注：①本条是关于应急预案制定依据与内容的规定。

②强化了将应急演练中发现的问题作为应急预案修订的重要参考依据。

③进一步完善配套规定内容，备案程序和管理办法由国务院规定。

第 29 条　应急体系建设规划

第二十九条[①]　县级以上人民政府应当将突发事件应对工作纳入国民经济和社会发展规划。[②]县级以上人民政府有关部门应当制定突发事件应急体系建设规划。

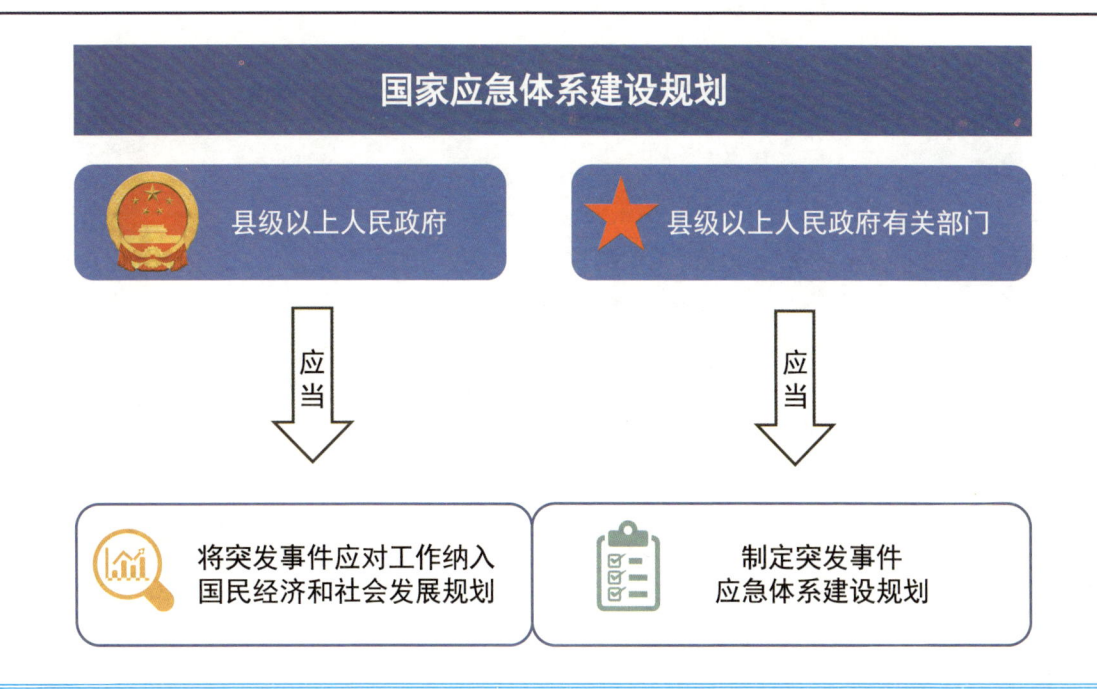

国家应急体系建设规划

县级以上人民政府	县级以上人民政府有关部门
应当	应当
将突发事件应对工作纳入国民经济和社会发展规划	制定突发事件应急体系建设规划

注：①本条是关于应急体系建设规划的规定。
　　②国民经济和社会发展规划，是全国或者某一地区经济、社会发展的总体纲要，是具有战略意义的指导性文件。将突发事件应对工作纳入国民经济和社会发展规划，为制定应急体系建设规划提供依据和遵循，确保突发事件应对工作的系统性和协调性。

第 30 条　国土空间规划等考虑预防和处置突发事件

第三十条[1]　国土空间规划[2]等规划应当符合预防、处置突发事件的需要，统筹安排突发事件应对工作所必需的设备和基础设施建设，合理确定应急避难、封闭隔离、紧急医疗救治等场所，实现日常使用和应急使用的相互转换。

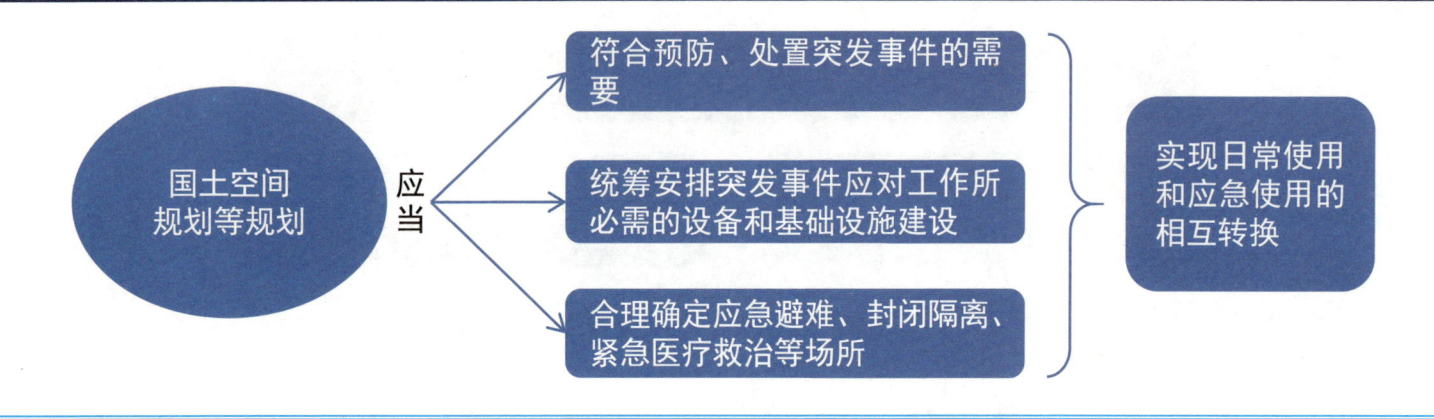

国土空间规划等规划 应当：
- 符合预防、处置突发事件的需要
- 统筹安排突发事件应对工作所必需的设备和基础设施建设
- 合理确定应急避难、封闭隔离、紧急医疗救治等场所

→ 实现日常使用和应急使用的相互转换

注：[1]本条是关于国土空间规划应当符合预防和处置突发事件的需要的规定。

[2]城乡规划应当符合预防、处置突发事件的需要，统筹安排应对突发事件所必需的设备和基础设施建设，合理确定应急避难场所。在城市建设用地选择时，综合考虑地形、地质、气象、危险源场所、防洪、抗震、防风等安全因素，使居住用地、公共设施用地、工业用地等主要功能区尽量避开灾害源和生态敏感地带，实现城市总体布局的合理化。加强城乡公共设施、基础设施的抗灾能力，保障其安全、良性运行。

第31条 应急避难场所标准体系

第三十一条[①] 国务院应急管理部门会同卫生健康、自然资源、住房城乡建设等部门统筹、指导全国应急避难场所[②]的建设和管理工作,建立健全应急避难场所标准体系。县级以上地方人民政府负责本行政区域内应急避难场所的规划、建设和管理工作[③]。

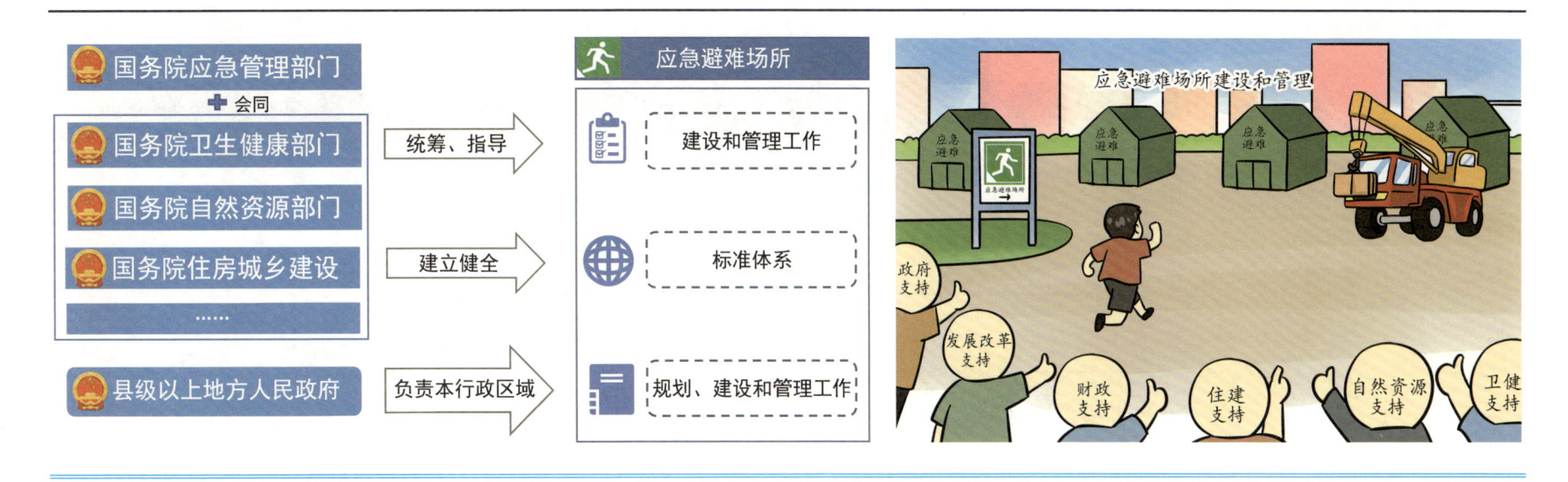

注:①本条是关于应急避难场所建设、管理和标准体系的规定。

②应急避难场所是应对突发事件的安置设施,是公众躲避火灾、爆炸、洪水、地震、疫情等重大突发事件的安全避难场所,应急时避难、闲时利用。

③明确统筹、指导应急避难场所建设和管理的主要部门,以及建立健全应急避难场所标准体系。2024年,《应急避难场所 术语》《应急避难场所 分级及分类》《应急避难场所 标志》《应急避难场所 设施设备及物资配置》等国家和行业标准相继发布实施。

第 32 条　突发事件风险评估体系

第三十二条[1]　国家建立健全突发事件风险评估体系[2]，对可能发生的突发事件进行综合性评估，有针对性地采取有效防范措施，减少突发事件的发生，最大限度减轻突发事件的影响[3]。

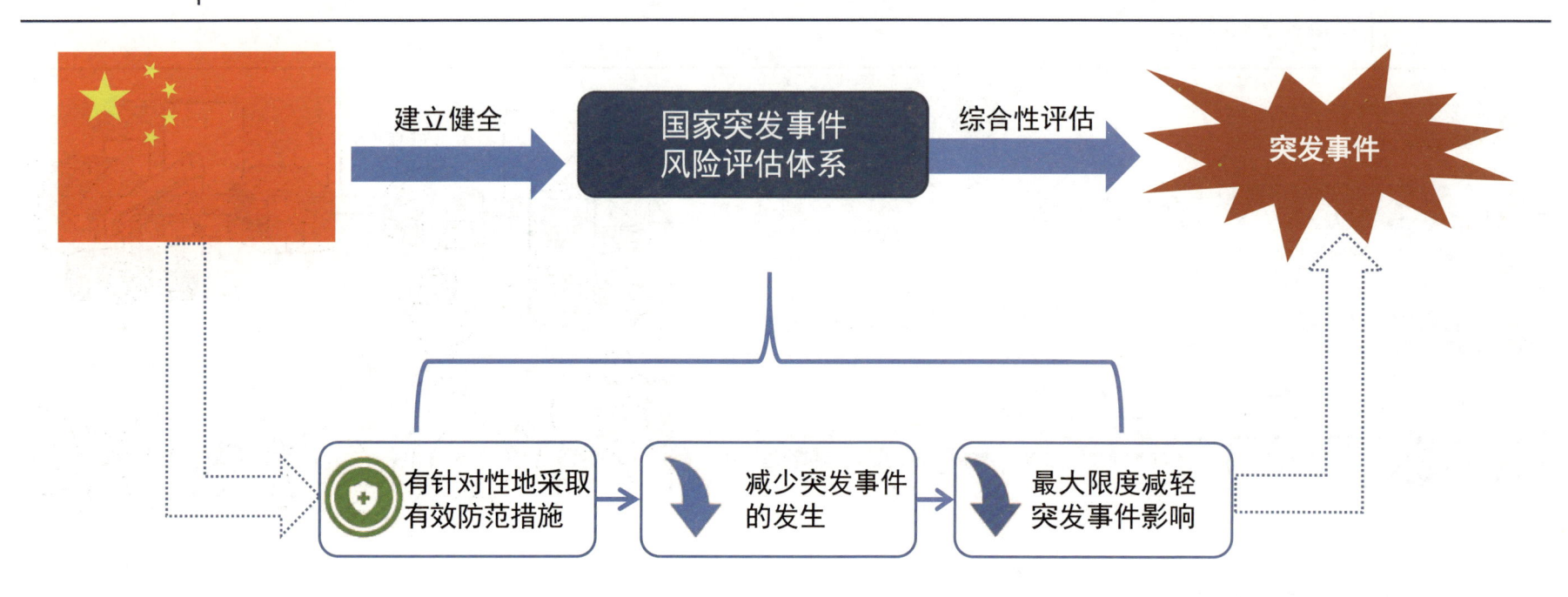

注：①本条是关于突发事件风险评估体系的有关规定。

②突发事件风险评估体系，包括对本地方、本部门可能发生突发事件的领域、部位等进行监测、分析、研判，进而提出建议和对策。

③突发事件风险评估是各级人民政府和有关部门获得突发事件准确信息的重要途径。突发事件风险评估，是对即将发生的突发事件风险预先评估的活动，评估突发事件的威胁、保护对象自身的弱点、突发事件可能造成的损失，以及风险的其他可能性与后果。通过突发事件风险评估，可以识别风险、风险发生概率及可能带来的负面影响，提出预防、减轻和控制风险的对策。

第 33 条　安全防范措施

第三十三条① 县级人民政府应当对本行政区域内容易引发自然灾害、事故灾难和公共卫生事件的危险源②、危险区域③进行调查④、登记⑤、风险评估⑥，定期进行检查、监控⑦，并责令有关单位采取安全防范措施⑧。

省级和设区的市级人民政府应当对本行政区域内容易引发特别重大、重大突发事件的危险源、危险区域进行调查、登记、风险评估，组织进行检查、监控，并责令有关单位采取安全防范措施。

县级以上地方人民政府应当根据情况变化，及时调整危险源、危险区域的登记。登记的危险源、危险区域及其基础信息，应当按照国家有关规定接入突发事件信息系统，并及时向社会公布。⑨

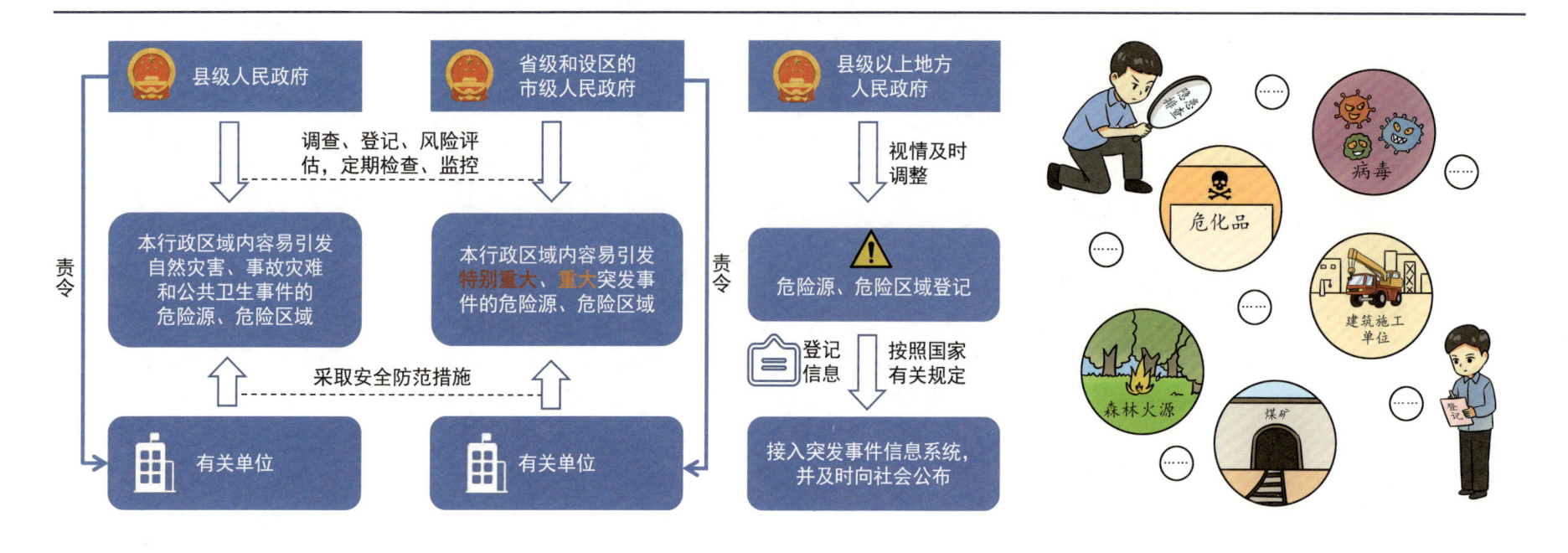

注：①本条是关于对危险源、危险区域的登记、监控和公布等管理职责的规定。

②危险源，是指长期或者临时地生产、搬运、使用或者储存危险物品，且危险物品的数量等于或者超过临界量的单元（包括场所和设施）。危险物品，是指易燃易爆物品、危险化学品、放射性物品等能够危及人身安全和财产安全的物品。临界量，是指国家法律、法规、标准规定的一种或一类特定危险物质的数量。危险源可能是具体的一个企业，也可能是生产经营单位内的某一车间或设备。

③危险区域，是指易引发自然灾害、事故灾难或公共卫生事件，可能对位于该区域内的人员造成安全威胁的区域。泥石流多发地区等属于危险区域。

④调查，是指全面收集有关危险源和危险区域的信息，保证信息收集的全面性。

⑤登记，是指对调查收集的信息归纳整理。

⑥风险评估，是指在调查登记的基础上，组织专家进行分析、论证，得出有关结论，为应对处置工作做好准备。

⑦危险源、危险区域确定后，应当定期对其进行检查、监控，及时监测危险源、危险区域的变化情况，采取相应措施。

⑧县级以上地方人民政府在对危险源、危险区域的监督检查过程中，如果发现有关单位未按照要求采取安全防范措施，应当责令采取措施，防范突发事件的发生。

⑨为保障人民群众的知情权，提升公众自我防范意识，县级以上地方人民政府应当及时通过报刊、电视等媒体，或通过设置警示标志、张贴公告等方式，向社会公布登记的危险源、危险区域。

第34条　及时调处矛盾纠纷

第三十四条[①]	县级人民政府及其有关部门、乡级人民政府、街道办事处、居民委员会、村民委员会应当及时调解处理[②]可能引发社会安全事件的矛盾纠纷[③]。

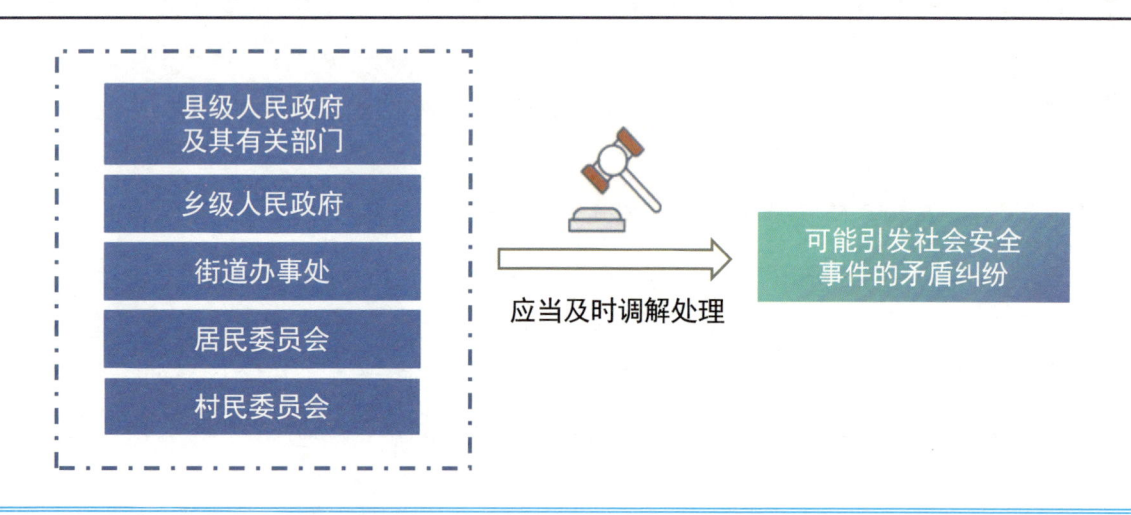

注：①本条是关于基层政府和基层群众自治组织调解处理可能引发社会安全事件的矛盾纠纷的规定。

②调解处理矛盾纠纷，应在双方当事人自愿平等的基础上，坚持依法调解。

③县级人民政府及其有关部门、乡级人民政府、街道办事处和居委会、村委会等，直接与广大人民群众接触，能第一时间了解人民群众的思想状况和矛盾纠纷情况，本法规定基层行政机关和群众自治组织应当及时开展矛盾纠纷的排查调处，解决人民群众内部矛盾，以避免引发社会安全事件。

第 35 条　安全管理制度

第三十五条[①]　所有单位应当建立健全安全管理制度[②]，定期开展危险源辨识评估，制定安全防范措施；定期检查本单位各项安全防范措施的落实情况，及时消除事故隐患；掌握并及时处理本单位存在的可能引发社会安全事件的问题，防止矛盾激化和事态扩大；对本单位可能发生的突发事件和采取安全防范措施的情况，应当按照规定及时向所在地人民政府或者有关部门报告[③]。

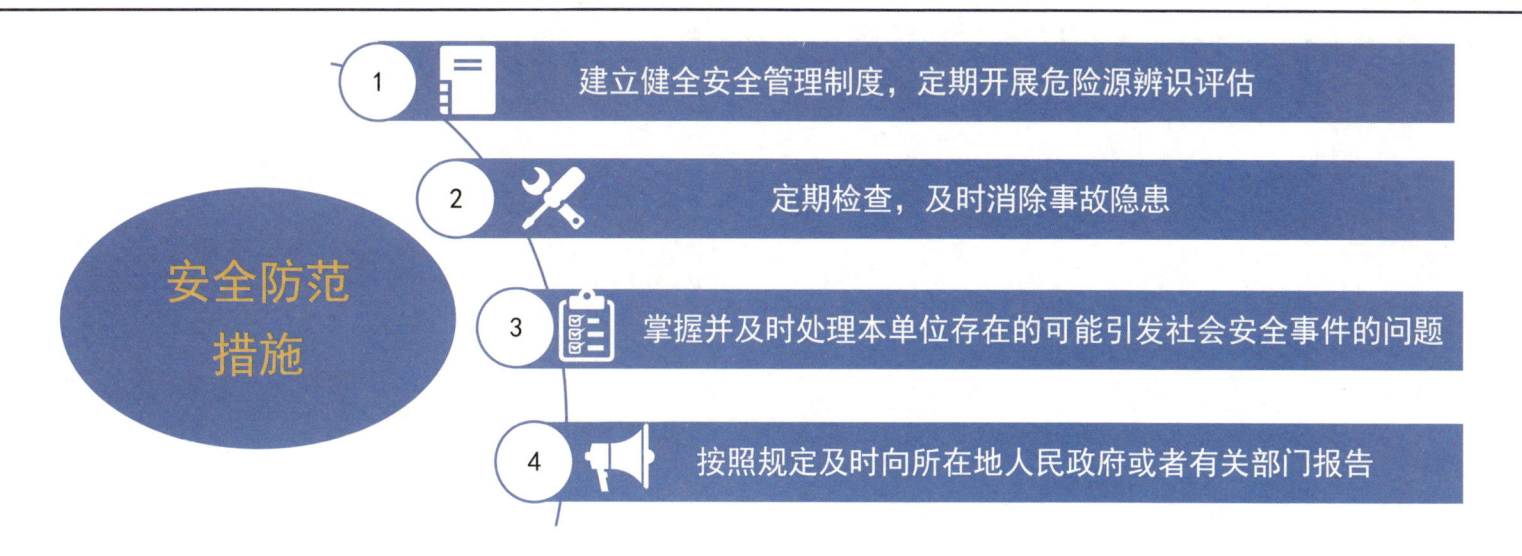

安全防范措施

1. 建立健全安全管理制度，定期开展危险源辨识评估
2. 定期检查，及时消除事故隐患
3. 掌握并及时处理本单位存在的可能引发社会安全事件的问题
4. 按照规定及时向所在地人民政府或者有关部门报告

注：①本条是关于所有单位在安全管理方面的责任和义务的规定。

②一旦发生突发事件，不仅本单位会受到影响，部分区域甚至社会也会受到严重影响，所有单位都要担负起预防突发事件发生的义务。安全管理责任制，包括各级负责生产和经营的管理人员保证生产安全，各部门人员对业务范围内的安全事项负责。

③针对本单位可能发生的各种突发事件，建立健全相应的安全管理制度，采取有效的安全防范措施，定期检查、逐一排查隐患和风险，并及时予以消除；了解掌握本单位可能引发社会安全事件的各种问题，及时做好思想工作和矛盾纠纷排查、调处工作，避免矛盾激化和事态扩大；及时向所在地人民政府及有关部门报告本单位可能发生的突发事件信息，便于地方各级人民政府及部门及时掌握本行政区域内突发事件的风险和隐患，监督检查安全防范措施落实情况。

第 36 条　矿山和危险物品单位预防义务

第三十六条[①]　矿山、金属冶炼、建筑施工单位和易燃易爆物品、危险化学品、放射性物品等危险物品的生产、经营、运输、储存、使用单位，应当制定具体应急预案，配备必要的应急救援器材、设备和物资，并对生产经营场所、有危险物品的建筑物、构筑物及周边环境开展隐患排查，及时采取措施管控风险和消除隐患，防止发生突发事件。[②]

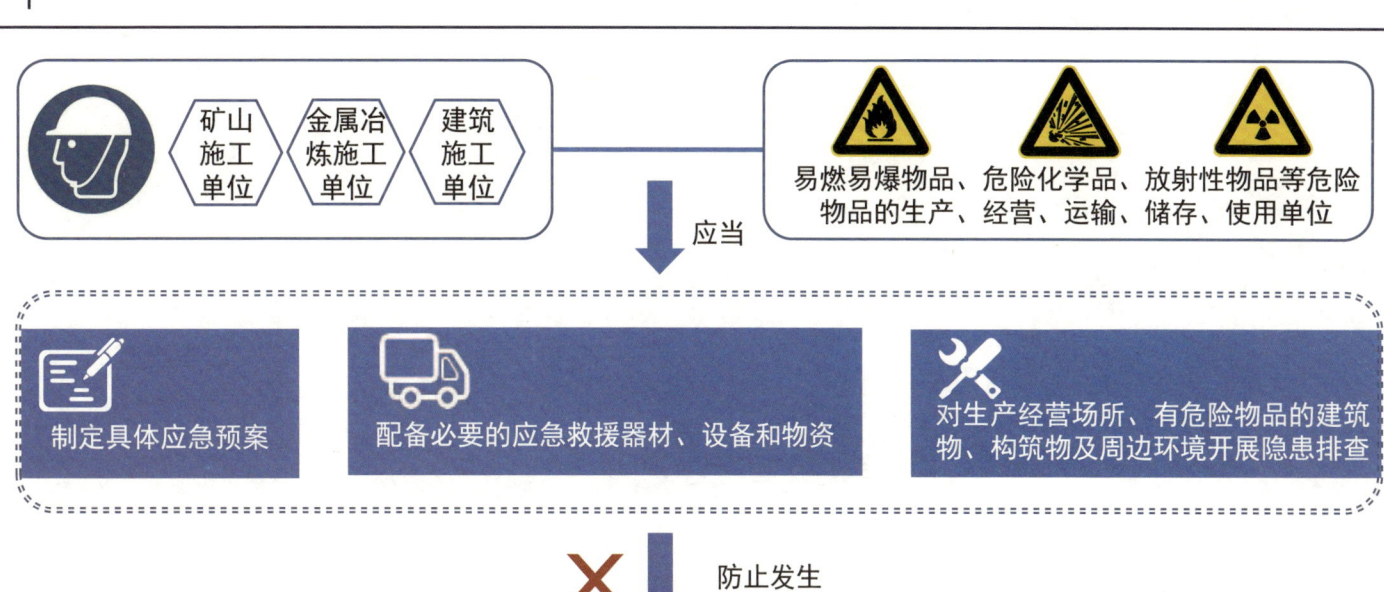

注：①本条是关于高危行业企业预防突发事件义务的规定。

②矿山、金属冶炼、建筑施工单位和易燃易爆物品、危险化学品、放射性物品等危险物品的生产、经营、运输、储运、使用单位，由于其所从事的生产经营等活动的特殊性，一旦发生事故，会对人民群众的生命财产安全造成严重危害。各高危行业企业要针对本企业的风险隐患特点，以编制完善应急预案为重点，认真开展生产经营场所、有危险物品的建筑物、构筑物及周边环境等隐患排查，全面分析可能会发生的突发事件。

第 37 条　人员密集场所经营单位或者管理单位的预防义务

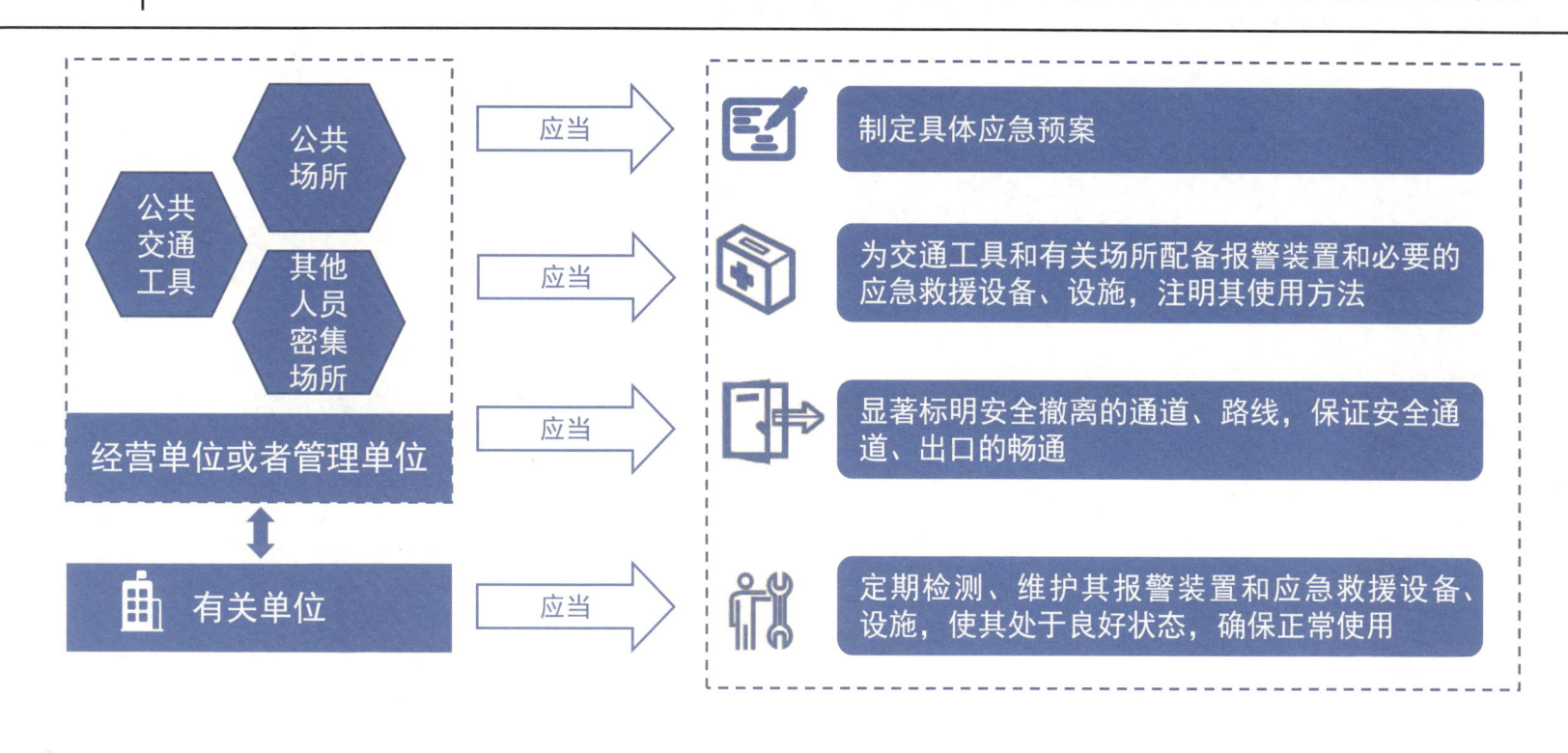

第三十七条[①]

公共交通工具、公共场所[②]和其他人员密集场所的经营单位或者管理单位应当制定具体应急预案，为交通工具和有关场所配备报警装置和必要的应急救援设备、设施，注明其使用方法，并显著标明安全撤离的通道、路线，保证安全通道、出口的畅通。

有关单位应当定期检测、维护其报警装置和应急救援设备、设施，使其处于良好状态，确保正常使用。

主体		应当履行的义务
公共交通工具 / 公共场所 / 其他人员密集场所 经营单位或者管理单位	应当	制定具体应急预案
	应当	为交通工具和有关场所配备报警装置和必要的应急救援设备、设施，注明其使用方法
	应当	显著标明安全撤离的通道、路线，保证安全通道、出口的畅通
有关单位	应当	定期检测、维护其报警装置和应急救援设备、设施，使其处于良好状态，确保正常使用

注：①本条是关于公共交通工具、公共场所和其他人员密集场所的经营单位或者管理单位预防义务的规定。
②公共交通工具，是指从事旅客运输的各种交通工具，包括列车、客机、轮船及公共汽车、城市轨道交通等。公共场所，是指人们学习、工作、社会交往、文体娱乐及满足部分生活需求所使用的公共建筑物、场所及设施。公共交通工具和公共场所共同的特点，就是人员密集，在某一特定时间易聚集成群，一旦发生突发事件，容易造成人员伤亡的严重后果。有关经营单位或者管理单位，要针对可能发生的突发事件的种类、性质、社会危害等情况，制定具体应急预案，定期检测、维护报警装置及应急救援设施、设备，使其处于良好状态，确保在应急状态下能够正常使用。

第38条 应对管理培训制度

第三十八条[1] 县级以上人民政府应当建立健全突发事件应对管理培训[2]制度,对人民政府及其有关部门负有突发事件应对管理职责的工作人员以及居民委员会、村民委员会有关人员定期进行培训。

注:[1]本条是关于突发事件应对管理培训制度的规定。

[2]突发事件应对管理培训就是对应急管理所需的知识和技能的培训,对政府及其部门负有处置突发事件职责的工作人员进行应急管理培训,是建立应急管理长效机制的重要措施。政府及其部门领导干部应急培训的重点是增强应急管理意识,提高统筹常态管理与应急管理、指挥处置应对突发公共事件的水平。各级应急管理机构干部和工作人员培训的重点,是熟悉、掌握应急预案和相关工作制度、程序、要求等,提高为领导决策服务和开展应急管理工作的能力。基层干部应急管理培训的重点,是增强公共安全意识,提高突发事件隐患排查监管和第一时间应对突发事件的能力。县级以上人民政府应当建立健全突发事件应对管理培训制度,制定应急管理的培训规划和培训大纲,明确培训内容、标准和方式,充分运用多种方法和手段,做好应急管理培训工作,并加强培训资质管理。

第 39 条　应急救援队伍

第三十九条[1]

国家综合性消防救援队伍[2]是应急救援的综合性常备骨干力量，按照国家有关规定执行综合应急救援任务。县级以上人民政府有关部门可以根据实际需要设立专业应急救援队伍。

县级以上人民政府及其有关部门可以建立由成年志愿者组成的应急救援队伍。乡级人民政府、街道办事处和有条件的居民委员会、村民委员会可以建立基层应急救援队伍，及时、就近开展应急救援。单位应当建立由本单位职工组成的专职或者兼职应急救援队伍。

国家鼓励和支持社会力量建立提供社会化应急救援服务的应急救援队伍。社会力量建立的应急救援队伍参与突发事件应对工作应当服从履行统一领导职责或者组织处置突发事件的人民政府、突发事件应急指挥机构的统一指挥。

县级以上人民政府应当推动专业应急救援队伍与非专业应急救援队伍[3]联合培训、联合演练，提高合成应急、协同应急的能力。

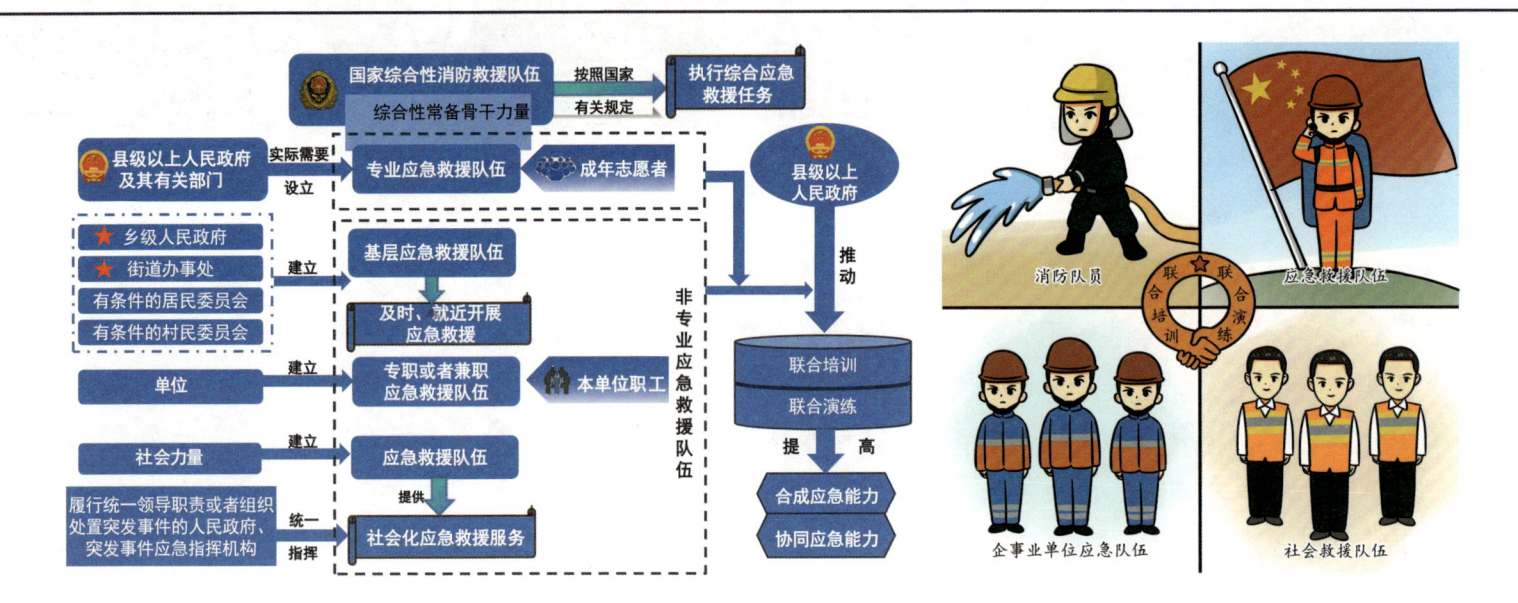

注：①本条是关于应急救援队伍建设的规定。

②国家综合性消防救援队伍由中华人民共和国应急管理部负责管理，是由中国人民武装警察部队消防部队、中国人民武装警察部队森林部队退出现役、成建制划归应急管理部后组建成立的。国家综合性消防救援队伍是应急救援的主力军和国家队，承担着防范化解重大安全风险、应对处置各类灾害事故的重要职责。国家综合性消防救援队伍建立统一高效的领导指挥体系。应急管理部设立国家消防救援局，作为消防救援队伍、森林消防队伍的领导指挥机关，省、市、县级分别设有关消防救援总队、支队、大队，城市和乡镇根据需要按标准设立消防救援站。

③应急救援队伍可分为专业应急救援队伍和非专业应急救援队伍。专业应急救援队伍，是指专门负责突发事件的应急救援和处置工作的队伍，主要有防汛抗旱抗震救灾、森林消防、海上搜救、铁路事故救援、矿山救护、核应急、医疗救护动物疫情处置等专业队伍。加强专业队伍处置能力建设，应进一步加强防汛抗旱应急队伍和森林消防队伍建设，补充完善相应装备，提高应对洪涝、干旱以及森林大火的应急处置能力。依托大型国有企业专业应急队伍，通过增配大型、特种救援救生装备，建立区域性专业救援队伍。进一步完善沿海和内河干线航道及湖区水上搜救力量布局，补充更新救援装备、加强沿海和内河重点水域救助队伍飞行基地和救助船舶基地建设。推进企事业单位专兼职应急队伍建设。推进矿山、危险化学品、高风险油气田勘探与开采、核工业、森工、民航、铁路、水运电力和电信等企事业单位应急队伍建设，按有关标准和规范配备应急技术装备，提高现场先期快速处置能力。此外，还应大力发展应急志愿者队伍。依托共青团组织、中国红十字会、中国青年志愿者协会、基层社区以及其他组织，建立形式多样的应急志愿者队伍。

第40条 应急救援人员人身保险和资格要求

第四十条[1]	地方各级人民政府、县级以上人民政府有关部门、有关单位应当为其组建的应急救援队伍购买人身意外伤害保险[2]，配备必要的防护装备和器材，防范和减少应急救援人员的人身伤害风险。[3] 专业应急救援人员应当具备相应的身体条件、专业技能和心理素质，取得国家规定的应急救援职业资格，具体办法由国务院应急管理部门会同国务院有关部门制定。

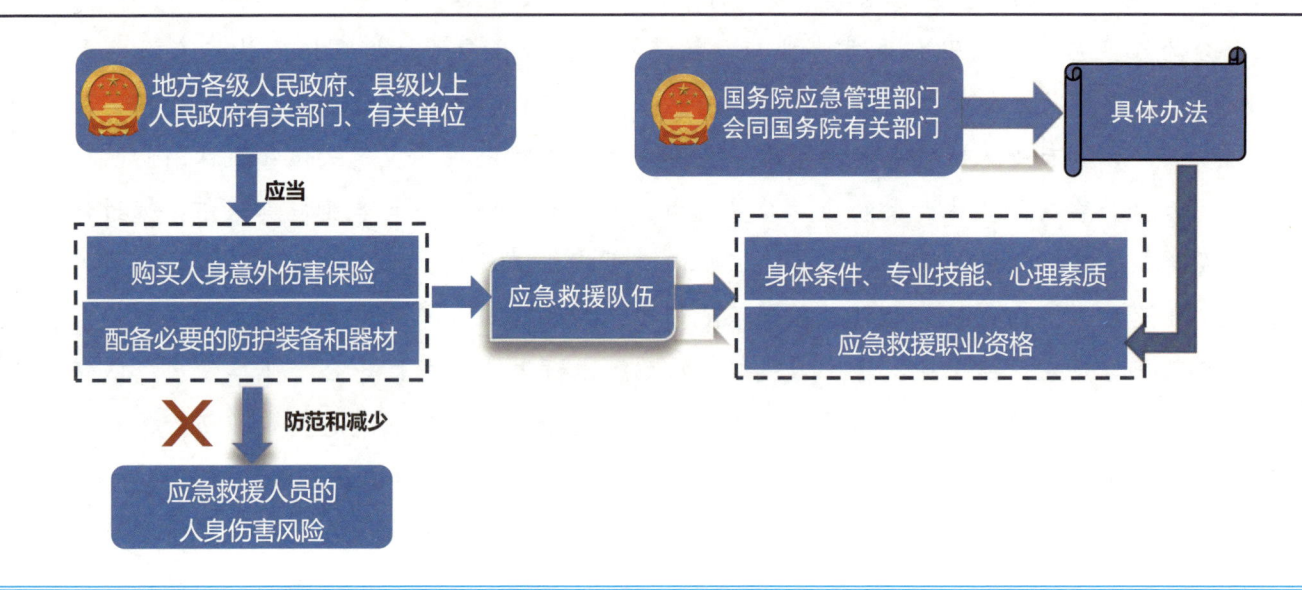

注：[1]本条是关于应急救援人员人身保险和资格要求的规定。

[2]人身意外伤害保险，是指保险人对于被保险人由于自己意志以外的原因而致身体残废或者死亡时，给付被保险人保险金的一种人身保险。政府和有关单位作为投保人与保险公司订立保险合同，支付保险费，以专业应急救援人员作为被保险人，当被保险人在突发事件应急救援和处置中发生意外伤害事故时，由保险公司依照合同约定向被保险人或受益人支付保险金。

[3]为保证抢险救灾工作的顺利进行，必须保证应急救援人员的安全。政府和有关单位应当为专业应急救援人员，包括企事业单位中设置的专职应急救援队伍的人员购买人身意外伤害保险，配备必要的防护装备和器材。

第41条　解放军、武警和民兵专门训练

第四十一条[①]　中国人民解放军、中国人民武装警察部队和民兵组织应当有计划地组织开展应急救援的专门训练。[②]

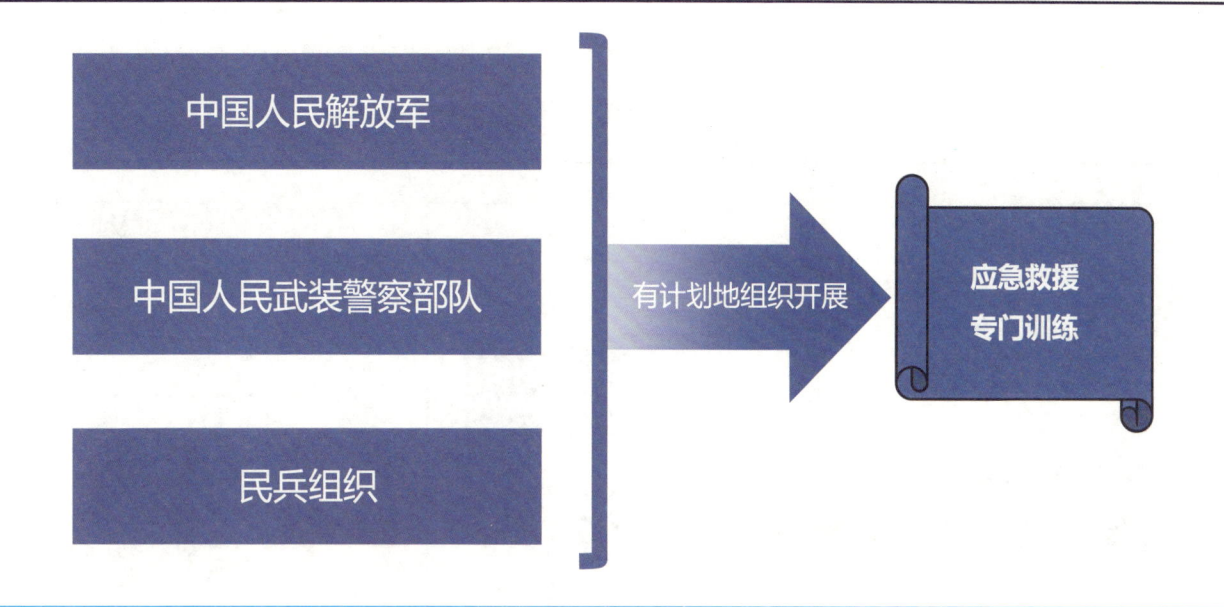

```
┌─────────────────────┐
│   中国人民解放军     │
├─────────────────────┤                    ┌──────────┐
│ 中国人民武装警察部队 │ ── 有计划地组织开展 ──▶ │ 应急救援 │
├─────────────────────┤                    │ 专门训练 │
│      民兵组织        │                    └──────────┘
└─────────────────────┘
```

注：①本条是关于中国人民解放军、中国人民武装警察部队和民兵组织开展应急救援专门训练的规定。
　　②由于重特大突发事件具有严重的社会危害性，中国人民解放军、中国人民武装警察部队和民兵组织，应当通过开展应急救援的专门训练，提高应急救援专业技能和救援保障能力。

第42条　应急知识宣传普及和应急演练

第四十二条[①]　县级人民政府及其有关部门、乡级人民政府、街道办事处应当组织开展面向社会公众的应急知识宣传普及活动和必要的应急演练。

居民委员会、村民委员会、企业事业单位、社会组织应当根据所在地人民政府的要求，结合各自的实际情况，开展面向居民、村民、职工等的应急知识宣传普及活动和必要的应急演练[②]。[③]

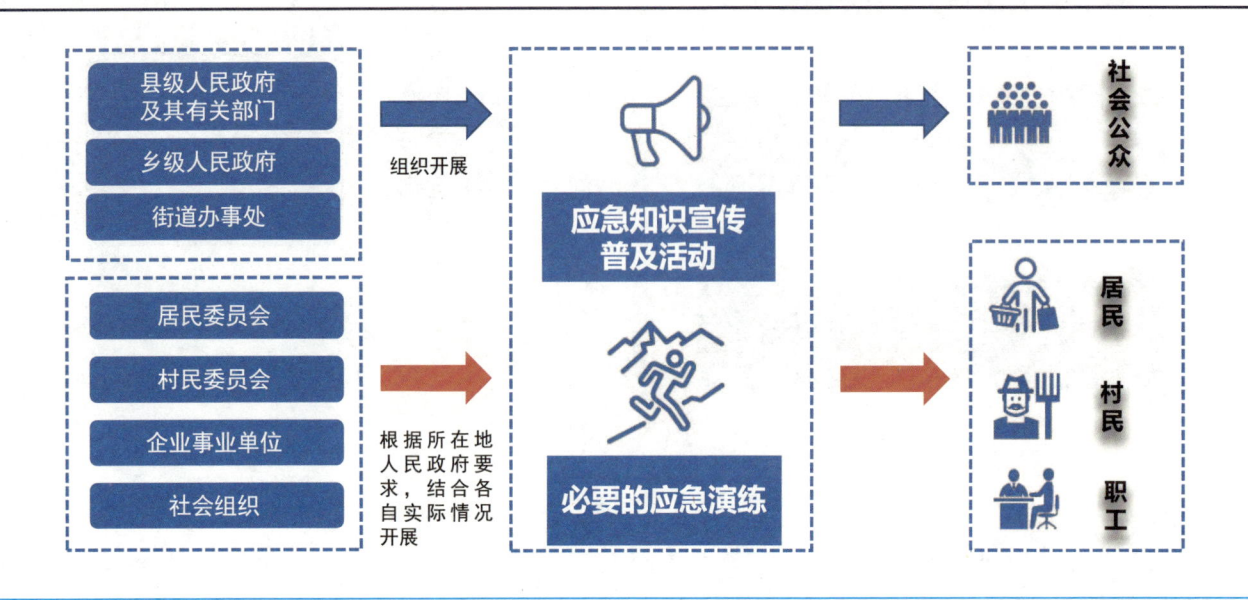

注：[①]本条是关于应急知识宣传普及和应急演练的规定。

[②]应急演练按照组织形式划分，分为桌面演练和实战演练；按照内容划分，分为综合演练和专项演练；按照目的与作用划分，分为检验性演练、示范性演练和研究性演练。

[③]县级人民政府及其有关部门、乡级人民政府、街道办事处等基层行政机关要组织开展面向社会公众的应急知识宣传普及活动和必要的应急演练；群众自治组织、企业事业单位和社会组织，应当根据所在地人民政府的要求，并结合各自的实际情况开展有关突发事件应急知识的宣传普及活动和必要的应急演练。

第43条　学校的应急教育和演练义务

第四十三条[①] 各级各类学校[②]应当把应急教育纳入教育教学计划，对学生及教职工开展应急知识教育和应急演练，培养安全意识，提高自救与互救能力。

教育主管部门应当对学校开展应急教育进行指导和监督，应急管理等部门应当给予支持。

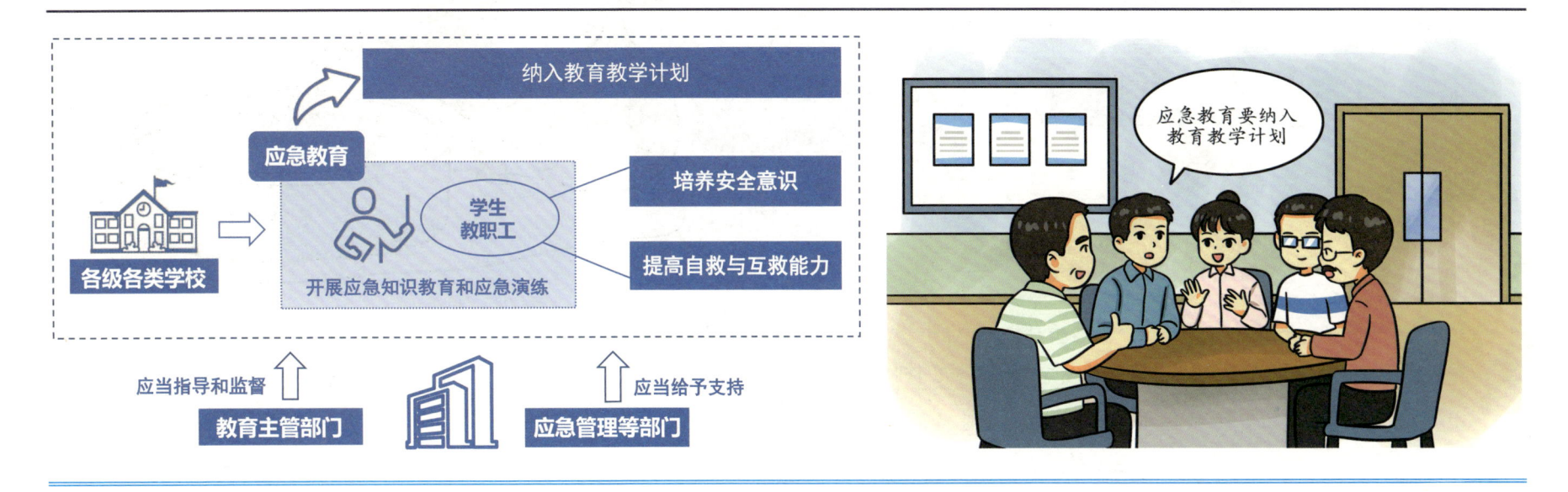

注：①本条是关于学校的应急教育和演练义务的规定。

②各级各类学校包括从事普通教育的大中小学，也包括职业学校等其他教育机构，各级各类学校在安排应急知识的教学内容时，应当根据学生的年龄特征，有针对性地选择教学内容。

第44条　经费保障

第四十四条[1]　各级人民政府应当将突发事件应对工作所需经费纳入本级预算，并加强资金管理，提高资金使用绩效。[2]

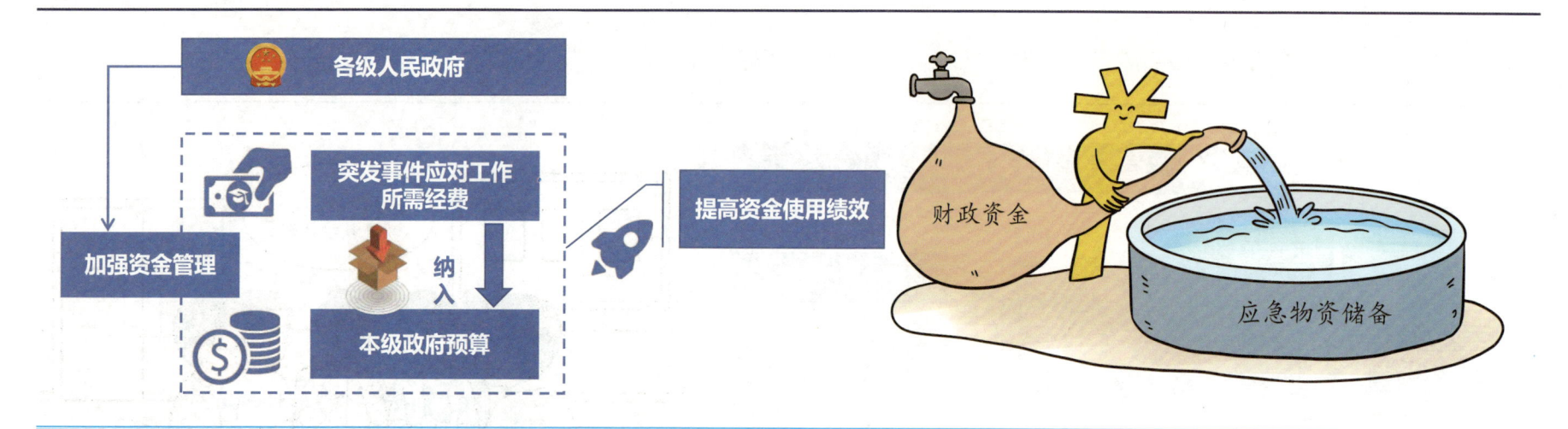

注：[1]本条是关于各级人民政府保障突发事件应对工作所需经费的规定。

[2]经费保障是突发事件应急准备的重要内容。我国应对突发事件的资金主要包括财政资金、社会捐助资金和商业及政策保险赔付资金。《中华人民共和国预算法》第四十条规定：各级一般公共预算应当按照本级一般公共预算支出额的百分之一至百分之三设置预备费，用于当年预算执行中的自然灾害等突发事件处理增加的支出及其他难以预见的开支。

第45条　应急物资储备保障制度和目录

第四十五条[①]

国家按照集中管理、统一调拨、平时服务、灾时应急、采储结合、节约高效的原则，建立健全应急物资储备保障制度，动态更新应急物资储备品种目录，完善重要应急物资的监管、生产、采购、储备、调拨和紧急配送体系，促进安全应急产业发展，优化产业布局。[②]

国家储备物资品种目录[③]、总体发展规划，由国务院发展改革部门会同国务院有关部门拟订。国务院应急管理等部门依据职责制定应急物资储备规划、品种目录，并组织实施。应急物资储备规划应当纳入国家储备总体发展规划。

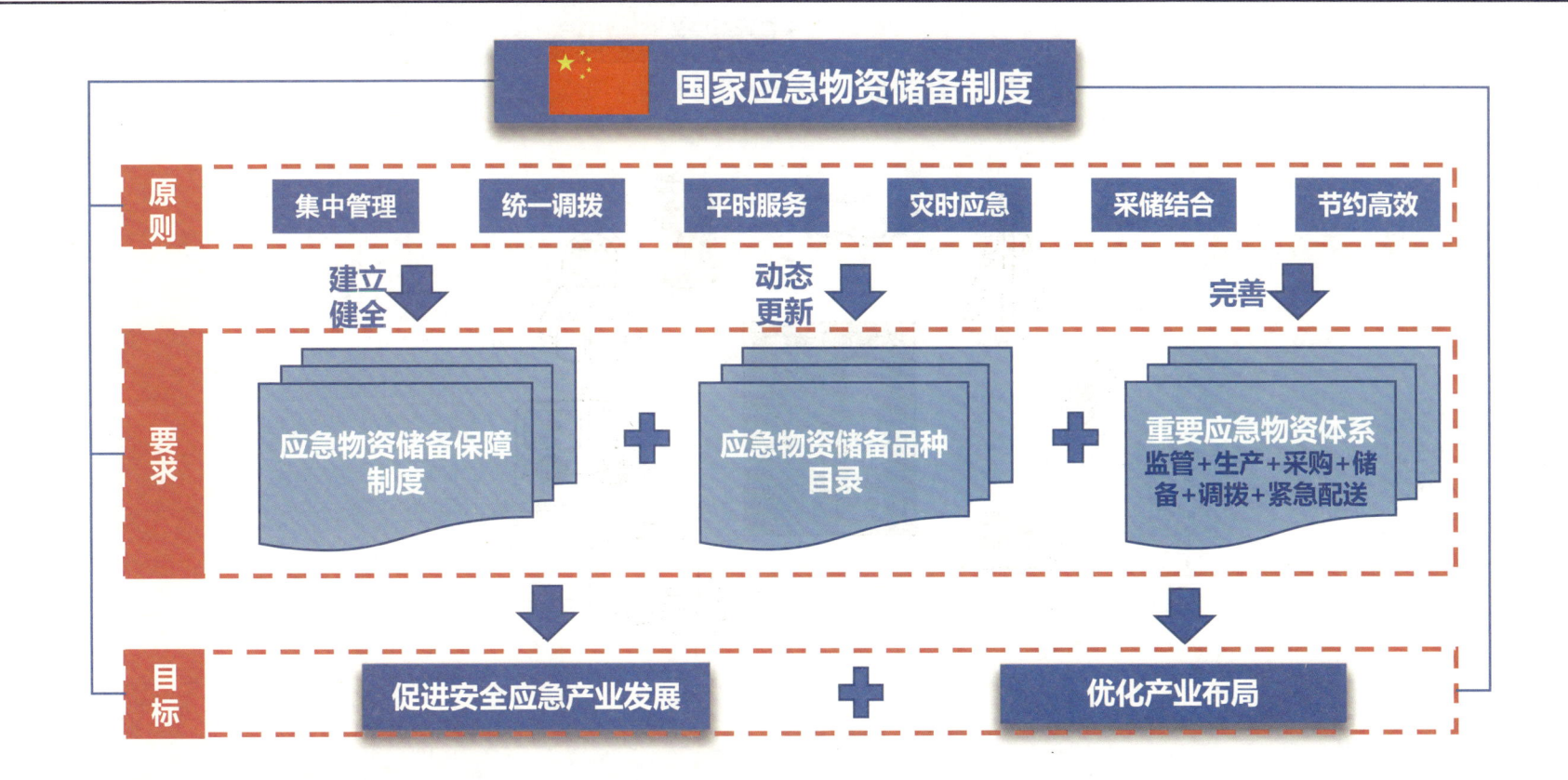

国家应急物资储备制度

原则：集中管理 | 统一调拨 | 平时服务 | 灾时应急 | 采储结合 | 节约高效

- 建立健全 ↓
- 动态更新 ↓
- 完善 ↓

要求：
应急物资储备保障制度 ＋ 应急物资储备品种目录 ＋ 重要应急物资体系（监管＋生产＋采购＋储备＋调拨＋紧急配送）

目标：促进安全应急产业发展 ＋ 优化产业布局

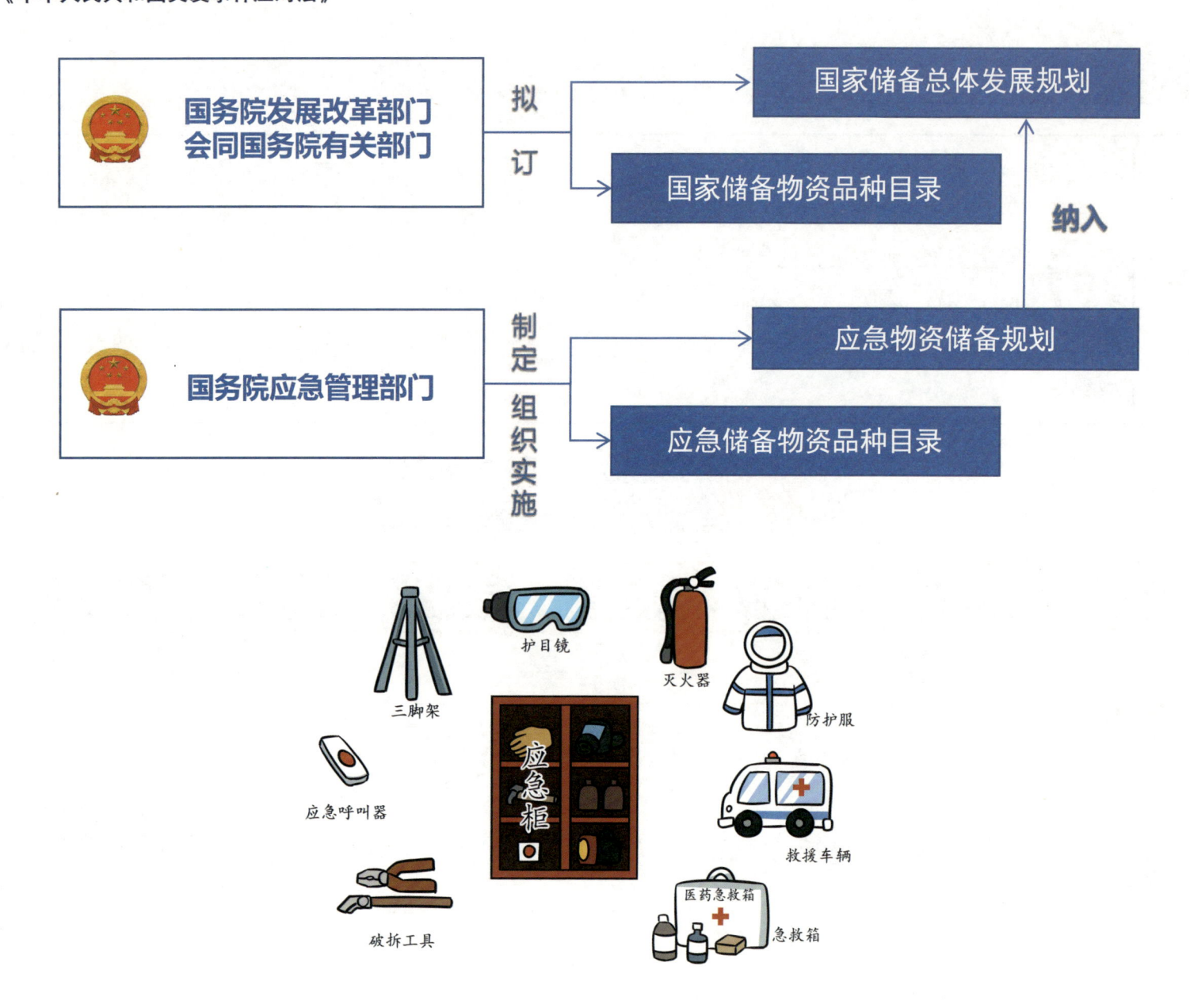

一图读懂新的《中华人民共和国突发事件应对法》

```
国务院发展改革部门       ──拟订──┬──→ 国家储备总体发展规划
会同国务院有关部门              │
                                └──→ 国家储备物资品种目录
                                                                    纳入 ↑

国务院应急管理部门  ──制定 组织实施──┬──→ 应急物资储备规划
                                    │
                                    └──→ 应急储备物资品种目录
```

三脚架　护目镜　灭火器　防护服　应急呼叫器　应急柜　救援车辆　破拆工具　医药急救箱　急救箱

注：①本条是关于应急物资储备，以及国家储备物资品种目录、总体发展规划的规定。

②建立应急物资储备保障制度，健全重要应急物资的监管、生产、储备、调拨和紧急配送体系，才能在突发事件发生时，有效应对各种紧急情况。突发事件发生后，履行统一领导职责的人民政府可以启动储备的应急救援物资。目前，国家在沈阳、天津、武汉、南宁、成都、西安等城市设立了中央级应急物资储备库，建成了统一指挥、规模适度、布局合理、功能齐全、反应迅速、运转高效、保障有力的国家救灾物资储备库体系。

③应急物资储备品种目录关系应急物资储备能力建设，应当动态更新，促进安全应急产业发展，优化产业布局。

第46条 应急救援物资、装备等生产、供应和储备

第四十六条[1]

设区的市级以上人民政府和突发事件易发、多发地区的县级人民政府应当建立应急救援物资、生活必需品和应急处置装备的储备保障制度。

县级以上地方人民政府应当根据本地区的实际情况和突发事件应对工作的需要，依法与有条件的企业签订协议，保障应急救援物资、生活必需品和应急处置装备的生产、供给。有关企业应当根据协议，按照县级以上地方人民政府要求，进行应急救援物资、生活必需品和应急处置装备的生产、供给，并确保符合国家有关产品质量的标准和要求。[2]

国家鼓励公民、法人和其他组织储备基本的应急自救物资和生活必需品。有关部门可以向社会公布相关物资、物品的储备指南和建议清单。

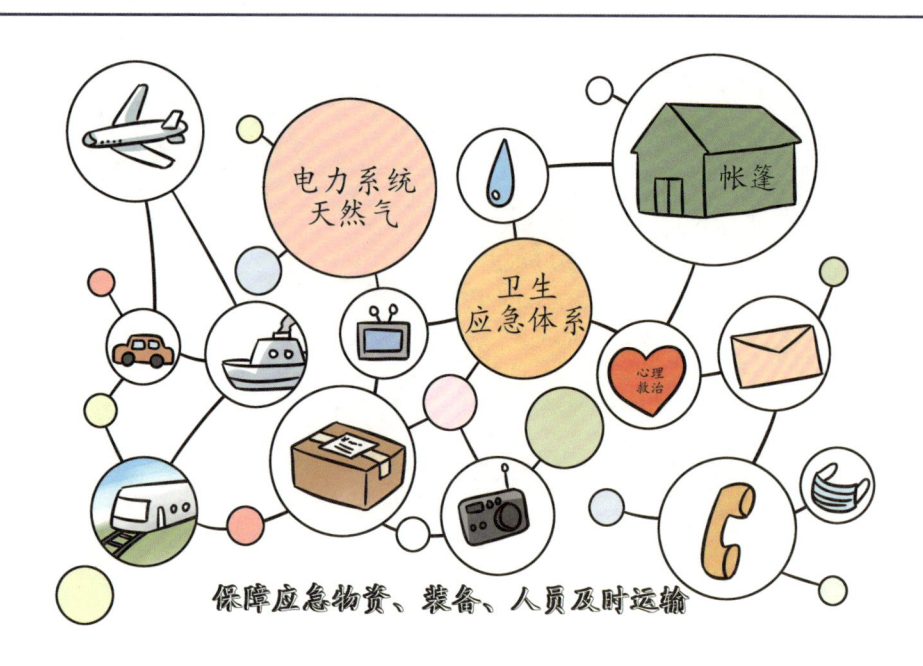

保障应急物资、装备、人员及时运输

第三章 预防与应急准备   69

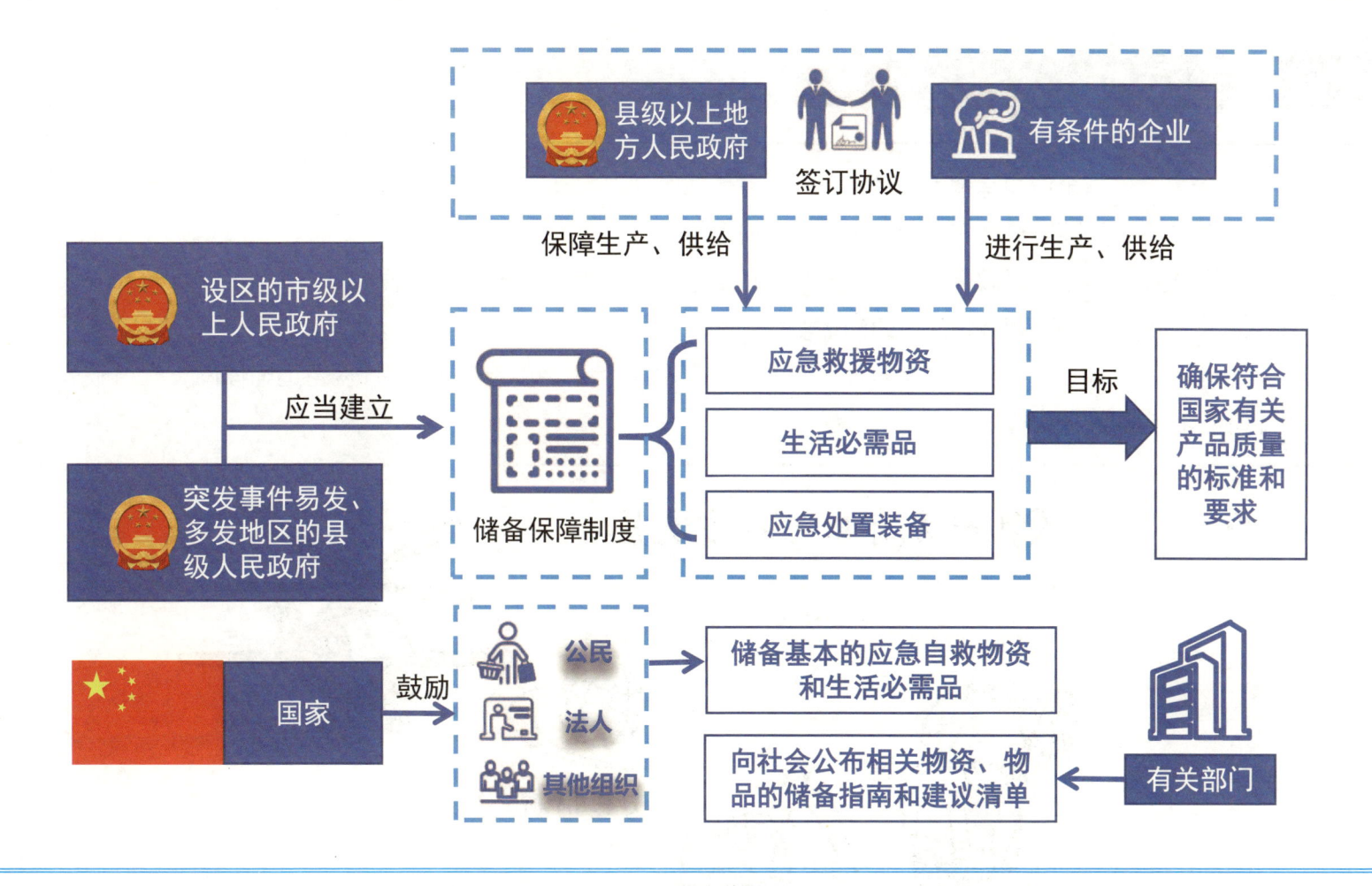

注：①本条是关于应急储备的规定。
②这是突发事件应对的现实要求，直接关系着防灾减灾救灾的效果，是应急保障的基础性工作。

第47条 应急运输保障

第四十七条[①]

国家建立健全应急运输保障体系,统筹铁路、公路、水运、民航、邮政、快递等运输和服务方式,制定应急运输保障方案,保障应急物资、装备和人员及时运输。

县级以上地方人民政府和有关主管部门应当根据国家应急运输保障方案,结合本地区实际做好应急调度和运力保障,确保运输通道和客货运枢纽畅通。[②]

国家发挥社会力量在应急运输保障中的积极作用。社会力量参与突发事件应急运输保障,应当服从突发事件应急指挥机构的统一指挥。[③]

♥ 一方有难 八方支援

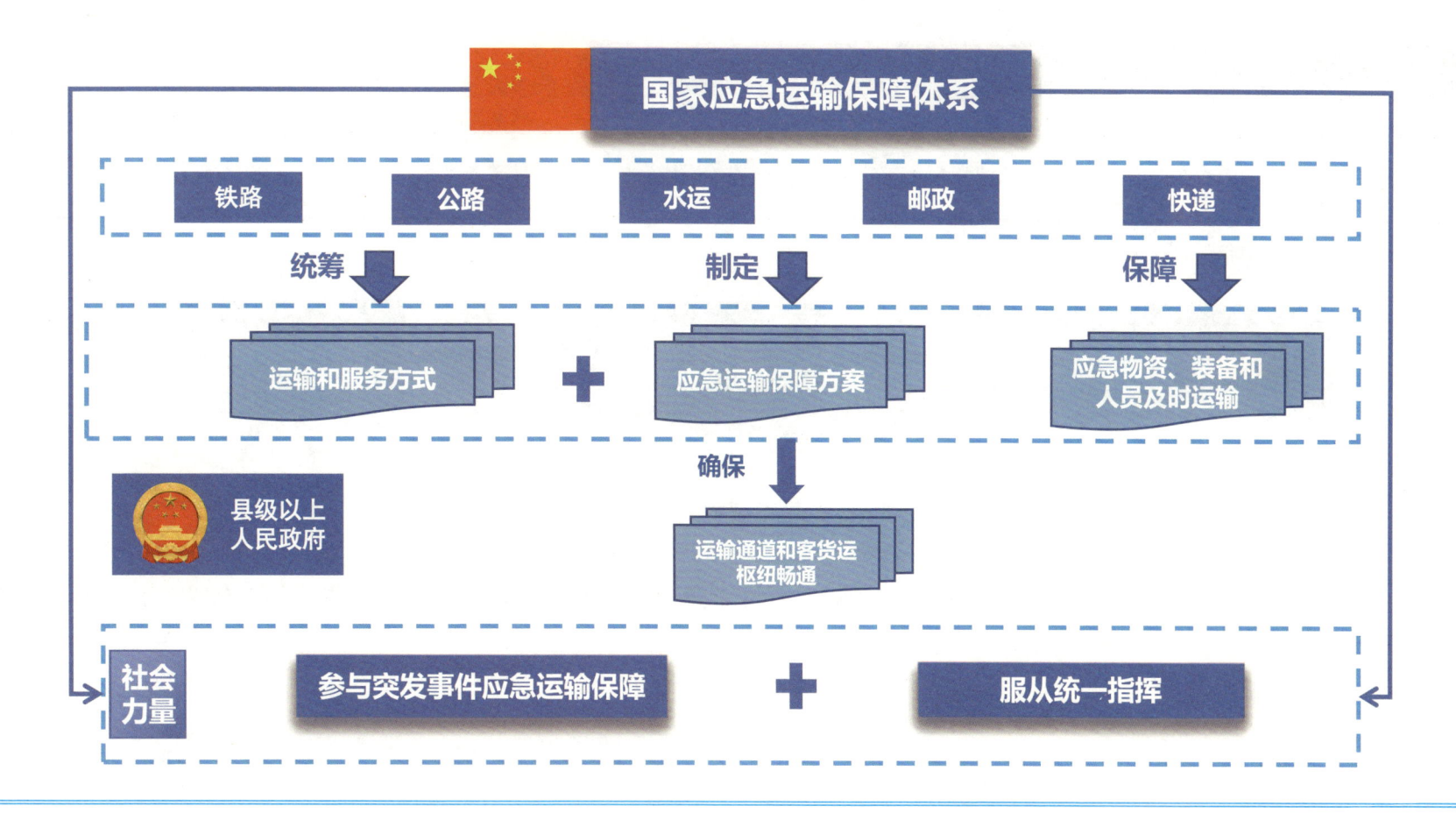

```
                    ┌─────────────────────────────┐
                    │  🇨🇳  国家应急运输保障体系   │
                    └─────────────────────────────┘

      ┌ ─ ─ ─ ─ ─ ─ ─ ─ ─ ─ ─ ─ ─ ─ ─ ─ ─ ─ ─ ─ ─ ─ ─ ┐
        [铁路]    [公路]    [水运]    [邮政]    [快递]
      └ ─ ─ ─ ─ ─ ─ ─ ─ ─ ─ ─ ─ ─ ─ ─ ─ ─ ─ ─ ─ ─ ─ ─ ┘
           统筹↓          制定↓            保障↓

      ┌ ─ ─ ─ ─ ─ ─ ─ ─ ─ ─ ─ ─ ─ ─ ─ ─ ─ ─ ─ ─ ─ ─ ─ ┐
       [运输和服务方式] + [应急运输保障方案] + [应急物资、装备和人员及时运输]
      └ ─ ─ ─ ─ ─ ─ ─ ─ ─ ─ ─ ─ ─ ─ ─ ─ ─ ─ ─ ─ ─ ─ ─ ┘
                           确保↓
   [县级以上人民政府]   [运输通道和客货运枢纽畅通]

      ┌ ─ ─ ─ ─ ─ ─ ─ ─ ─ ─ ─ ─ ─ ─ ─ ─ ─ ─ ─ ─ ─ ─ ─ ┐
       [社会力量]  [参与突发事件应急运输保障] + [服从统一指挥]
      └ ─ ─ ─ ─ ─ ─ ─ ─ ─ ─ ─ ─ ─ ─ ─ ─ ─ ─ ─ ─ ─ ─ ─ ┘
```

注：①本条是关于应急运输保障体系的规定。

②本款规定县级以上地方人民政府和有关主管部门确保运输通道和客货运枢纽畅通的义务。

③本款规定社会力量在应急运输保障中的作用和有关义务，应当服从突发事件应急指挥机构的统一指挥。

第48条 能源应急保障

第四十八条[①] 国家建立健全能源应急保障体系，提高能源安全保障能力，确保受突发事件影响地区的能源供应。[②]

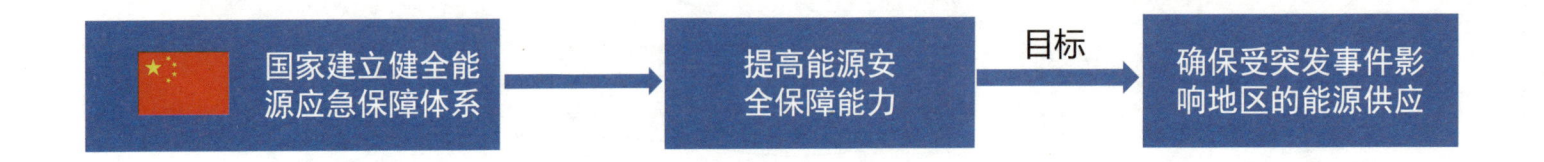

国家建立健全能源应急保障体系 → 提高能源安全保障能力 —目标→ 确保受突发事件影响地区的能源供应

注：①本条是关于国家能源应急保障体系的规定。
②国家为应对能源供应严重短缺、供应中断价格剧烈波动等能源紧张态势，可以采取的必要措施，以确保社会生产和生活的基本能源供应、保障经济平稳和社会稳定。

第49条　应急通信和广播保障

第四十九条[①]	国家建立健全应急通信[②]、应急广播[③]保障体系，加强应急通信系统、应急广播系统建设，确保突发事件应对工作的通信、广播安全畅通。

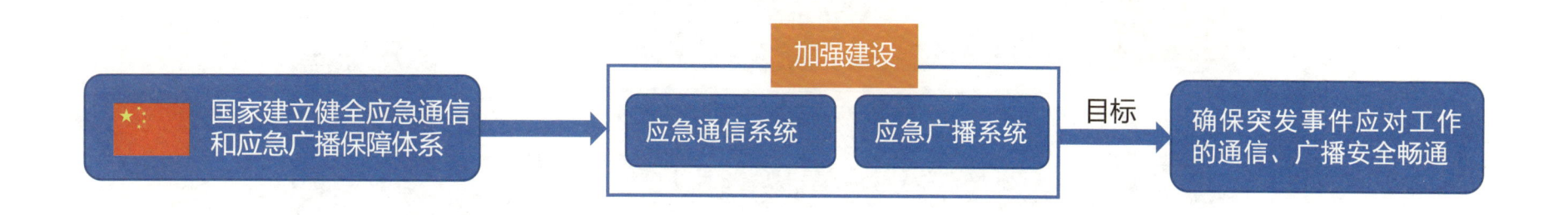

```
                                    加强建设
┌──────────────┐         ┌──────────────────────────┐        ┌──────────────┐
│ 国家建立健全应急通信│  ──→   │ 应急通信系统   应急广播系统 │ ─目标→ │ 确保突发事件应对工作│
│ 和应急广播保障体系 │         │                          │        │ 的通信、广播安全畅通│
└──────────────┘         └──────────────────────────┘        └──────────────┘
```

注：①本条是关于国家应急通信和广播保障的规定。

②应急通信，是指在出现自然或人为的突发情况以及通信需求骤增时，综合利用各种通信资源，保障救援、紧急救助和必要通信所需的通信手段和方法，是一种具有暂时性的、为应对自然或人为紧急情况而提供的特殊通信机制。

③应急广播，是指利用广播电视、网络视听等信息传送方式，向公众或特定区域、特定人群播发应急信息的传送播出系统。
应急广播体系是国家公共服务体系的重要内容，也是国家应急体系和防灾减灾体系的重要组成部分。

第 50 条　卫生应急体系

第五十条[①]　国家建立健全突发事件卫生应急体系，组织开展突发事件中的医疗救治、卫生学调查处置和心理援助等卫生应急工作，有效控制和消除危害。[②]

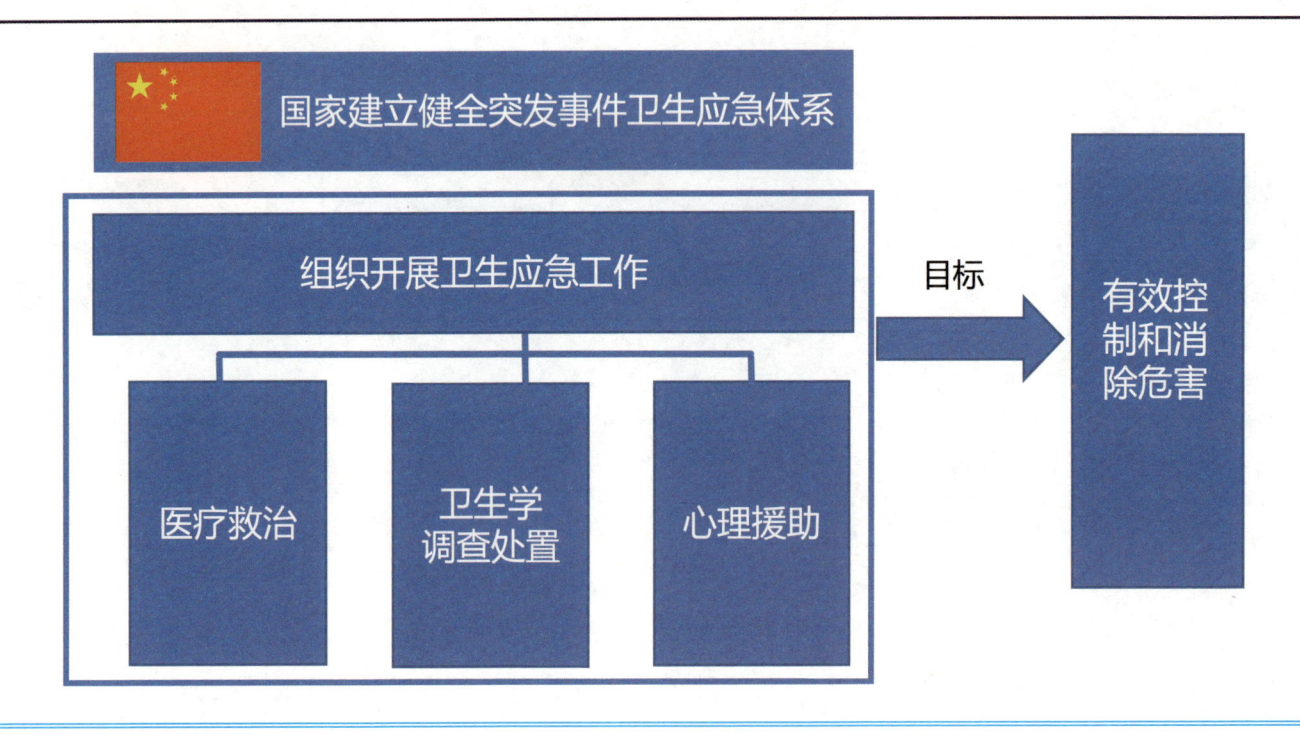

国家建立健全突发事件卫生应急体系

组织开展卫生应急工作
- 医疗救治
- 卫生学调查处置
- 心理援助

目标 → 有效控制和消除危害

注：[①] 本条是关于卫生应急体系的规定。

[②] 根据实践经验和实际需求，此次修法增加了对突发事件卫生应急体系主要工作内容的规定，包括组织开展医疗救治、卫生学调查处置和心理援助等。

第 51 条　急救医疗服务网络建设

第五十一条[①]　县级以上人民政府应当加强急救医疗服务网络的建设，配备相应的医疗救治物资、设施设备和人员，提高医疗卫生机构应对各类突发事件的救治能力。[②]

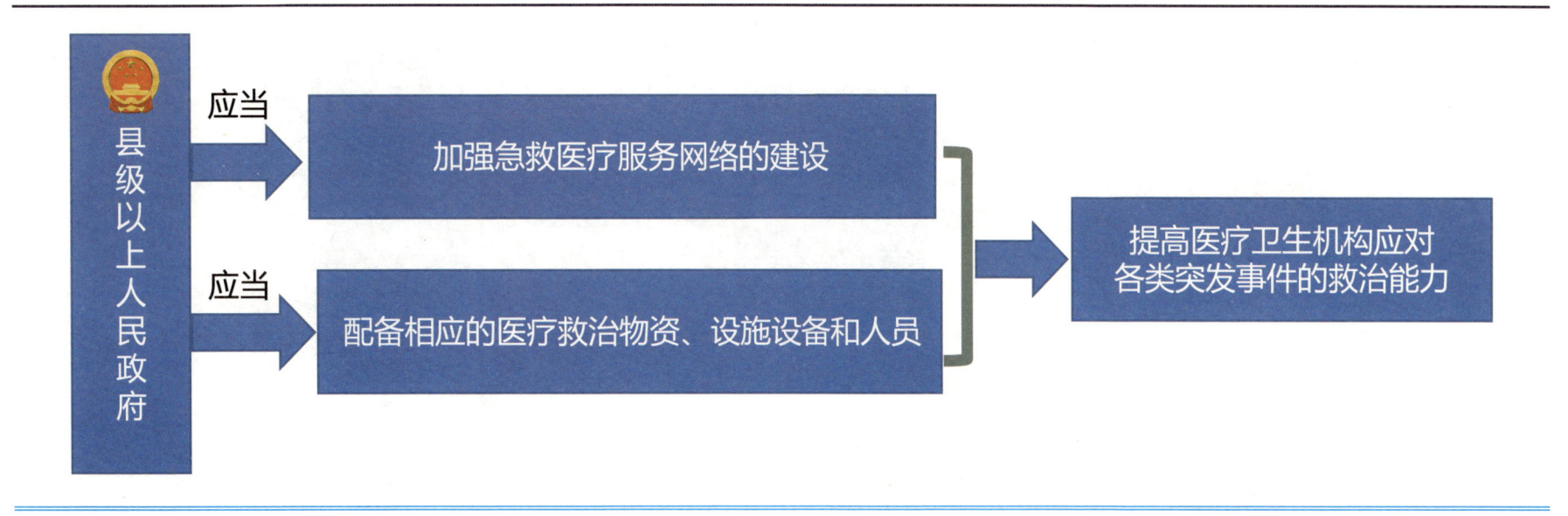

注：[①]本条是关于急救医疗服务网络建设的规定。
　　[②]根据实践经验和实际需求，本次修法增加县级以上人民政府应当加强急救医疗服务网络建设的规定，并对物资、设施设备和人员配备，以及救治能力建设等作出要求。

第 52 条　鼓励社会力量支持

| 第五十二条[①] | 国家鼓励公民、法人和其他组织为突发事件应对工作提供物资、资金、技术支持和捐赠。接受捐赠的单位应当及时公开接受捐赠的情况和受赠财产的使用、管理情况，接受社会监督。[②] |

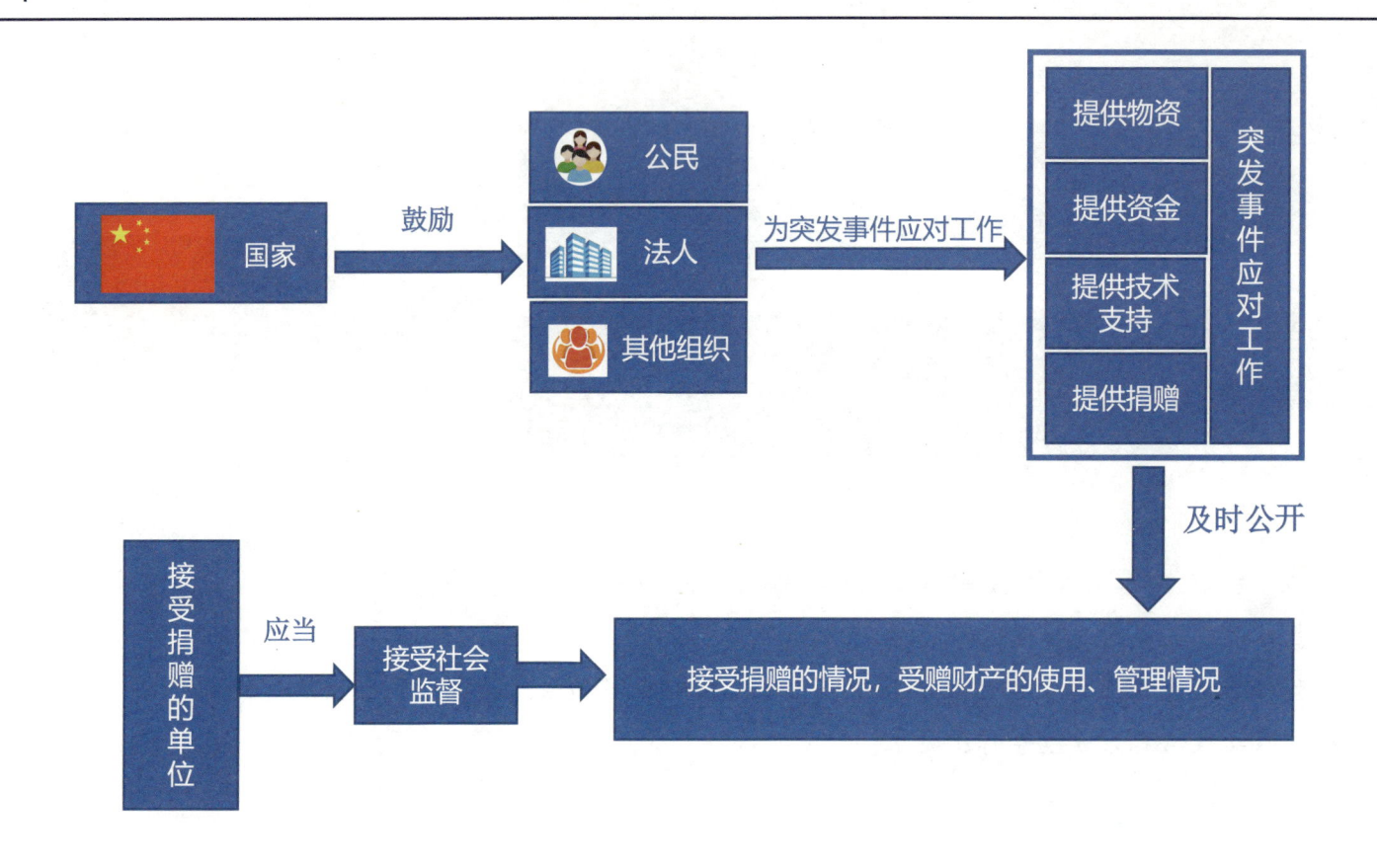

注：①本条是关于国家鼓励为突发事件应对提供物资、资金、技术支持和捐赠的规定。

②一旦发生突发事件，广泛的公众支持和捐赠，能有效应对突发事件，尤其是应对重特大突发事件，需要大量的物力、财力的投入。我国公众参与社会捐赠活动意愿高，国家积极倡导公民、法人和其他组织提供应急物资、资金、技术支持和捐赠。《中华人民共和国个人所得税法》规定，个人将其所得对教育、扶贫、济困等公益慈善事业进行捐赠的特定部分，可以按照国务院有关规定从应纳税所得中扣除。国家鼓励和引导捐赠，加强对捐赠款物的监管，实行捐赠款物的使用的信息公开，加强对捐赠的宣传倡导，社会捐赠必将在应对突发事件中发挥重要作用。

第 53 条　紧急救援、人道救助和应急慈善

第五十三条[①]

红十字会在突发事件中,应当对伤病人员和其他受害者提供紧急救援和人道救助,并协助人民政府开展与其职责相关的其他人道主义服务活动。有关人民政府应当给予红十字会支持和资助,保障其依法参与应对突发事件。

慈善组织在发生重大突发事件时开展募捐和救助活动,应当在有关人民政府的统筹协调、有序引导下依法进行。有关人民政府应当通过提供必要的需求信息、政府购买服务等方式,对慈善组织参与应对突发事件、开展应急慈善活动予以支持。

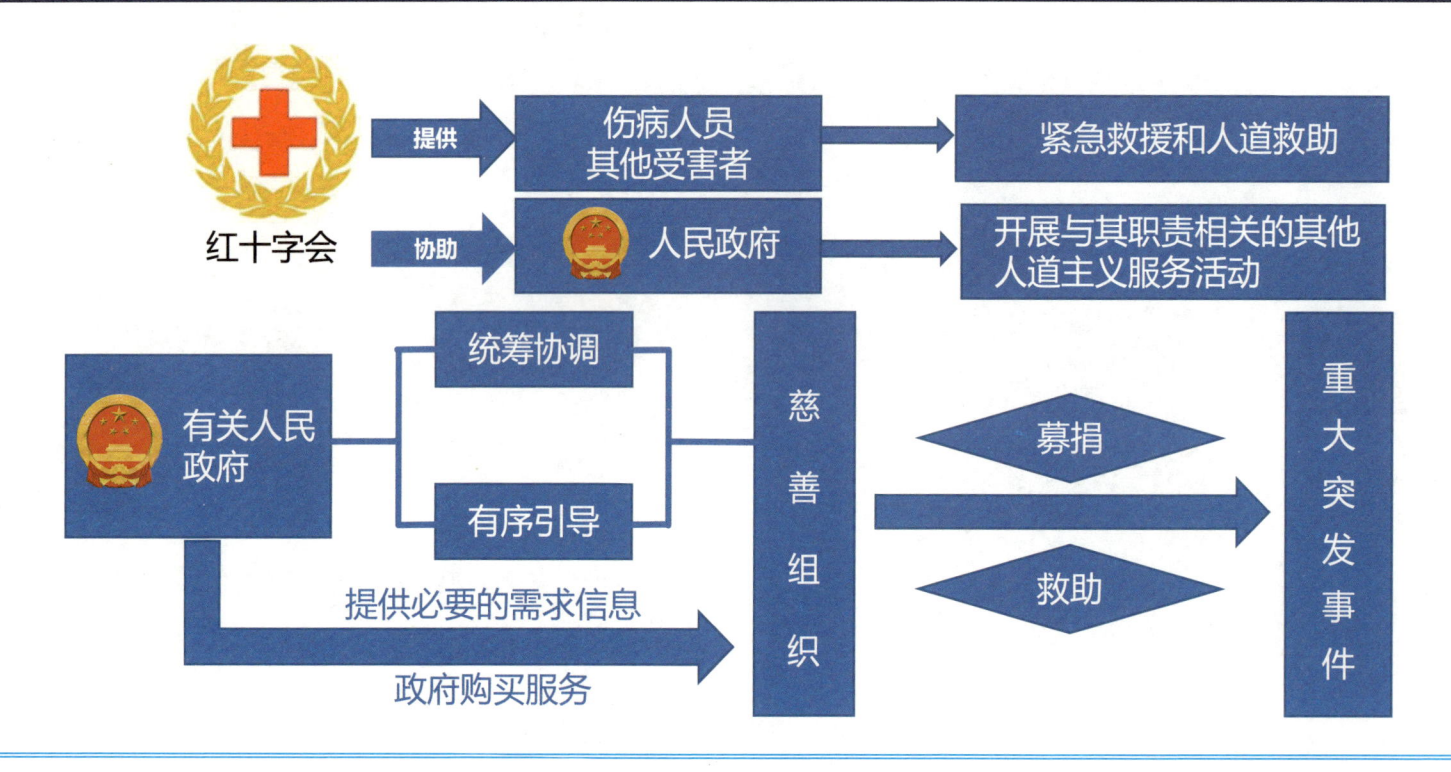

注：[①]本条是关于支持、引导红十字会、慈善组织等社会力量参与应对突发事件的规定。

第 54 条　救援资金和物资管理

第五十四条[①]	有关单位应当加强应急救援资金[②]、物资的管理，提高使用效率。 任何单位和个人不得截留、挪用、私分或者变相私分应急救援资金、物资。

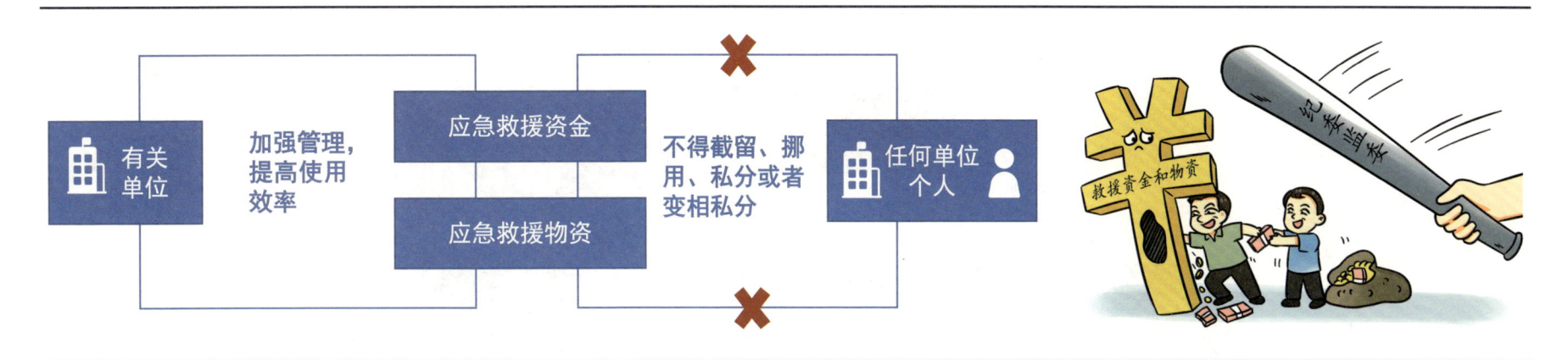

注：①本条是关于应急救援资金、物资管理要求的规定。
　　②应急救援资金，主要包括安全生产补助资金、自然灾害救灾资金和急救医疗专项资金，具体用于安全生产应急救援力量建设、危险化学品重大安全风险防控、尾矿库风险隐患治理、煤矿及重点非煤矿山重大灾害风险防控等；解决遭受自然灾害的农村居民的衣、食、住、医等临时困难，紧急转移安置和抢救受灾群众，抚慰因灾遇难人员家属，恢复重建倒损住房，以及采购、管理、储运救灾物资等；突发公共事件的急救医疗救援、急救医疗车辆、设备、器械的配备、维护、更新和通信指挥调度平台信息化建设、应急药品和其他急救物资储备、急救人员培训和演练、社会性自救互救知识宣传教育等。

第 55 条 巨灾风险保险体系

| 第五十五条① | 国家发展保险事业，建立政府支持、社会力量参与、市场化运作的巨灾风险保险体系，并鼓励单位和个人参加保险。② |

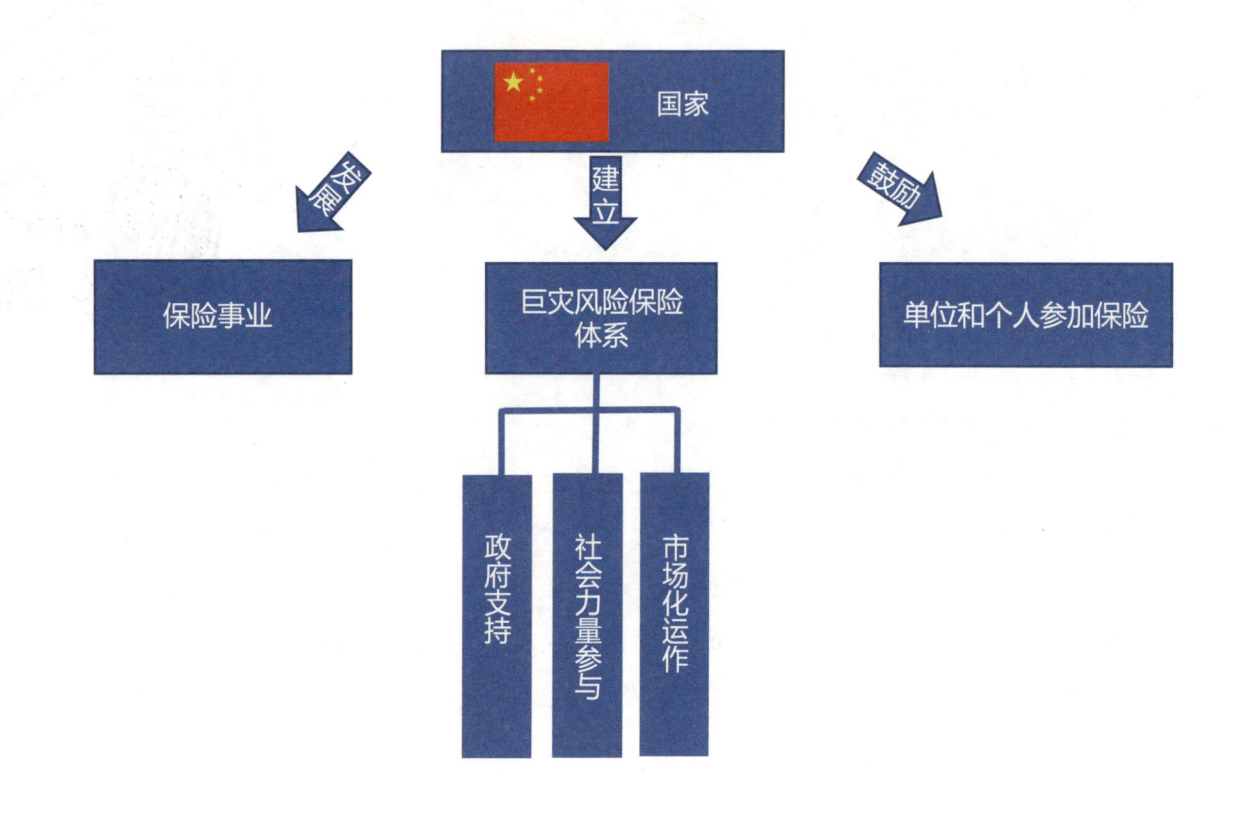

注：①本条是关于国家发展保险事业，建立巨灾风险保险体系并鼓励单位和个人参保的规定。
②保险业是与突发事件关系密切的领域。我国每年因自然灾害和交通、生产等突发事件造成的人民生命财产损失巨大。发展保险事业，建立国家财政支持的巨灾风险保险体系，既要完善针对突发事件的各项保险措施，也要增强全社会的保险意识，针对不同险种的特性，采取差异化政策，鼓励单位和个人参加保险，健全完善政策性保险业务，探索实施税收优惠政策，共同构建适应大安全的保险保障体系。

第 56 条　技术应用、人才培养和研究开发

第五十六条[①] 　国家加强应急管理基础科学、重点行业领域关键核心技术的研究，加强互联网、云计算、大数据、人工智能等现代技术手段在突发事件应对工作中的应用，鼓励、扶持有条件的教学科研机构、企业培养应急管理人才和科技人才，研发、推广新技术、新材料、新设备和新工具，提高突发事件应对能力。[②]

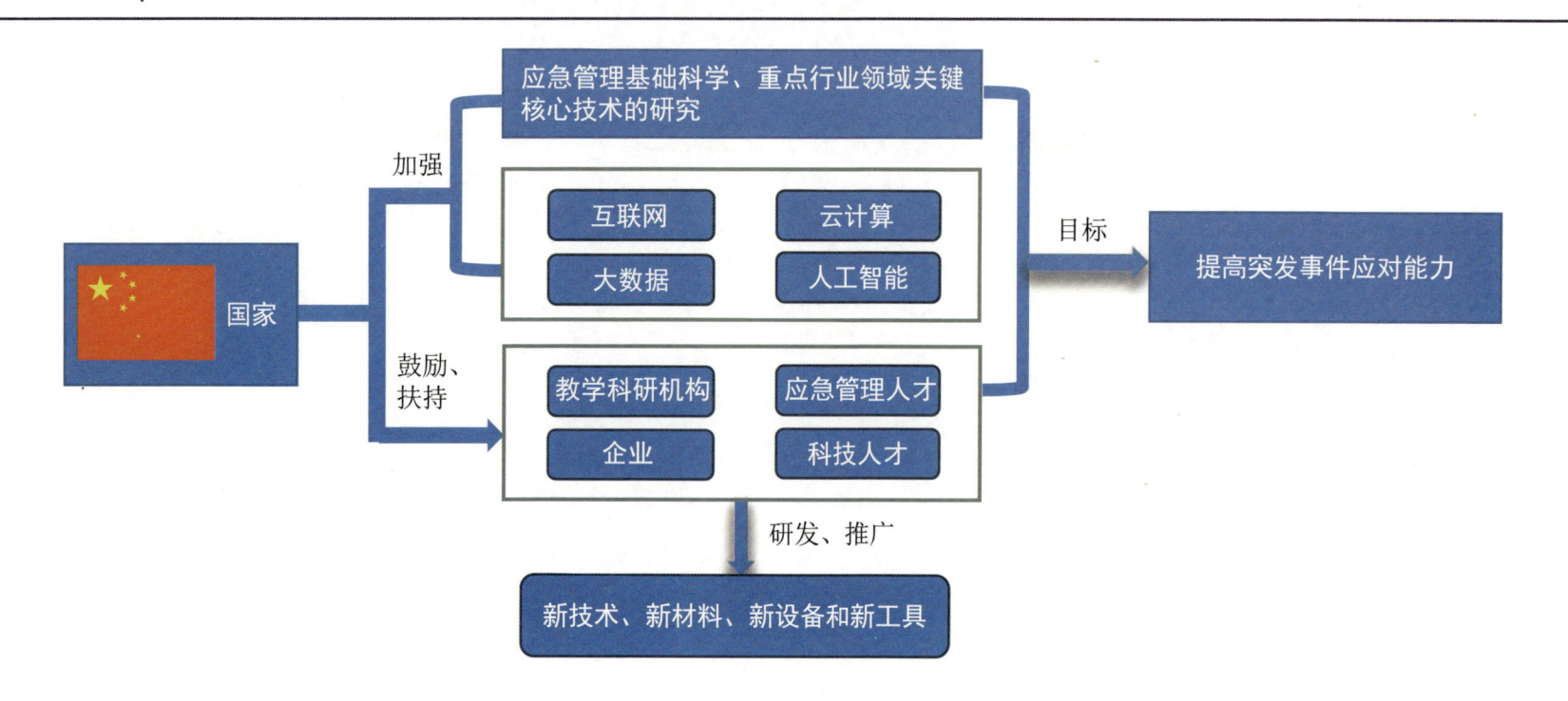

注：①本条是关于应急管理专门人才和新技术、新材料、新设备和新工具的规定。
②在突发事件应对中，应急管理专业人才发挥着重要作用。国家鼓励、扶持具备相应条件的教学科研机构培养危机管理专门人才，加强人力资源的培养和训练，为应急管理提供充足的人力资源。推进新技术、新设备和新工具的研发、推广应用，提高突发事件准备与预防、监测、预警、应急处置与救援的水平和效率。

第57条 专家咨询论证制度

第五十七条[1] 县级以上人民政府及其有关部门应当建立健全突发事件专家咨询论证制度,发挥专业人员在突发事件应对工作中的作用。[2]

```
县级以上人民政        应当      建立健全突发事件        目标      发挥专业人员在突发事
府及其有关部门     ────▶    专家咨询论证制度     ────▶    件应对工作中的作用
```

注:[1]本条是关于突发事件专家咨询论证制度的规定。
　　[2]通过建立健全专家咨询论证制度,可以有效发挥专业人员在突发事件应对工作中的作用,提高应急决策和措施的专业性、公正性和权威性。

第四章　监测与预警

第58条　突发事件监测制度

第五十八条[①]

国家建立健全突发事件监测制度。

县级以上人民政府及其有关部门应当根据自然灾害、事故灾难和公共卫生事件的种类和特点，建立健全基础信息数据库，完善监测网络，划分监测区域，确定监测点，明确监测项目，提供必要的设备、设施，配备专职或者兼职人员，对可能发生的突发事件进行监测。[②]

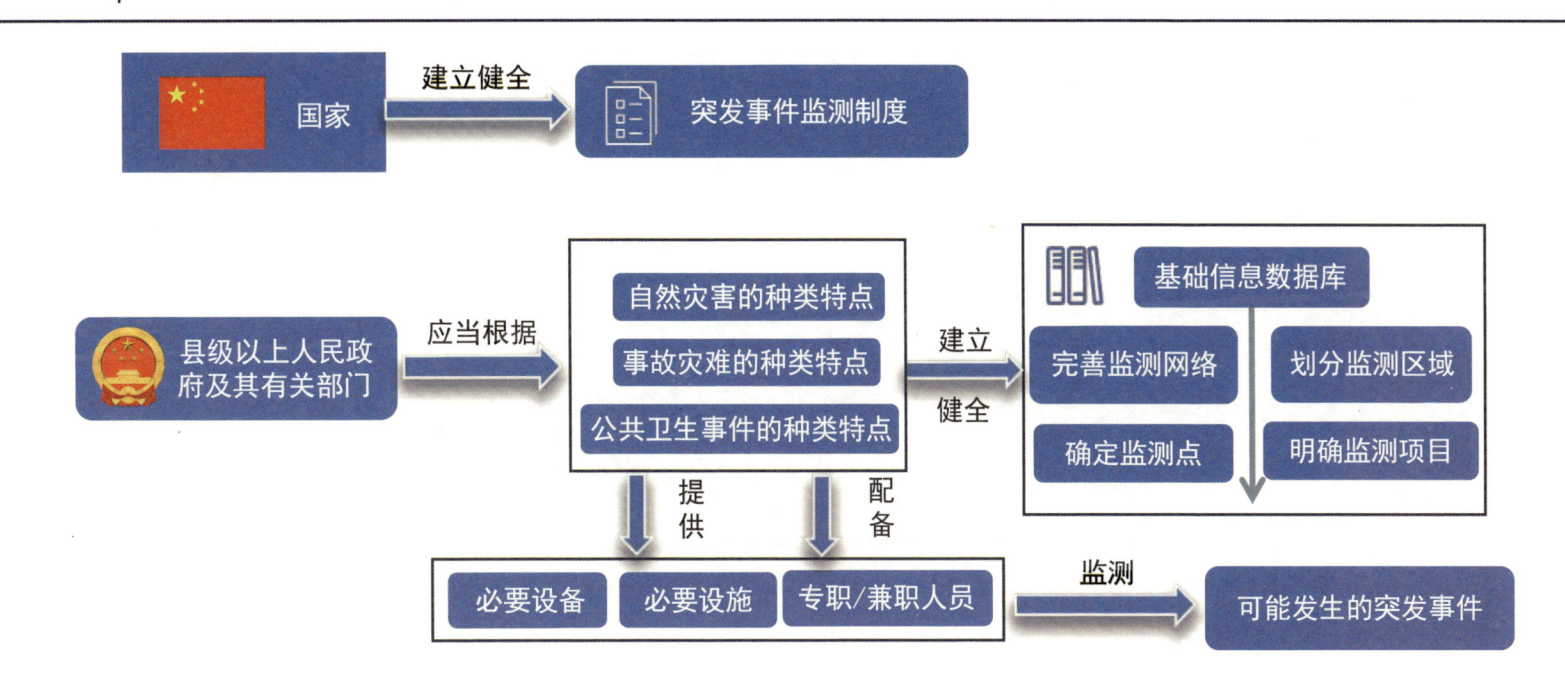

注：①本条是关于国家突发事件监测制度的规定。

②监测是预警和应急的基础，及时掌握有关信息，对可能发生的自然灾害、事故灾难、公共卫生事件进行监测，把收集上来的数据分门别类、科学储存，建立完善基础信息数据库；完善监测网络，划分监测区域，确定监测点，明确监测机构，明确监测人员及分工职责，进行常规和动态的监测，形成上下结合、分工协作、效能统一的监测体系。

第59条　突发事件信息系统

第五十九条[1]

国务院建立全国统一的突发事件信息系统。[2]

县级以上地方人民政府应当建立或者确定本地区统一的突发事件信息系统，汇集、储存、分析、传输有关突发事件的信息，并与上级人民政府及其有关部门、下级人民政府及其有关部门、专业机构、监测网点和重点企业[3]的突发事件信息系统实现互联互通，加强跨部门、跨地区的信息共享与情报合作。

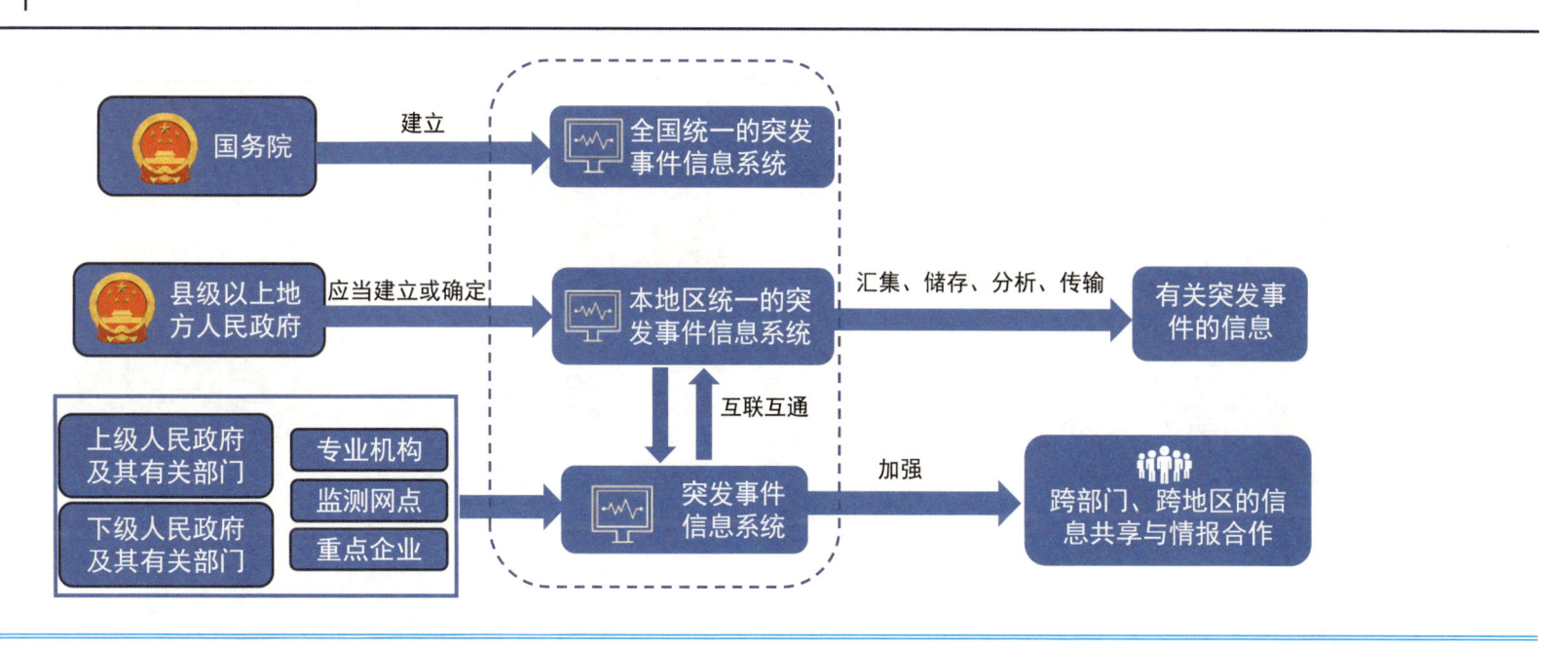

注：[1]本条是关于突发事件信息系统的规定。

[2]突发事件信息系统指汇集、储存、分析、传输突发事件发生、发展情况的信息网络和体系。

[3]重点企业的突发事件信息系统与政府建立的信息系统互联互通，可充分发挥重点企业的信息收集和应用功能。

第 60 条　突发事件信息收集制度

第六十条[①]

县级以上人民政府及其有关部门、专业机构应当通过多种途径收集突发事件信息。[②]

县级人民政府应当在居民委员会、村民委员会和有关单位建立专职或者兼职信息报告员制度。

公民、法人或者其他组织发现发生突发事件，或者发现可能发生突发事件的异常情况，应当立即向所在地人民政府、有关主管部门或者指定的专业机构报告。接到报告的单位应当按照规定立即核实处理，对于不属于其职责的，应当立即移送相关单位[③]核实处理。

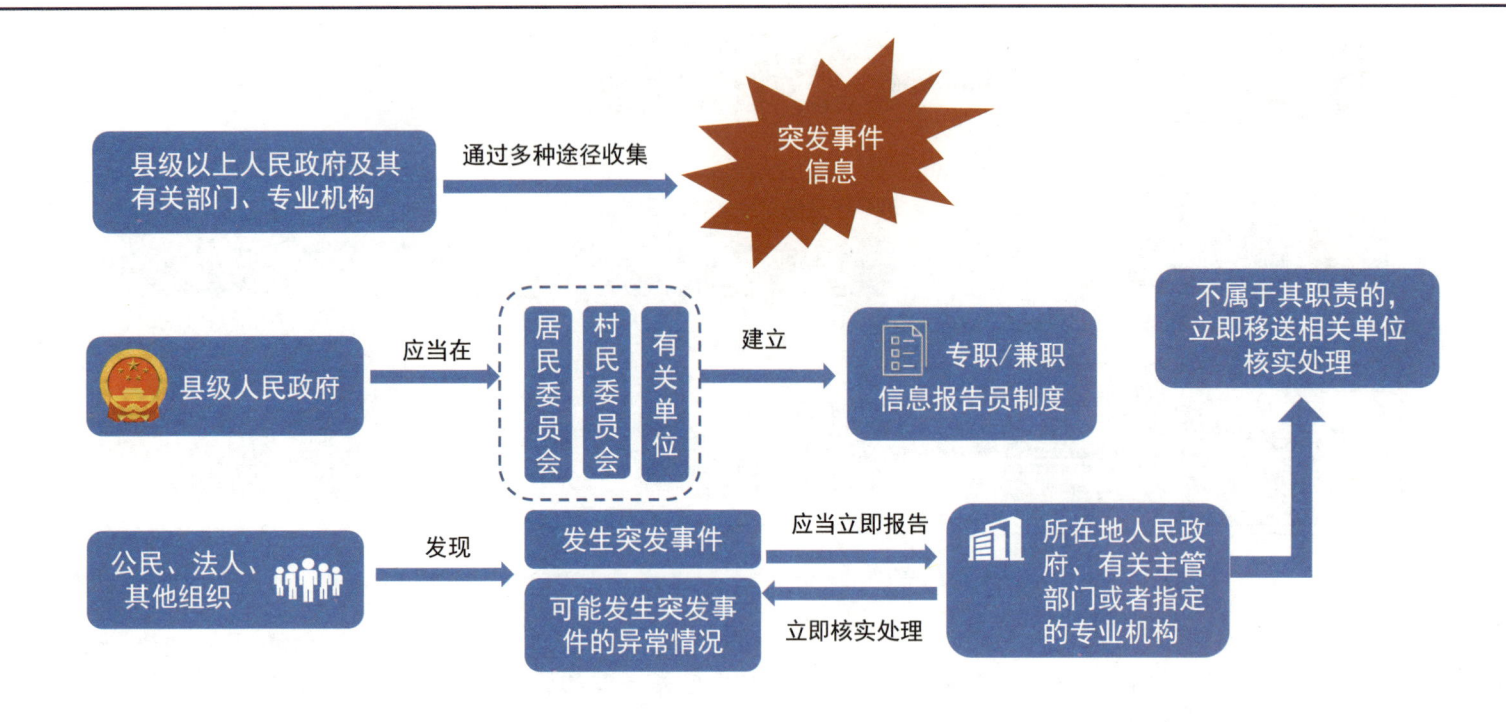

注：①本条是关于突发事件信息的收集和报告途径的规定。

②我国建立起了比较完善的监测网络，政府和专业机构已有较多的途径收集各类突发事件信息。《中华人民共和国气象法》第十五条规定，各级气象主管机构所属的气象台站，应当按照国务院气象主管机构的规定，进行气象探测并向有关气象主管机构汇交气象探测资料。《中华人民共和国防震减灾法》规定，国务院地震工作主管部门和县级以上地方人民政府负责管理地震工作的部门或者机构，应当加强对地震活动的信息监测、传递、分析、处理和对可能发生地震的地点、时间和震级作出预测。居民委员会、村民委员会作为基层群众性自治组织，与群众的联系最为密切，也有必要建立信息报告员制度。

③"相关单位"包括容易发生事故灾难的单位，如矿山、建筑施工单位和危险物品的生产、经营、储存单位等，还包括高等院校以及银行等金融机构。这些单位应当设立信息报告员，以便及时收集并上报相关突发事件的信息。

第61条 突发事件信息报告制度

第六十一条[①]

地方各级人民政府应当按照国家有关规定向上级人民政府报送突发事件信息。县级以上人民政府有关主管部门应当向本级人民政府相关部门通报突发事件信息，并报告上级人民政府主管部门。专业机构、监测网点和信息报告员[②]应当及时向所在地人民政府及其有关主管部门报告突发事件信息。

有关单位和人员报送、报告突发事件信息，应当做到及时、客观、真实，不得迟报、谎报、瞒报、漏报，不得授意他人迟报、谎报、瞒报，不得阻碍他人报告。

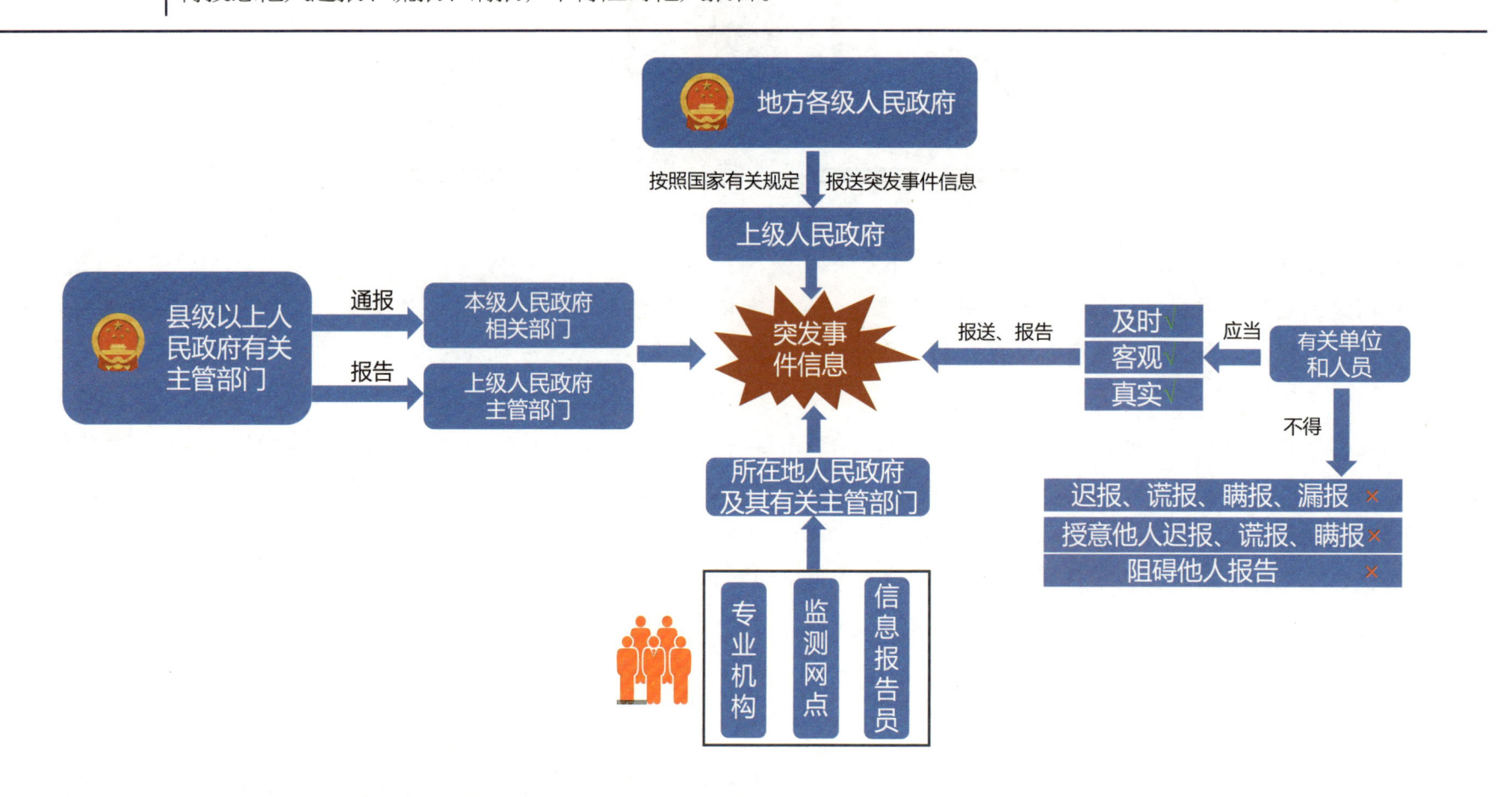

注：①本条是关于信息报告的责任主体和信息传输途径的规定。

②专业机构、监测网点和信息报告员第一时间接触、收集到相关信息，负有把这些信息报送当地政府及其有关部门的义务，以便为政府分析、决策提供充分的原始资料和客观依据。地方人民政府在接收到报告信息后，应当对信息进行汇总整理，并及时向上级人民政府报送。同时，主管该突发事件的有关部门也应当及时通报其他有关部门，在突发事件应对工作中协作配合，实现信息共享。

第 62 条　突发事件信息评估制度

第六十二条[1]　县级以上地方人民政府应当及时汇总分析突发事件隐患和监测信息，必要时组织相关部门、专业技术人员、专家学者进行会商，对发生突发事件的可能性及其可能造成的影响进行评估；认为可能发生重大或者特别重大突发事件的，应当立即向上级人民政府报告，并向上级人民政府有关部门、当地驻军和可能受到危害的毗邻或者相关地区的人民政府通报，及时采取预防措施。[2]

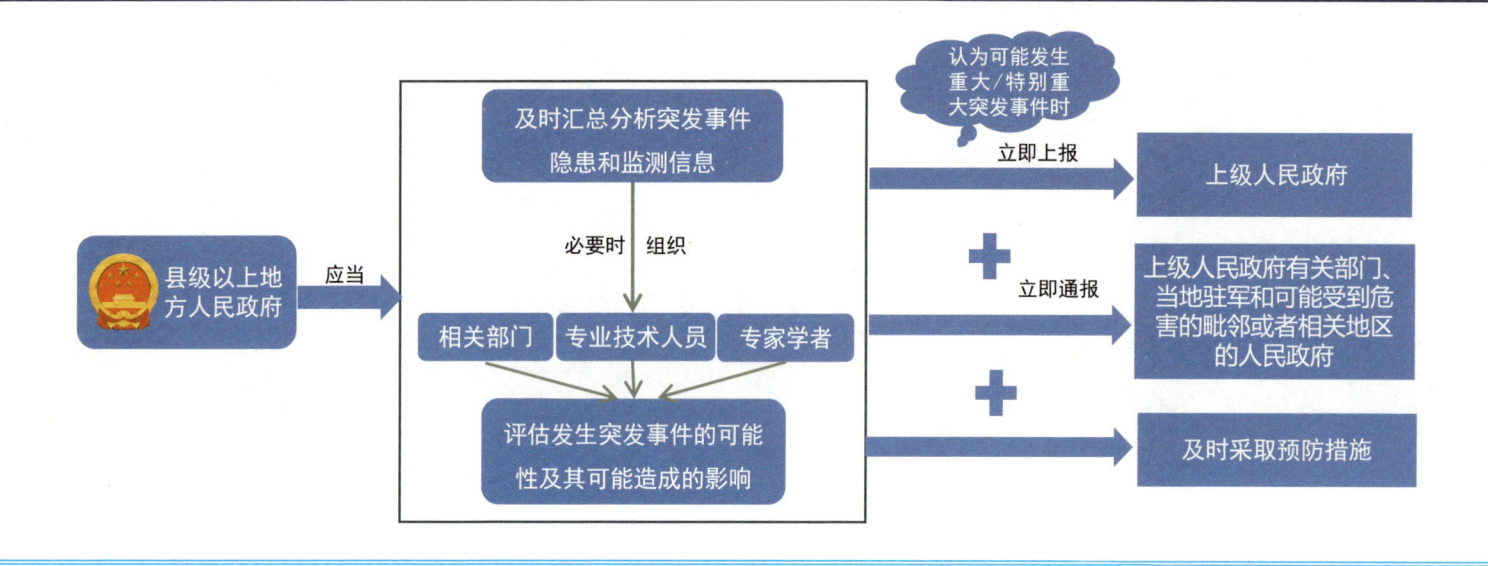

注：[1]本条是关于突发事件有关信息评估和报告通报的规定。
[2]县级以上地方人民政府应当对收集到的有关突发事件隐患和预警的信息及时进行汇总，并对发生突发事件的可能性及其造成的影响进行评估。在分析和评估过程中，必要时应组织相关部门、专业技术人员、专家学者进行会商。通过分析和评估，县级以上地方人民政府认为可能发生重大或者特别重大突发事件的，因其影响范围往往超出某一级别政府的管辖范围，应立即向可能受到危害的毗邻或者相关地区的人民政府通报，加强监测，并做好应对准备工作。

第63条　突发事件预警制度

第六十三条[①]	国家建立健全突发事件预警制度[②]。 可以预警的自然灾害、事故灾难和公共卫生事件的预警级别，按照突发事件发生的紧急程度、发展势态和可能造成的危害程度分为一级、二级、三级和四级，分别用红色、橙色、黄色和蓝色标示，一级为最高级别。 预警级别的划分标准由国务院或者国务院确定的部门制定。

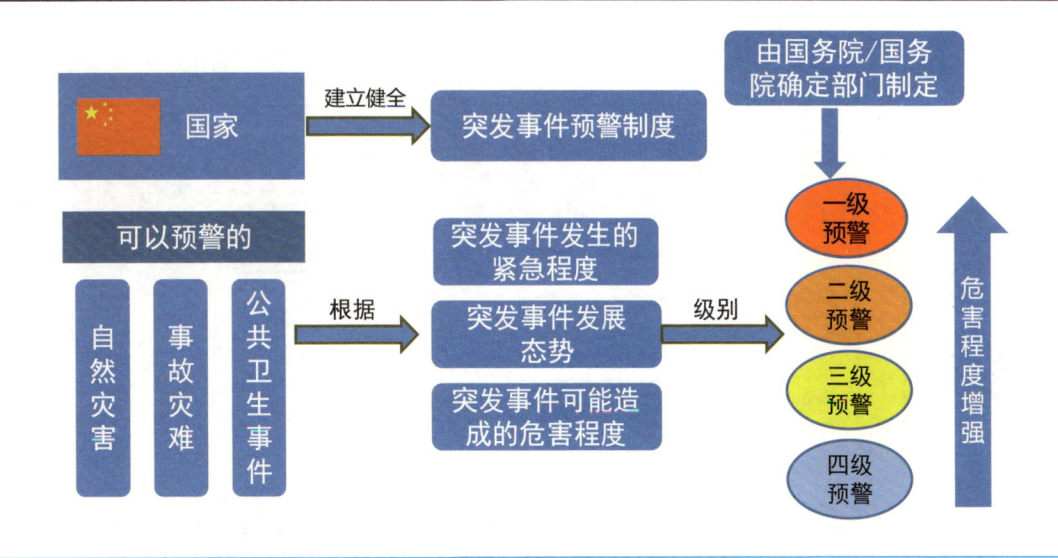

注：①本条是关于对自然灾害、事故灾难和公共卫生事件预警的规定。
　　②预警，是指在已经发现可能引发突发事件的某些征兆，但突发事件仍未发生前所采取的管理措施。建立健全预警制度，及时向公众发布突发事件即将发生的信息，使公众为应对突发事件做好准备。

第 64 条　预警信息发布、报告和通报

第六十四条[①]

可以预警的自然灾害、事故灾难或者公共卫生事件即将发生或者发生的可能性增大时，县级以上地方人民政府应当根据有关法律、行政法规和国务院规定的权限和程序，发布相应级别的警报，决定并宣布有关地区进入预警期，同时向上一级人民政府报告，必要时可以越级上报；具备条件的，应当进行网络直报或者自动速报；同时向当地驻军和可能受到危害的毗邻或者相关地区的人民政府通报。

发布警报应当明确预警类别、级别、起始时间、可能影响的范围、警示事项、应当采取的措施、发布单位和发布时间等[②]。

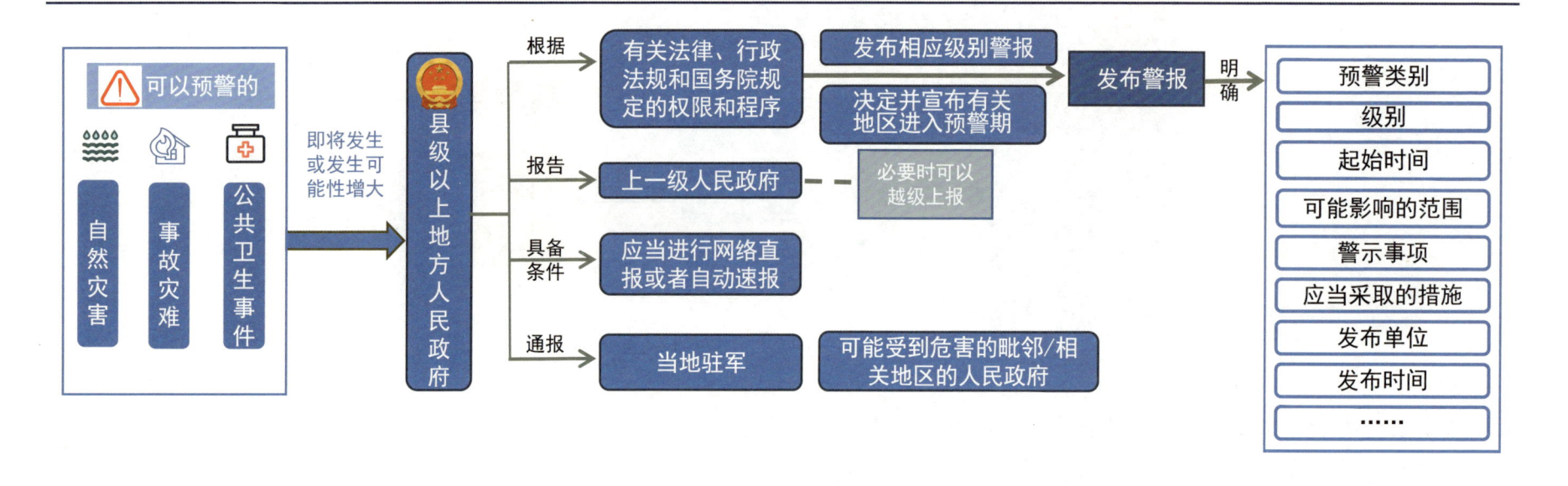

注：①本条是关于预警的发布和报告、通报制度的规定。

②当可以预警的自然灾害、事故灾难或者公共卫生事件即将发生或者发生的可能性增大时，县级以上地方各级人民政府应当发布相应级别的警报，决定并宣布有关地区进入预警期。发布警报，必须遵守有关的法律、行政法规和国务院规定的权限和程序。县级以上人民政府在宣布有关地区进入预警期时，必须同时报告上一级人民政府。同时，统一的信息系统也要求下级人民政府，依照有关规定向上级人民政府及时报告，以便上级人民政府及时了解掌握有关情况，统筹协调，必要时统一领导应对工作。宣布有关地区进入预警期的县级以上地方人民政府，必要时可以越级上报有关信息。此外，要向当地驻军通报预警信息，向可能受到危害的毗邻或者相关地区人民政府通报相关预警信息，如洪水、台风、传染病都有可能造成跨县、市，甚至跨省的影响，通报预警信息，有助于实现早预防、早准备，提高应对的主动性和有效性。

第65条 预警信息发布

第六十五条[①]

国家建立健全突发事件预警发布平台,按照有关规定及时、准确向社会发布突发事件预警信息。

广播、电视、报刊以及网络服务提供者、电信运营商应当按照国家有关规定,建立突发事件预警信息快速发布通道,及时、准确、无偿播发或者刊载突发事件预警信息。

公共场所和其他人员密集场所,应当指定专门人员负责突发事件预警信息接收和传播工作,做好相关设备、设施维护,确保突发事件预警信息及时、准确接收和传播。[②]

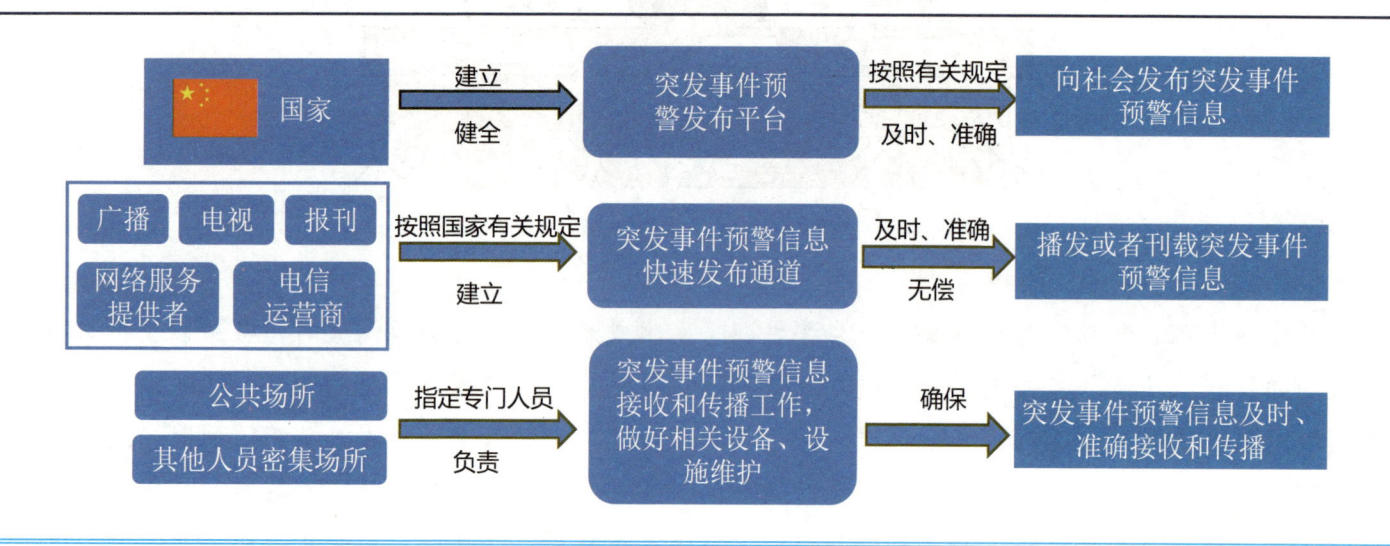

主体	动作	对象	要求	结果
国家	建立健全	突发事件预警发布平台	按照有关规定 及时、准确	向社会发布突发事件预警信息
广播、电视、报刊、网络服务提供者、电信运营商	按照国家有关规定 建立	突发事件预警信息快速发布通道	及时、准确 无偿	播发或者刊载突发事件预警信息
公共场所、其他人员密集场所	指定专门人员 负责	突发事件预警信息接收和传播工作,做好相关设备、设施维护	确保	突发事件预警信息及时、准确接收和传播

注:①本条是关于预警发布平台和预警信息快速发布通道的规定。

②公共场所和其他人员密集场所应当指定专门人员负责预警工作,确保突发事件预警信息及时、准确接收和传播,为突发事件应对处置争取时间,最大限度降低负面影响和危害。

第 66 条　三级、四级预警措施

第六十六条[①]

发布三级、四级警报，宣布进入预警期后，县级以上地方人民政府应当根据即将发生的突发事件的特点和可能造成的危害，采取下列措施[②]：

（一）启动应急预案；

（二）责令有关部门、专业机构、监测网点和负有特定职责的人员及时收集、报告有关信息，向社会公布反映突发事件信息的渠道，加强对突发事件发生、发展情况的监测、预报和预警工作；[③]

（三）组织有关部门和机构、专业技术人员、有关专家学者，随时对突发事件信息进行分析评估，预测发生突发事件可能性的大小、影响范围和强度以及可能发生的突发事件的级别；[④]

（四）定时向社会发布与公众有关的突发事件预测信息和分析评估结果，并对相关信息的报道工作进行管理；[⑤]

（五）及时按照有关规定向社会发布可能受到突发事件危害的警告，宣传避免、减轻危害的常识，公布咨询或者求助电话等联络方式和渠道。[⑥]

一图读懂新的《中华人民共和国突发事件应对法》

```
                    ⚠ 发布三级、四级警报，宣布进入预警期后
                              │
                         县级以上地方人民政府
                              │
         根据即将发生的突发事件的 特点和可能造成的危害
    ┌──────────┬──────────────┬──────────────┬──────────────┬──────────────┐
    │          责令              组织            定时          及时按照有关规定
 启动应急预案
```

| 启动应急预案 | 责令：有关部门／专业机构／监测网点／负有特定职责的人员 —— 及时收集、报告有关信息，并向社会公布反映突发事件信息的渠道 → 加强对突发事件发生、发展情况的监测、预报和预警工作 | 组织：有关部门／有关机构／专业技术人员／有关专家学者 —— 随时分析评估 → 突发事件信息 → 预测 → 发生突发事件可能性的大小、影响范围和强度以及可能发生的突发事件的级别 | 定时：向社会发布与公众有关的突发事件预测信息和分析评估结果 ／ 管理相关信息的报道工作 | 及时按照有关规定：向社会发布可能受到突发事件危害的警告 ／ 宣传避免、减轻危害的常识 ／ 公布咨询或者求助电话等联络方式和渠道 |

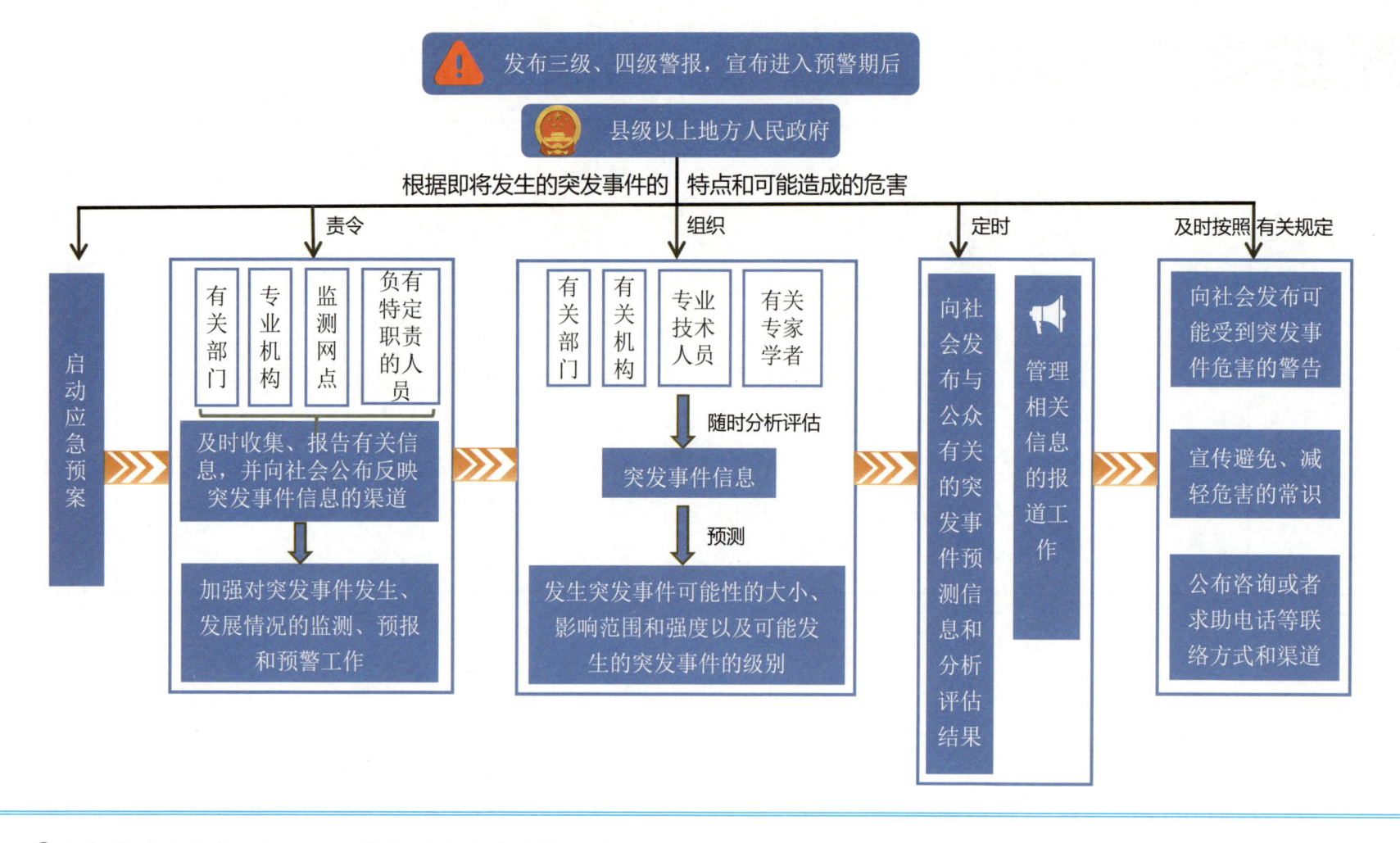

注：①本条是关于发布三级、四级警报后应当采取措施的规定。

②三级、四级警报是预警当中级别相对较低的，本法根据三级、四级警报所预警的突发事件的紧急程度、发展态势和可能造成的危害，规定了系列措施。

③突发事件的警报发出后，即进入预警期，对突发事件有关信息收集和报告的要求比平时更严格，县级以上地方人民政府责令有关部门、单位和个人，及时收集、报告有关信息，还应向社会公布反映突发事件信息的媒体报道途径，包括电话和网

络，保证渠道畅通。政府有关部门、专业机构和检测网点，应当加大监测力度，为预报、预警和决策工作提供准确和翔实的基础性材料。

④进入预警期后，县级以上地方人民政府在预测、分析、评估突发事件信息时，应注重发挥有关部门、专业机构、专业技术人员和专家学者的作用，随时组织会商研判。

⑤警报发出后，要迅速启动信息发布工作。信息发布工作应及时、准确。人民政府应当在预警期内，定时发布与公众有关的突发事件发展情况的信息和政府分析评估结果。

⑥发布警告、宣传常识，让人民群众了解应对要点，掌握必要的应对方法和技巧，提高有关人员的自救与互救能力，避免、减少突发事件发生时带来的影响。人民政府还应设立公布专门的咨询电话，负责解答群众提出的与应对突发事件有关的问题。

第 67 条　一级、二级预警措施

第六十七条[①]

发布一级、二级警报，宣布进入预警期后，县级以上地方人民政府除采取本法第六十六条规定的措施外，还应当针对即将发生的突发事件的特点和可能造成的危害，采取下列一项或者多项措施[②]：

（一）责令应急救援队伍、负有特定职责的人员进入待命状态，并动员后备人员做好参加应急救援和处置工作的准备；

（二）调集应急救援所需物资、设备、工具，准备应急设施和应急避难、封闭隔离、紧急医疗救治等场所，并确保其处于良好状态、随时可以投入正常使用；

（三）加强对重点单位、重要部位和重要基础设施的安全保卫，维护社会治安秩序；

（四）采取必要措施，确保交通、通信、供水、排水、供电、供气、供热、医疗卫生、广播电视、气象等公共设施的安全和正常运行；

（五）及时向社会发布有关采取特定措施避免或者减轻危害的建议、劝告；

（六）转移、疏散或者撤离易受突发事件危害的人员并予以妥善安置，转移重要财产；

（七）关闭或者限制使用易受突发事件危害的场所，控制或者限制容易导致危害扩大的公共场所的活动；

（八）法律、法规、规章规定的其他必要的防范性、保护性措施。

第四章 监测与预警

发布一级、二级警报，宣布进入预警期后

县级以上地方人民人民政府

除采取本法第六十六条规定的措施外

1. 应急救援队伍和特定职责人员进入待命状态
2. 后备人员做好参加应急救援和处置工作的准备
3. 调集应急救援物资、设备、工具
4. 准备应急设施和应急场所，确保随时可以投入正常使用
5. 加强安全保卫，维护社会治安秩序
6. 采取必要措施确保公共设施的安全和正常运行
7. 及时向社会发布有关建议和劝告
8. 转移、疏散或者撤离人员并予以妥善安置，转移重要财产
9. 关闭或者限制使用易受突发事件危害的场所，控制或者限制容易导致危害扩大的公共场所的活动
10. 法律、法规、规章规定的其他必要的防范性、保护性措施

注：①本条是关于发布一级、二级警报后有关人民政府应当采取措施的规定。
②发布一级、二级警报后，应迅速确定切实有效的对策，作出有针对性部署安排，及时应对即将到来的危机，并保障有关人员、财产、场所的安全。

第68条　预警期保障措施

第六十八条[1]　发布警报，宣布进入预警期后，县级以上人民政府应当对重要商品和服务市场情况加强监测，根据实际需要及时保障供应、稳定市场。[2] 必要时，国务院和省、自治区、直辖市人民政府可以按照《中华人民共和国价格法》等有关法律规定采取相应措施。

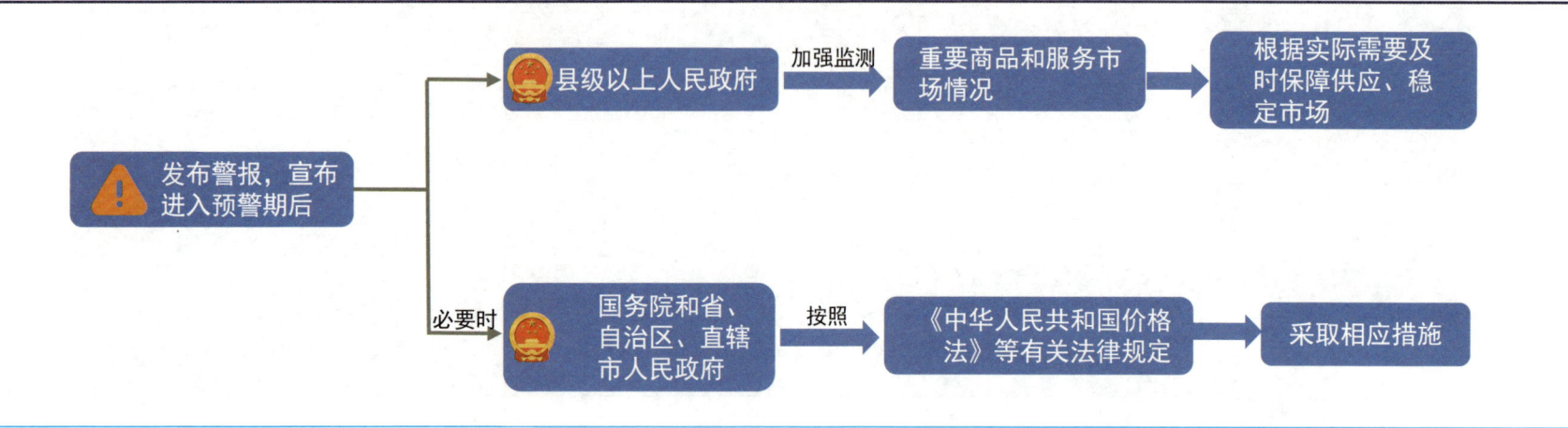

```
                                        加强监测    重要商品和服务市     根据实际需要及
                            县级以上人民政府  ──→    场情况          ──→  时保障供应、稳
                           ↗                                              定市场
    发布警报，宣布
    进入预警期后
                           ↘   国务院和省、       按照   《中华人民共和国价格
                      必要时    自治区、直辖      ──→   法》等有关法律规定   ──→  采取相应措施
                                市人民政府
```

注：①本条是关于预警期保障措施的规定。

②采取的措施包括价格干预等措施，如根据《中华人民共和国价格法》规定，当重要商品和服务价格显著上涨或者有可能显著上涨时，国务院和省、自治区、直辖市人民政府可以对部分价格采取限定差价率或者利润率、规定限价、实行提价申报制度和调价备案制度等干预措施；当市场价格总水平出现剧烈波动等异常状态时，国务院可以在全国范围内或者部分区域内采取临时集中定价权限、部分或者全面冻结价格的紧急措施。

第69条　社会安全事件信息报告制度

第六十九条[①]　对即将发生或者已经发生的社会安全事件[②]，县级以上地方人民政府及其有关主管部门应当按照规定向上一级人民政府及其有关主管部门报告，必要时可以越级上报，具备条件的，应当进行网络直报或者自动速报[③]。

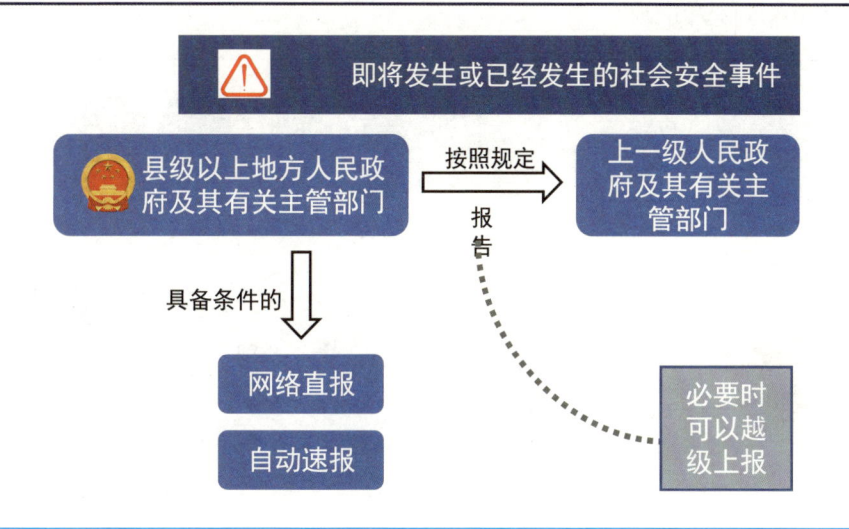

注：①本条是关于建立健全社会安全事件信息报告制度的规定。
　　②社会安全事件，是指由各种社会矛盾引发的，形成一定的规模，造成一定的社会影响，危害社会稳定，干扰正常的工作秩序、生产秩序、教学科研秩序和社会秩序的社会性事件。建立健全社会安全事件的信息报告制度，完善社会矛盾纠纷预警工作机制，是及时、妥善预防和处置社会安全事件的重要环节。
　　③提高了报告效率，畅通信息报告的上行渠道。

第70条　预警调整和解除

第七十条[1]	发布突发事件警报的人民政府应当根据事态的发展，按照有关规定适时调整预警级别并重新发布。 有事实证明不可能发生突发事件或者危险已经解除的，发布警报的人民政府应当立即宣布解除警报，终止预警期，并解除已经采取的有关措施。[2]

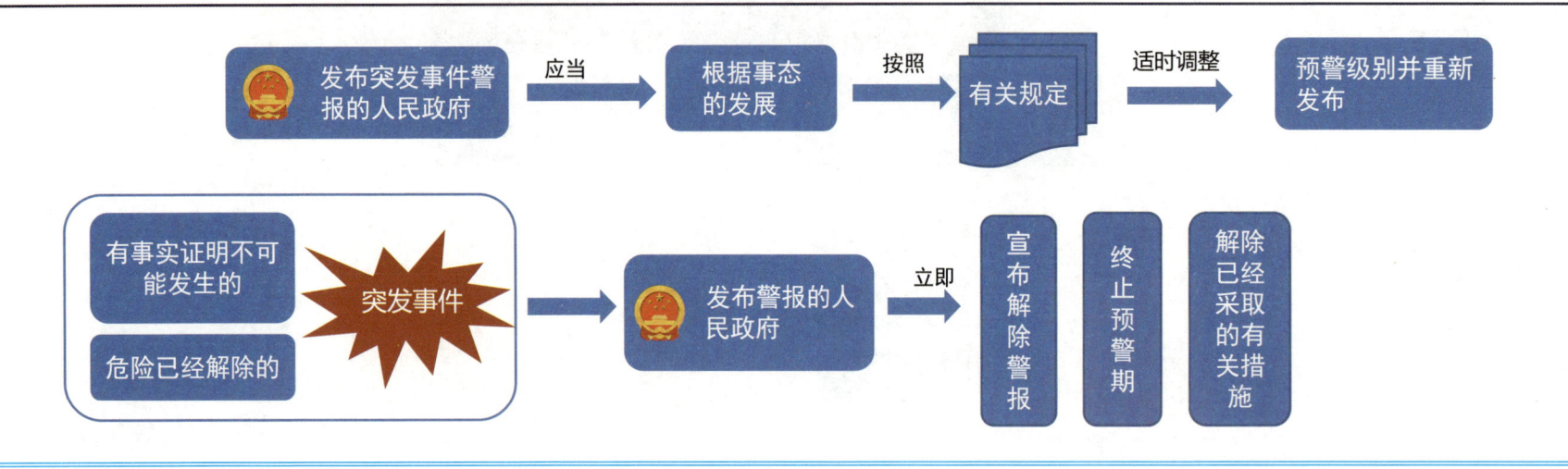

发布突发事件警报的人民政府 —应当→ 根据事态的发展 —按照→ 有关规定 —适时调整→ 预警级别并重新发布

有事实证明不可能发生的／危险已经解除的 → 突发事件 → 发布警报的人民政府 —立即→ 宣布解除警报｜终止预警期｜解除已经采取的有关措施

注：[1]本条是关于预警调整和解除的规定。
　　[2]在应急预警事态阶段，预警级别的确定和解除、事态警报的宣布和解除、预警期的开始和终止、有关措施的采取和解除，均应与紧急危险等级及相应的紧急危险阶段保持一致。

第五章　应急处置与救援

第 71 条　应急响应制度

第七十一条[①]	国家建立健全突发事件应急响应制度。 突发事件的应急响应级别，按照突发事件的性质、特点、可能造成的危害程度和影响范围等因素分为一级、二级、三级和四级，一级为最高级别。 突发事件应急响应级别划分标准由国务院或者国务院确定的部门制定。县级以上人民政府及其有关部门应当在突发事件应急预案中确定应急响应级别。[②]

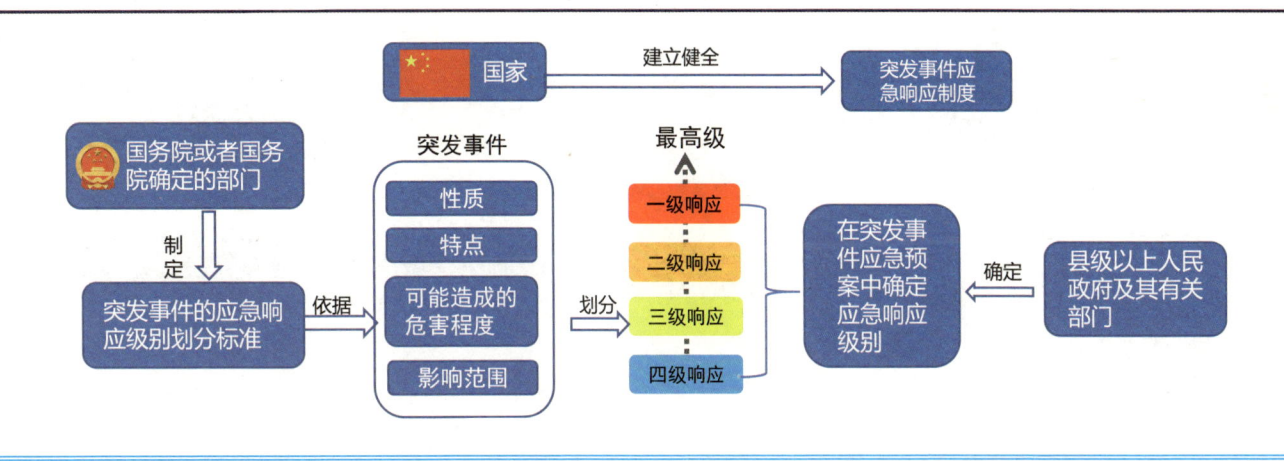

注：①本条是关于应急响应制度的规定。

②国务院或国务院确定的部门制定突发事件应急响应级别划分标准；同时赋予地方一定自主权，县级以上人民政府及其有关部门应当在突发事件应急预案中确定应急响应级别，以精准、有效、科学应对属地突发事件。

第 72 条　应急处置机制

第七十二条[①]

突发事件发生后，履行统一领导职责或者组织处置突发事件的人民政府应当针对其性质、特点、危害程度和影响范围等，立即启动应急响应，组织有关部门，调动应急救援队伍[②]和社会力量[③]，依照法律、法规、规章和应急预案的规定，采取应急处置措施，并向上级人民政府报告；必要时，可以设立现场指挥部，负责现场应急处置与救援，统一指挥进入突发事件现场的单位和个人。

启动应急响应，应当明确响应事项、级别、预计期限、应急处置措施等。

履行统一领导职责或者组织处置突发事件的人民政府，应当建立协调机制，提供需求信息，引导志愿服务组织和志愿者等社会力量及时有序参与应急处置与救援工作。

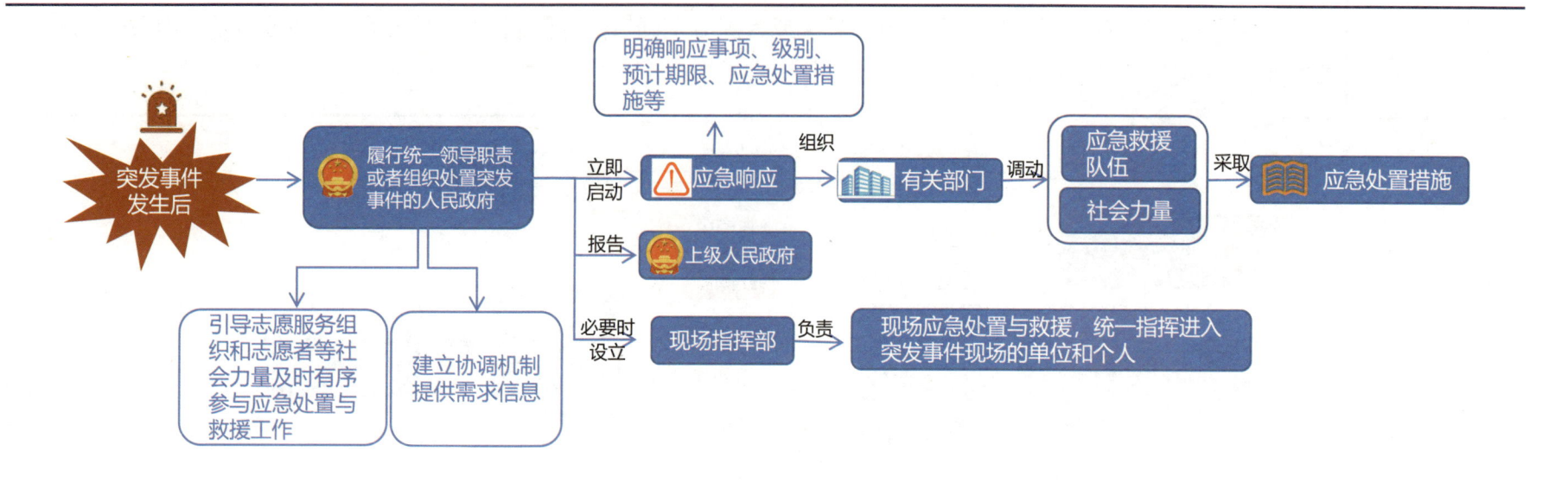

```
突发事件发生后 → 履行统一领导职责或者组织处置突发事件的人民政府
    ├─ 立即启动 → 应急响应 → 明确响应事项、级别、预计期限、应急处置措施等
    │           组织 → 有关部门 → 调动 → 应急救援队伍／社会力量 → 采取 → 应急处置措施
    ├─ 报告 → 上级人民政府
    ├─ 必要时设立 → 现场指挥部 → 负责 → 现场应急处置与救援，统一指挥进入突发事件现场的单位和个人
    ├─ 引导志愿服务组织和志愿者等社会力量及时有序参与应急处置与救援工作
    └─ 建立协调机制 提供需求信息
```

注：①本条是关于突发事件发生后对履行统一领导职责或者组织处置工作的人民政府采取应急处置措施总体要求的规定。
②应急救援队伍是一支专门针对灾害事故进行紧急救援和救助工作的队伍。他们经过系统的培训并配备专业的装备，具备应对各类突发事件的能力，可以迅速投入救援工作中，为受灾群众提供及时有效的援助。应急救援队伍通常由政府、民间组织或专业救援机构组建和管理，目的是保障人民的生命安全和财产利益。应急救援队伍的成员，包括各领域的专家和救援人员。
③社会力量，是指在应对突发事件和紧急情况时，社会各界组织和个人积极参与，通过合理组织和有效管理，积累经验和资源，提供快速、有序、科学的应急响应和救援服务的一种组织形式。社会应急力量建设旨在提高社会应对突发事件和紧急情况的能力和水平，加强灾害防范和减灾救援工作，保障人民群众的生命财产安全和社会稳定。

第73条　自然灾害、事故灾难和公共卫生事件应急处置措施

第七十三条[①]

　　自然灾害、事故灾难或者公共卫生事件发生后，履行统一领导职责的人民政府应当采取下列一项或者多项应急处置措施：

　　（一）组织营救和救治受害人员，转移、疏散、撤离并妥善安置受到威胁的人员以及采取其他救助措施；

　　（二）迅速控制危险源，标明危险区域，封锁危险场所，划定警戒区，实行交通管制、限制人员流动、封闭管理以及其他控制措施；

　　（三）立即抢修被损坏的交通、通信、供水、排水、供电、供气、供热、医疗卫生、广播电视、气象等公共设施，向受到危害的人员提供避难场所和生活必需品，实施医疗救护和卫生防疫以及其他保障措施；

　　（四）禁止或者限制使用有关设备、设施，关闭或者限制使用有关场所，中止人员密集的活动或者可能导致危害扩大的生产经营活动以及采取其他保护措施；

　　（五）启用本级人民政府设置的财政预备费和储备的应急救援物资，必要时调用其他急需物资、设备、设施、工具；

　　（六）组织公民、法人和其他组织参加应急救援和处置工作，要求具有特定专长的人员提供服务；

　　（七）保障食品、饮用水、药品、燃料等基本生活必需品的供应；

　　（八）依法从严惩处囤积居奇、哄抬价格、牟取暴利、制假售假等扰乱市场秩序的行为，维护市场秩序；

　　（九）依法从严惩处哄抢财物、干扰破坏应急处置工作等扰乱社会秩序的行为，维护社会治安；

　　（十）开展生态环境应急监测，保护集中式饮用水水源地等环境敏感目标，控制和处置污染物；

　　（十一）采取防止发生次生、衍生事件的必要措施。

第五章 应急处置与救援　109

发生自然灾害/事故灾难/公共卫生事件

↓

履行统一领导职责的人民政府

1. 组织营救、救治受害人员，转移、疏散、撤离并妥善安置受到威胁的人员以及采取其他救助措施
2. 控制危险源，标明危险区域，封锁危险场所，划定警戒区，实行交通管制、限制人员流动、封闭管理以及其他控制措施
3. 立即抢修被损坏的交通、通信、供水、排水、供电、供气、供热、医疗卫生、广播电视、气象等公共设施，向受到危害的人员提供避难场所和生活必需品，实施医疗救护和卫生防疫以及其他保障措施
4. 禁止或者限制使用有关设备、设施，关闭或限制使用有关场所，中止人员密集的活动或可能导致危害扩大的生产经营活动以及采取其他保护措施
5. 启用本级人民政府设置的财政预备费和储备的应急救援物资，必要时调用其他急需物资、设备、设施、工具
6. 组织公民、法人和其他组织参加应急救援和处置工作，要求具有特定专长的人员提供服务
7. 保障食品、饮用水、药品、燃料等基本生活必需品的供应
8. 依法从严惩处囤积居奇、哄抬价格、牟取暴利、制假售假等扰乱市场秩序的行为，维护市场秩序
9. 依法从严惩处哄抢财物、干扰破坏应急处置工作等扰乱社会秩序的行为，维护社会治安
10. 开展生态环境应急监测，保护集中式饮用水水源地等环境敏感目标，控制和处置污染物
11. 采取防止发生次生、衍生事件的必要措施

注：①本条是关于自然灾害、事故灾难或者公共卫生事件应急处置措施的规定。

第74条 社会安全事件应急处置措施

第七十四条[①]

  社会安全事件发生后，组织处置工作的人民政府应当立即启动应急响应，组织有关部门针对事件的性质和特点，依照有关法律、行政法规和国家其他有关规定，采取下列一项或者多项应急处置措施：

  （一）强制隔离[②]使用器械相互对抗或者以暴力行为参与冲突的当事人，妥善解决现场纠纷和争端，控制事态发展；

  （二）对特定区域内的建筑物、交通工具、设备、设施以及燃料、燃气、电力、水的供应进行控制；[③]

  （三）封锁有关场所、道路，查验现场人员的身份证件，限制有关公共场所内的活动；

  （四）加强对易受冲击的核心机关和单位的警卫，在国家机关、军事机关、国家通讯社、广播电台、电视台、外国驻华使领馆等单位附近设置临时警戒线；[④]

  （五）法律、行政法规和国务院规定的其他必要措施。

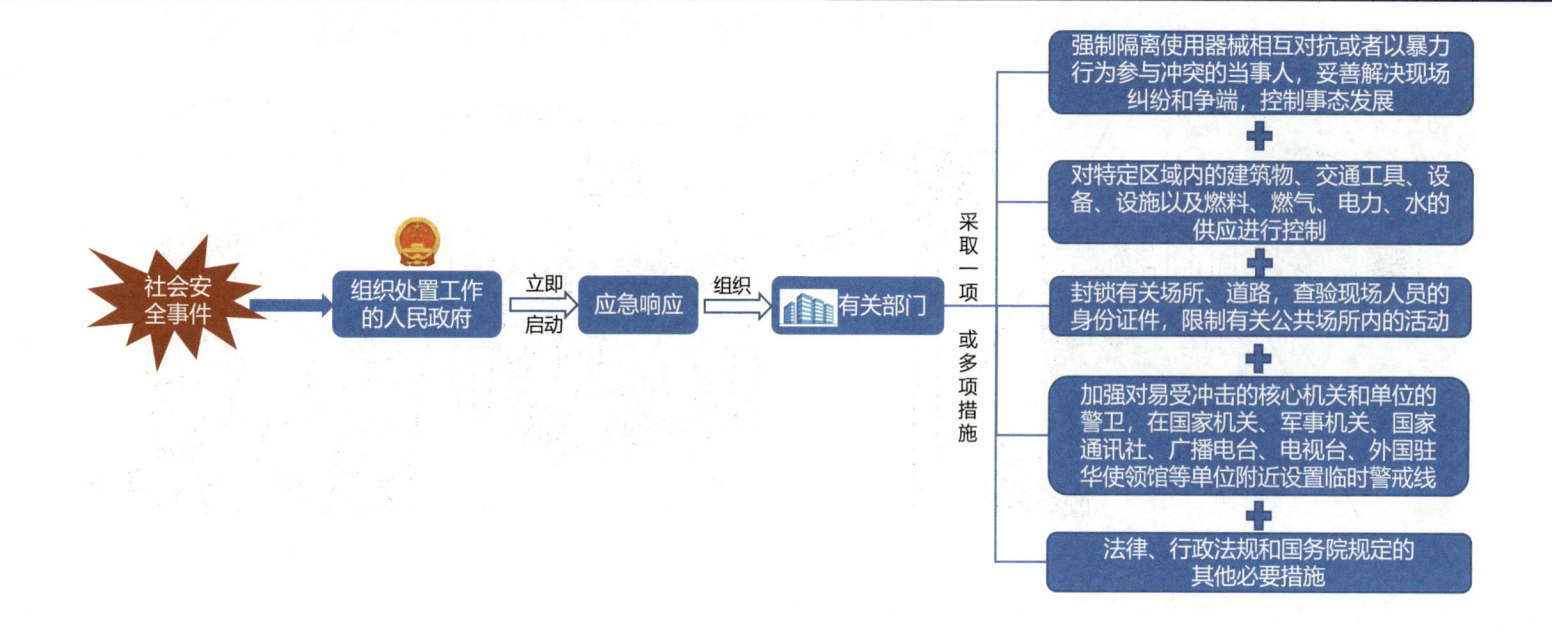

```
社会安全事件 → 组织处置工作的人民政府 ──立即启动──→ 应急响应 ──组织──→ 有关部门 ──采取一项或多项措施──→
    • 强制隔离使用器械相互对抗或者以暴力行为参与冲突的当事人，妥善解决现场纠纷和争端，控制事态发展
    + 对特定区域内的建筑物、交通工具、设备、设施以及燃料、燃气、电力、水的供应进行控制
    + 封锁有关场所、道路，查验现场人员的身份证件，限制有关公共场所内的活动
    + 加强对易受冲击的核心机关和单位的警卫，在国家机关、军事机关、国家通讯社、广播电台、电视台、外国驻华使领馆等单位附近设置临时警戒线
    + 法律、行政法规和国务院规定的其他必要措施
```

注：①本条是关于社会安全事件发生后应急处置措施的规定。

②"隔离"，就是要使相互冲突和对抗的当事人置于不可能再发生冲突的地方。即有关部门依法律赋予的职权，采取相应的措施，进行强制干预，隔离冲突双方，控制局势，平息事态。

③对特定建筑物、设备、设施和能源供应系统进行必要的控制，予以安全保障，防止因社会安全事件的发生造成不必要的破坏。

④这是对首脑要害及重要单位加强保护的规定。

第 75 条　严重影响国民经济运行的突发事件应急处置机制

第七十五条[1]	发生突发事件，严重影响国民经济正常运行时，国务院或者国务院授权的有关主管部门可以采取保障、控制等必要的应急措施，保障人民群众的基本生活需要，最大限度地减轻突发事件的影响。[2]

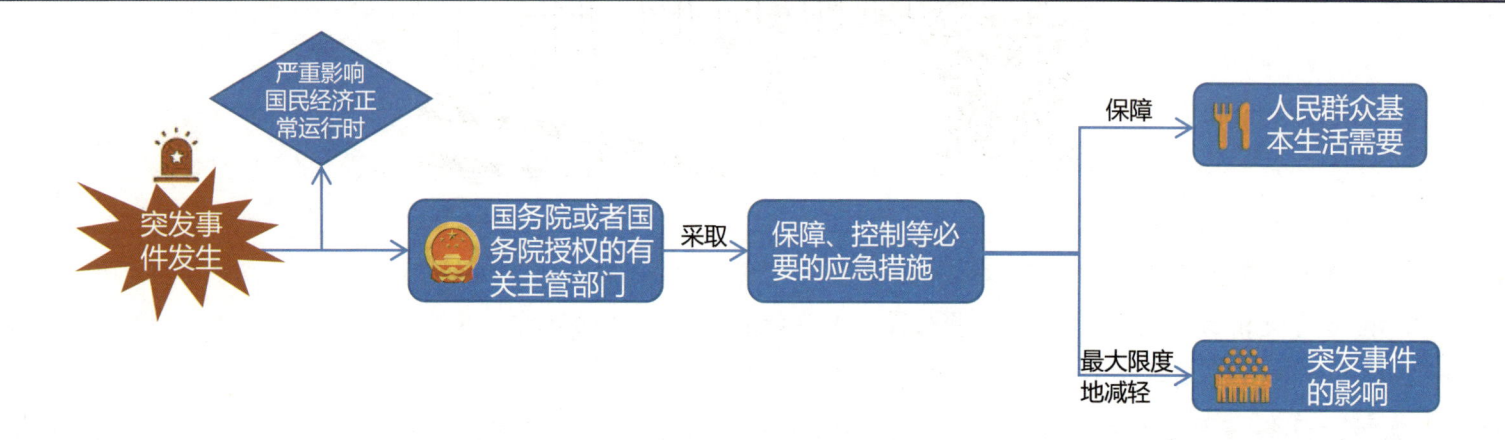

注：[1]本条是关于严重影响国民经济运行的突发事件的应急处置措施的规定。

[2]国家经济安全是实现和确保国家安全、政治安全、社会安全、文化和科技安全等安全的基础。本条对关于严重影响国民经济运行的突发事件的应急处置措施做了授权性规定，防范因突发事件的发生可能会影响到国民经济的正常运行。

第 76 条　应急协作机制和救援帮扶制度

第七十六条[①]

　　履行统一领导职责或者组织处置突发事件的人民政府及其有关部门，必要时可以向单位和个人征用[②]应急救援所需设备、设施、场地、交通工具和其他物资，请求其他地方人民政府及其有关部门提供人力、物力、财力或者技术支援，要求生产、供应生活必需品和应急救援物资的企业组织生产、保证供给，要求提供医疗、交通等公共服务的组织提供相应的服务。

　　履行统一领导职责或者组织处置突发事件的人民政府和有关主管部门，应当组织协调运输经营单位，优先运送处置突发事件所需物资、设备、工具、应急救援人员和受到突发事件危害的人员。

　　履行统一领导职责或者组织处置突发事件的人民政府及其有关部门，应当为受突发事件影响无人照料的无民事行为能力人、限制民事行为能力人提供及时有效帮助；建立健全联系帮扶应急救援人员家庭制度，帮助解决实际困难。

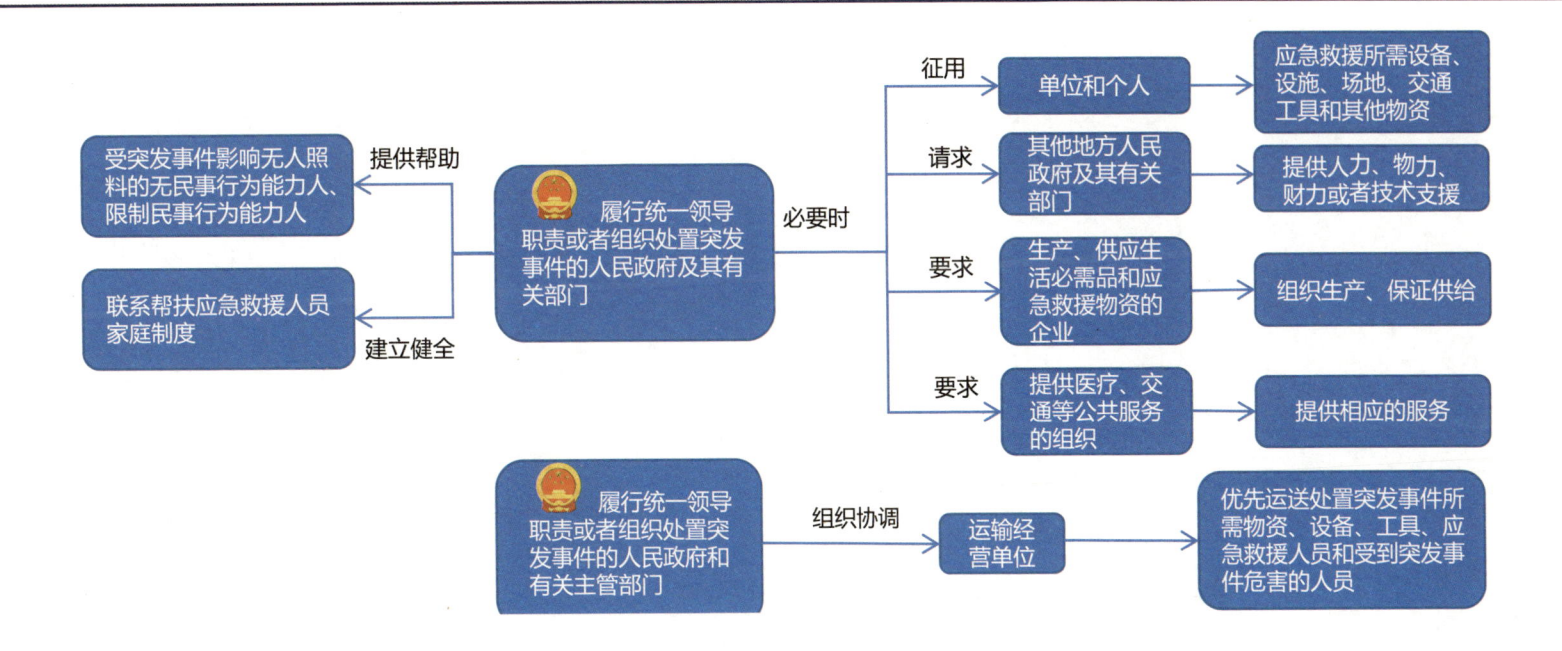

注：①本条是关于政府及其有关部门在应急处置中征用、征集和组织生产、运输应急物资的规定。

②征用，是指负责突发事件应急处置工作的人民政府及其有关主管部门在突发事件应急处置与救援过程中，通过行使行政权，强制使用单位、个人的财产。征用的法定前提条件是应对突发事件的需要，没有这样的法定事由，人民政府及其有关部门不得随意采用。征用的对象是单位和个人，征用的财产包括应急救援所需的设备、设施、场地、交通工具和其他物资。

第 77 条　群众性基层自治组织组织自救与互助

第七十七条[①]　突发事件发生地的居民委员会、村民委员会和其他组织[②]应当按照当地人民政府的决定、命令，进行宣传动员，组织群众开展自救与互救，协助维护社会秩序；情况紧急的，应当立即组织群众开展自救与互救等先期处置工作。

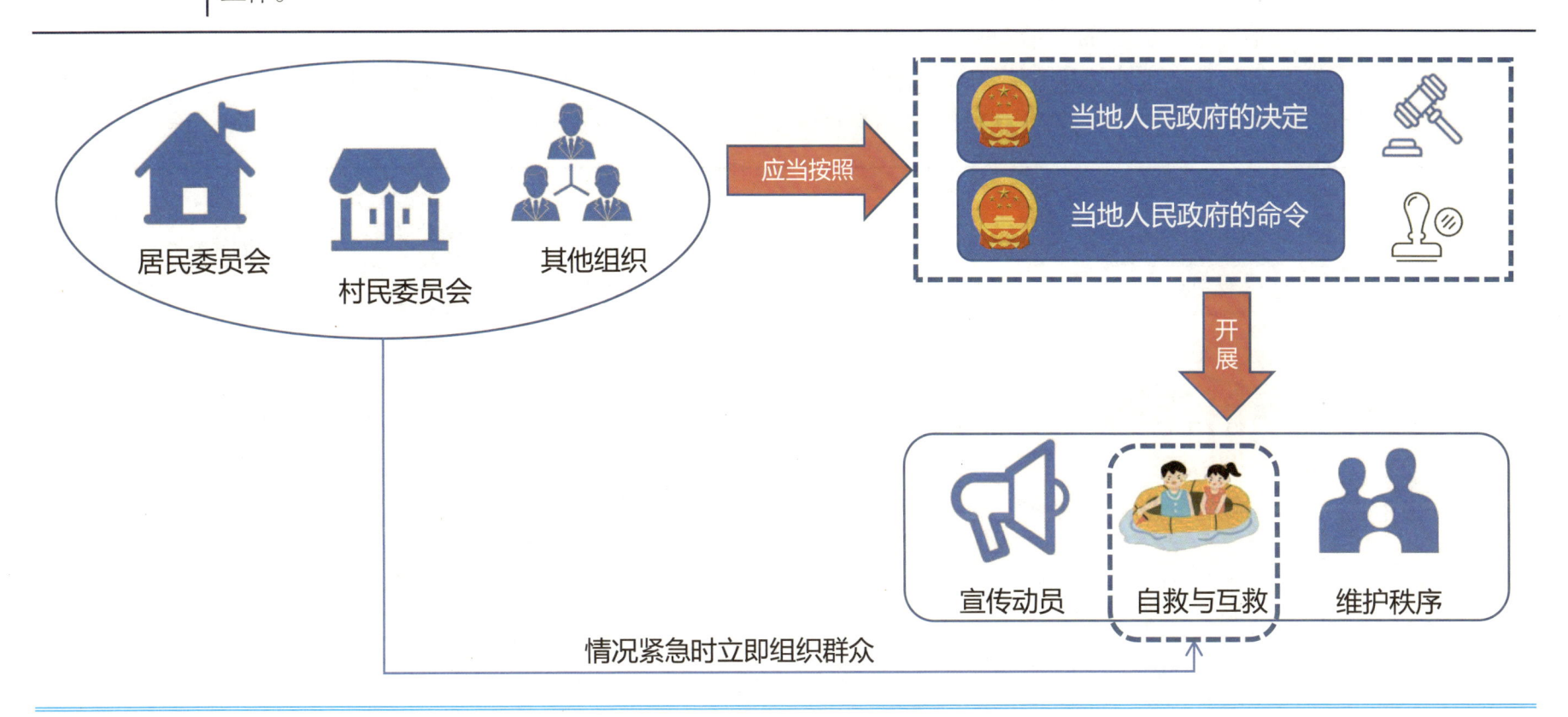

注：①本条是关于居民委员会、村民委员会和其他组织在突发事件应急处置中义务的规定。
②其他组织包括工会、共青团、妇联等群众团体。在突发事件应对中，充分发挥居民委员会、村民委员会和其他组织的作用，可以更好地把广大群众组织起来，有效地进行自救和互救，最大限度地减少突发事件造成的损失。

第78条 突发事件有关单位的应急职责

第七十八条[①]

受到自然灾害危害或者发生事故灾难、公共卫生事件的单位，应当立即组织本单位应急救援队伍和工作人员营救受害人员，疏散、撤离、安置受到威胁的人员，控制危险源，标明危险区域，封锁危险场所，并采取其他防止危害扩大的必要措施，同时向所在地县级人民政府报告；对因本单位的问题引发的或者主体是本单位人员的社会安全事件，有关单位应当按照规定上报情况，并迅速派出负责人赶赴现场开展劝解、疏导工作。[②]

突发事件发生地的其他单位应当服从人民政府发布的决定、命令，配合人民政府采取的应急处置措施，做好本单位的应急救援工作，并积极组织人员参加所在地的应急救援和处置工作。

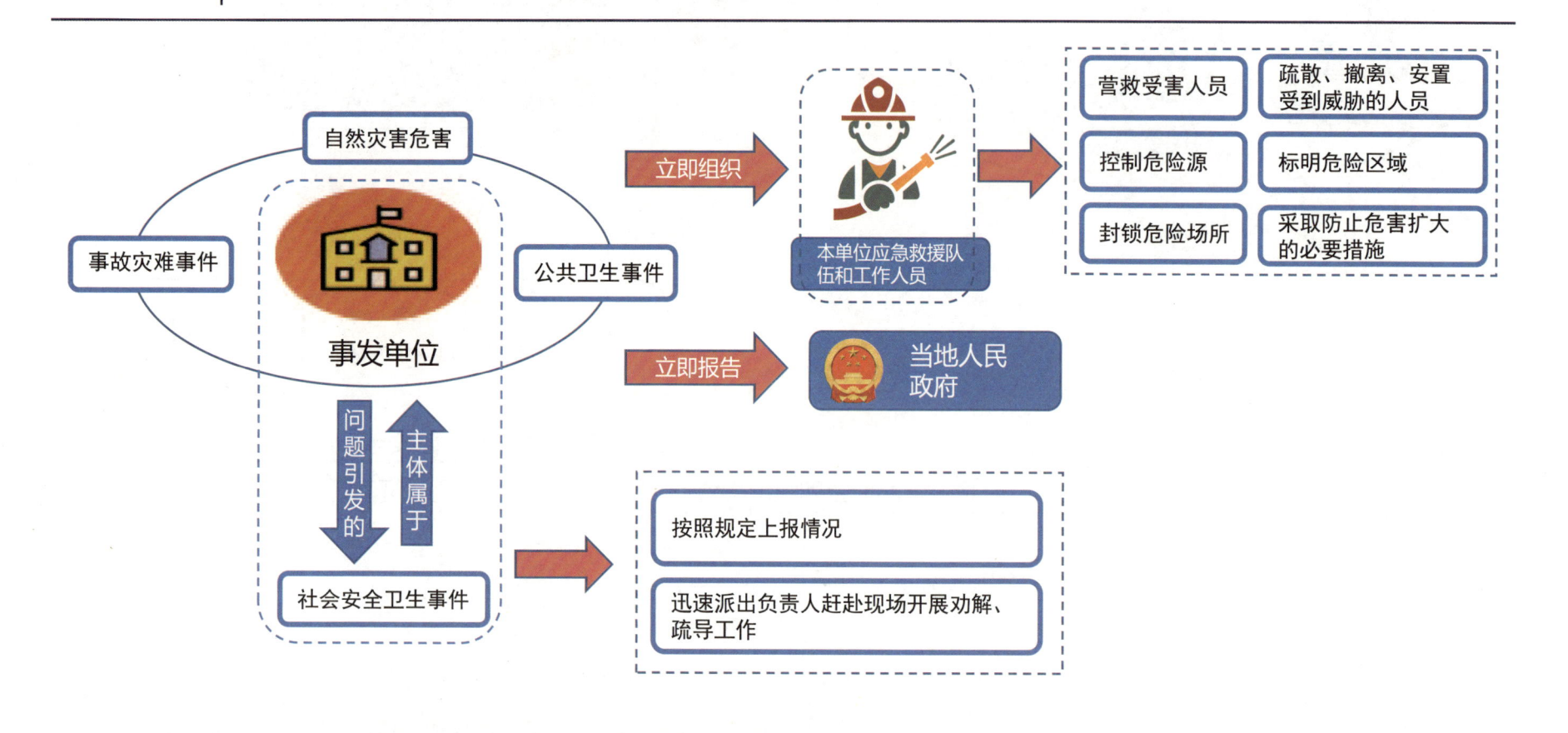

第五章 应急处置与救援

```
                    ┌─→ 服从人民政府发布的决定、命令
                    │
                    ├─→ 配合人民政府采取的应急处置措施
  其他单位 ──应当──┤
                    ├─→ 做好本单位的应急救援工作
                    │
                    └─→ 积极组织人员参加所在地的应急救援和处置工作
```

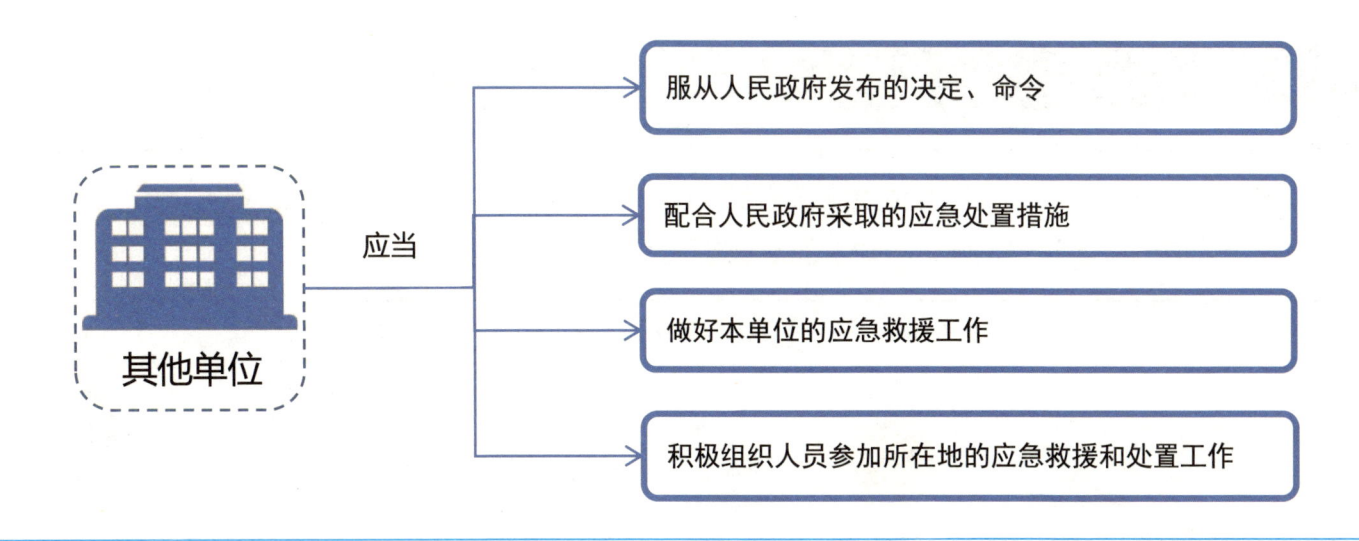

注：①本条是有关单位在突发事件应急处置中义务的规定。②社会安全事件发生后，事发单位有义务作为事件第一责任人，负责劝解疏导工作。

第79条　突发事件发生地的公民应当履行的义务

第七十九条[①]	突发事件发生地的个人应当依法服从人民政府、居民委员会、村民委员会或者所属单位的指挥和安排，配合人民政府采取的应急处置措施，积极参加应急救援工作，协助维护社会秩序。[②]

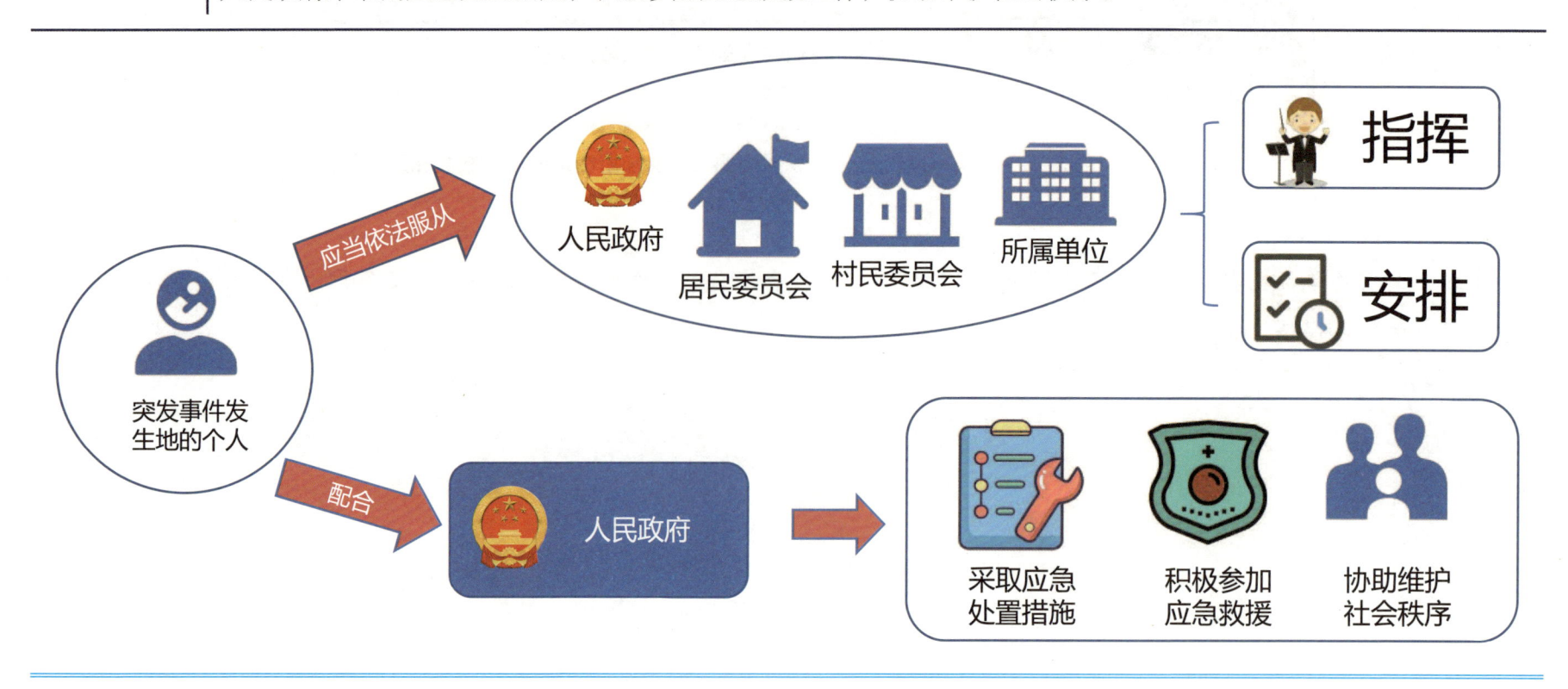

注：[①]本条是关于突发事件发生地的个人在突发事件应急处置中所应履行义务的规定。

[②]个人应依法服从人民政府的决定、命令，服从人民政府关于疏散、撤离的安排，积极参加应急救援工作，协助维护社会秩序。因个人不配合应急处置所导致的危险扩大，应承担相应的法律责任。

第80条　城乡社区组织应急工作机制

第八十条[①]　国家支持城乡社区组织健全应急工作机制[②]，强化城乡社区综合服务设施和信息平台应急功能，加强与突发事件信息系统数据共享，增强突发事件应急处置中保障群众基本生活和服务群众能力。[③]

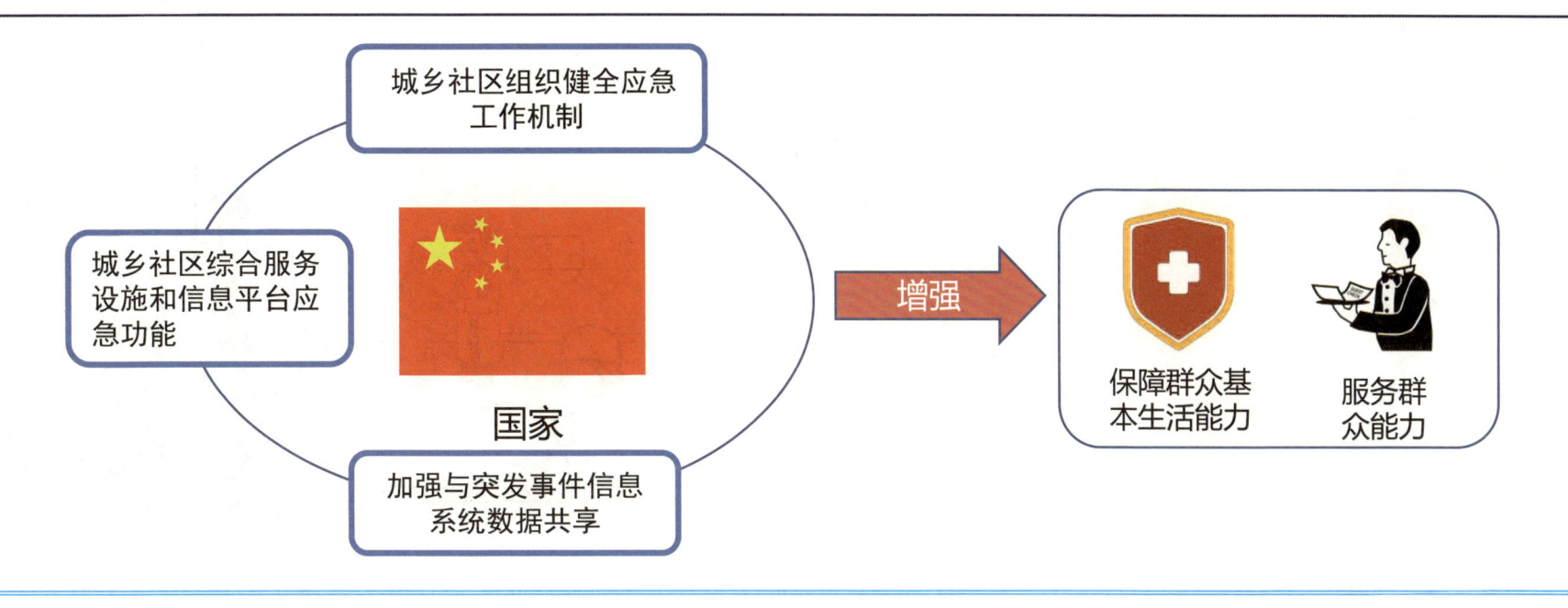

注：①本条是关于城乡社区组织应急工作机制的相关规定。
②伴随经济社会发展，社区在社会治理和应急管理的基础性作用显著，依法承担着社会服务和管理任务，维护社会和谐稳定的功能更加突出，城乡社区参与应对突发事件应急处置，能第一时间有效减轻控制突发事件的发生。
③多措并举，完善应急物资储备和调配机制，加强应急服务设施建设，提升应急响应速度和效率，提高群众应急意识和自救互救能力等。

第81条 心理援助工作

第八十一条[①] 国家采取措施，加强心理健康服务体系和人才队伍建设，支持引导心理健康服务人员和社会工作者对受突发事件影响的各类人群开展心理健康教育、心理评估、心理疏导、心理危机干预、心理行为问题诊治等心理援助工作。[②]

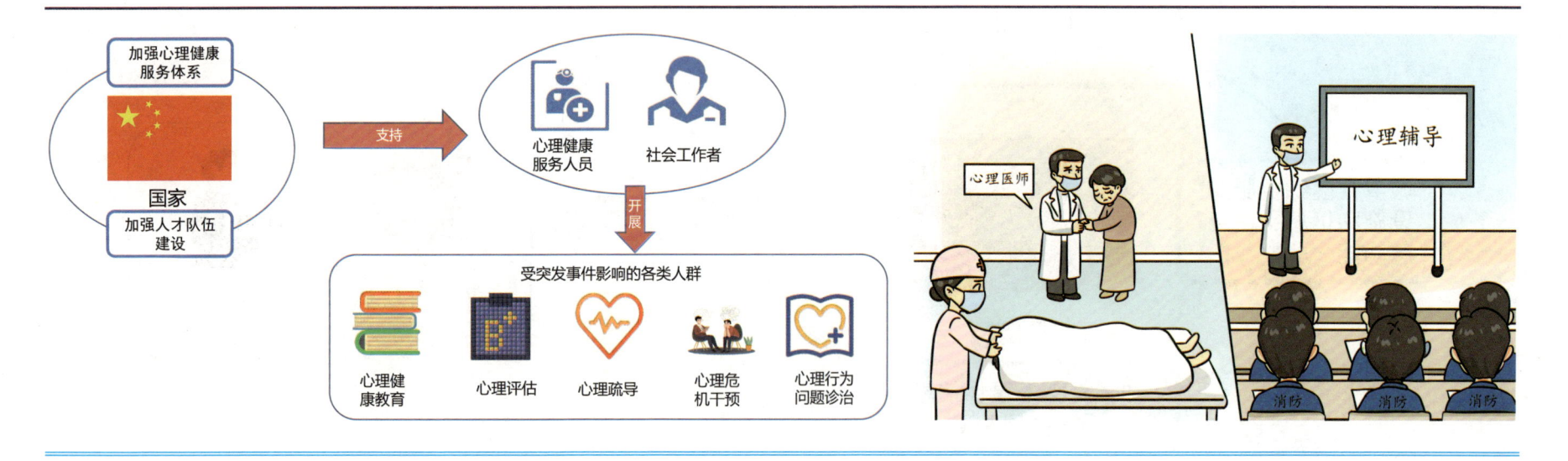

注：①本条是关于国家心理援助工作的规定，即加强心理健康服务体系和人才队伍建设，支持引导心理健康服务人员和社会工作者开展心理援助工作。
②心理援助需要心理健康服务体系和人才队伍支撑。

第82条　遗体处置及遗物保管

第八十二条[1] 对于突发事件遇难人员的遗体[2]，应当按照法律和国家有关规定，科学规范处置，加强卫生防疫，维护逝者尊严。对于逝者的遗物应当妥善保管。

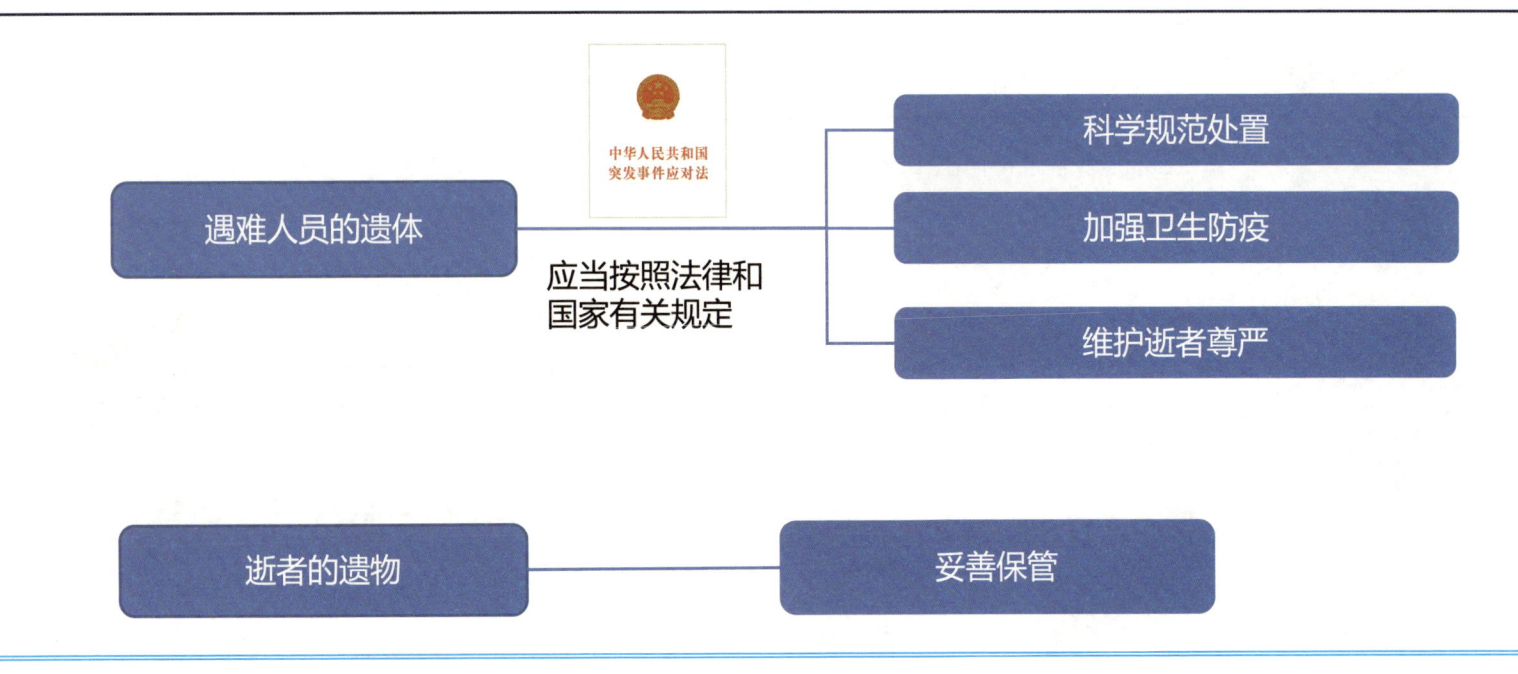

```
遇难人员的遗体 ──《中华人民共和国突发事件应对法》
              应当按照法律和国家有关规定
                                ├── 科学规范处置
                                ├── 加强卫生防疫
                                └── 维护逝者尊严

逝者的遗物 ── 妥善保管
```

注：①本条是关于遗体处置及遗物保管的规定。
　　②遇难人员遗体，指突发事件造成的死亡者尸体。

第83条 政府及部门信息收集与个人信息保护

第八十三条[①] 县级以上人民政府及其有关部门根据突发事件应对工作需要，在履行法定职责所必需的范围和限度内，可以要求公民、法人和其他组织提供应急处置与救援需要的信息。公民、法人和其他组织应当予以提供，法律另有规定的除外。[②]县级以上人民政府及其有关部门对获取的相关信息，应当严格保密，并依法保护公民的通信自由和通信秘密。

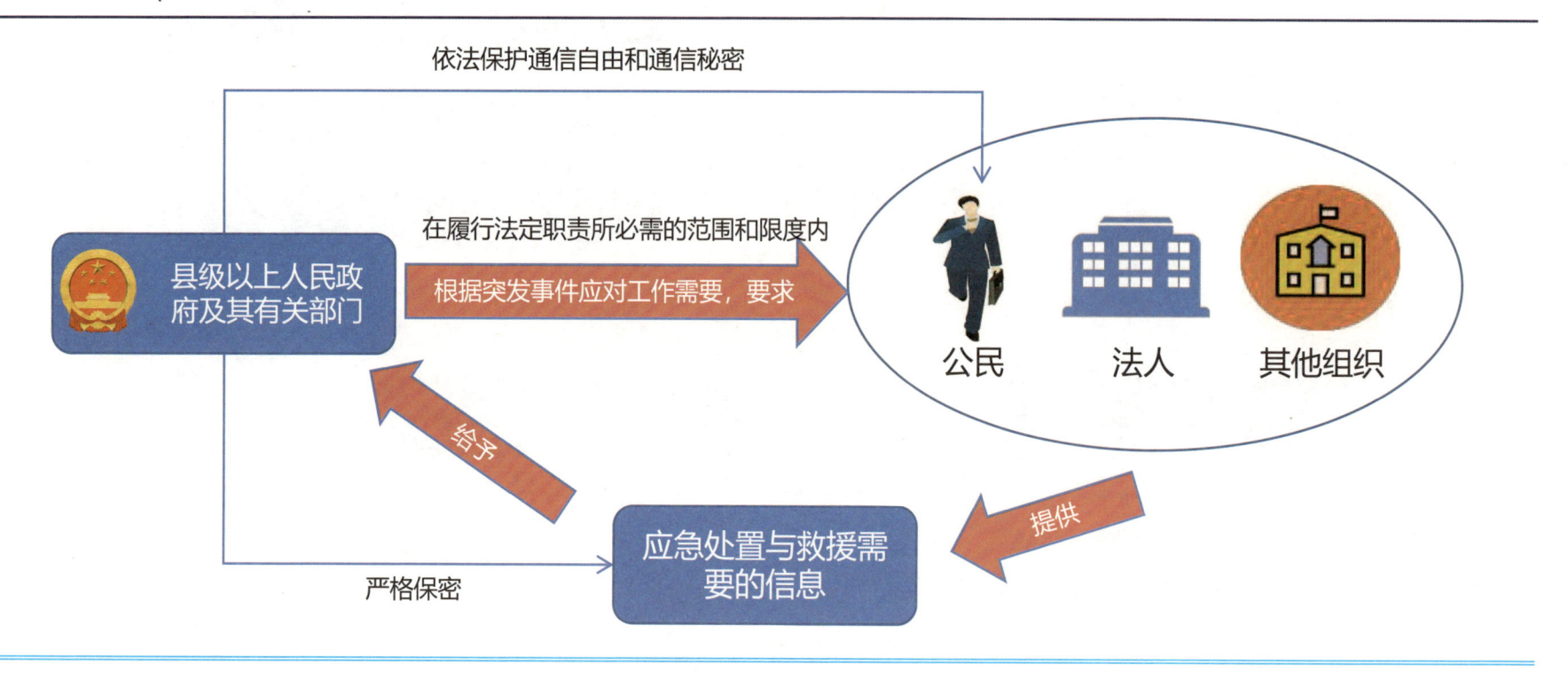

注：①本条是关于政府及部门信息收集与个人信息保护的规定。
②县级以上人民政府及其有关部门收集应急处置救援信息的职权，限于突发事件应对工作需要，以及在履行法定职责所必需的范围和限度内。公民、法人和其他组织应当配合政府及有关部门，提供相关信息，但法律另有规定的除外。

第84条　有关单位、个人获取信息及使用限制

第八十四条[①]　在突发事件应急处置中，有关单位和个人因依照本法规定配合突发事件应对工作或者履行相关义务[②]，需要获取他人个人信息的，应当依照法律规定的程序和方式取得并确保信息安全，不得非法收集、使用、加工、传输他人个人信息，不得非法买卖、提供或者公开他人个人信息。[③]

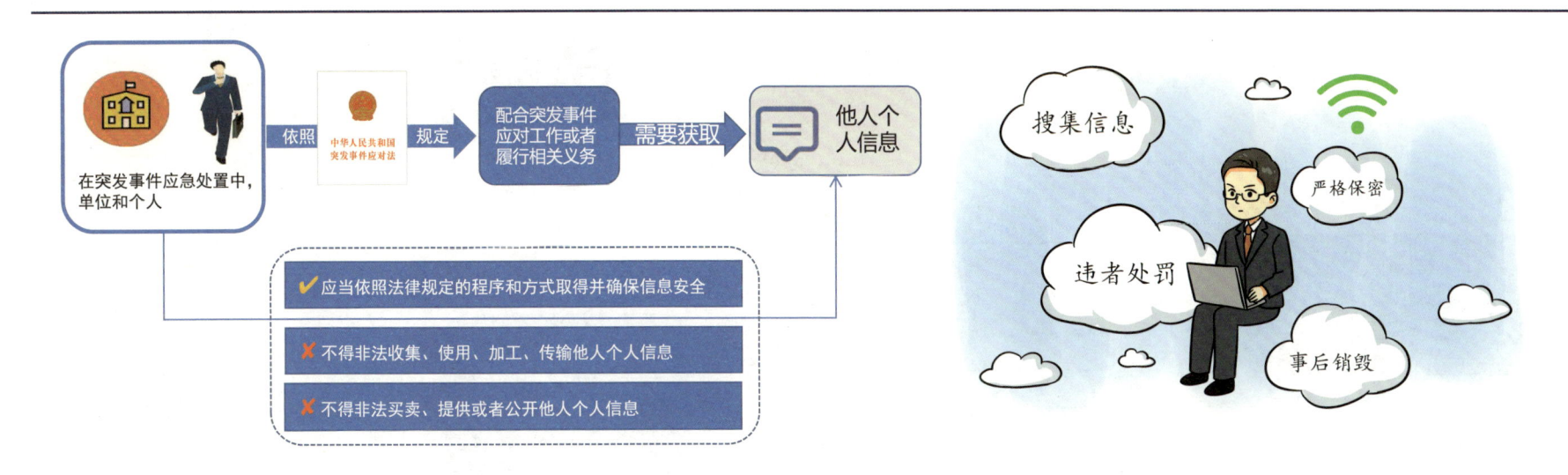

注：①本条是关于有关单位和个人获取信息及使用限制的规定。

②对有关单位和个人获取他人个人信息予以严格规范，应当依照法律规定的程序和方式取得并确保信息安全，确保突发事件应急处置中获取、使用他人个人信息合法、安全。

③程序合法性，即取得个人信息需要依照法定程序和方式，依据《中华人民共和国个人信息保护法》规定，个人信息处理者在处理个人信息前，应当以显著的方式和清晰易懂的语言，真实、准确、完整地向个人告知。在紧急情况下，无法及时向个人告知的，应当在紧急情况消除后及时告知。

第85条 信息用途、销毁和处理

第八十五条[①] 因依法履行突发事件应对工作职责或者义务获取的个人信息,只能用于突发事件应对,并在突发事件应对工作结束后予以销毁。确因依法作为证据使用或者调查评估需要留存或者延期销毁的,应当按照规定进行合法性、必要性、安全性评估,并采取相应保护和处理措施,严格依法使用。[②]

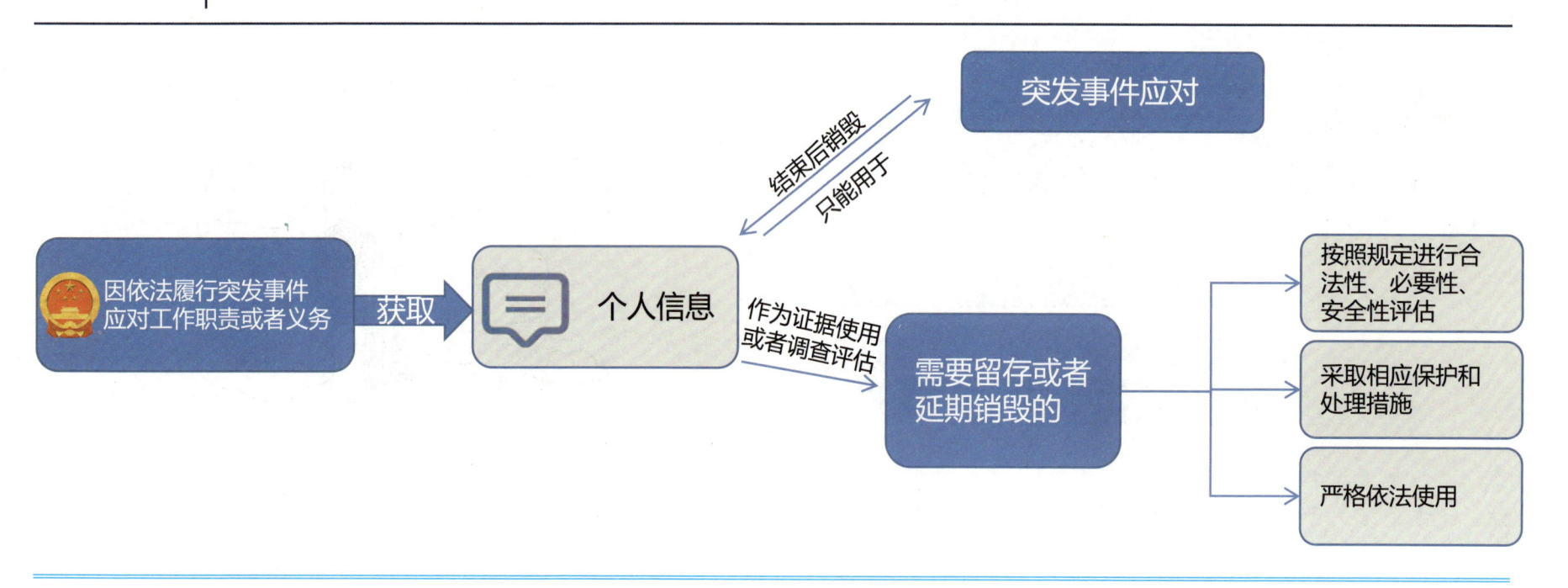

```
因依法履行突发事件           结束后销毁
应对工作职责或者义务 →获取→ 个人信息 →只能用于→ 突发事件应对
                              ↓ 作为证据使用
                              或者调查评估
                          需要留存或者      →  按照规定进行合法性、必要性、安全性评估
                          延期销毁的        →  采取相应保护和处理措施
                                         →  严格依法使用
```

注:①本条是关于获取个人信息用途、销毁和处理的规定。

②为最大限度保护个人信息安全,应当按照本法以及《中华人民共和国个人信息保护法》等相关规定,从合法性、必要性、安全性三个方面进行评估,明确处理的目的、方式、范围等,确定个人信息所需的最短保存期限。上述评估属于突发事件应对个人信息的专门性评估,评估方法与相关保护、处理措施应当遵循《中华人民共和国个人信息保护法》,并参照《信息安全技术 个人信息安全规范》等国家标准。

第六章　事后恢复与重建

第86条　应急响应解除

第八十六条[1]　突发事件的威胁和危害得到控制或者消除后,履行统一领导职责或者组织处置突发事件的人民政府应当宣布解除应急响应,停止执行依照本法规定采取的应急处置措施[2],同时采取或者继续实施必要措施,防止发生自然灾害、事故灾难、公共卫生事件的次生、衍生事件[3]或者重新引发社会安全事件,组织受影响地区尽快恢复社会秩序。

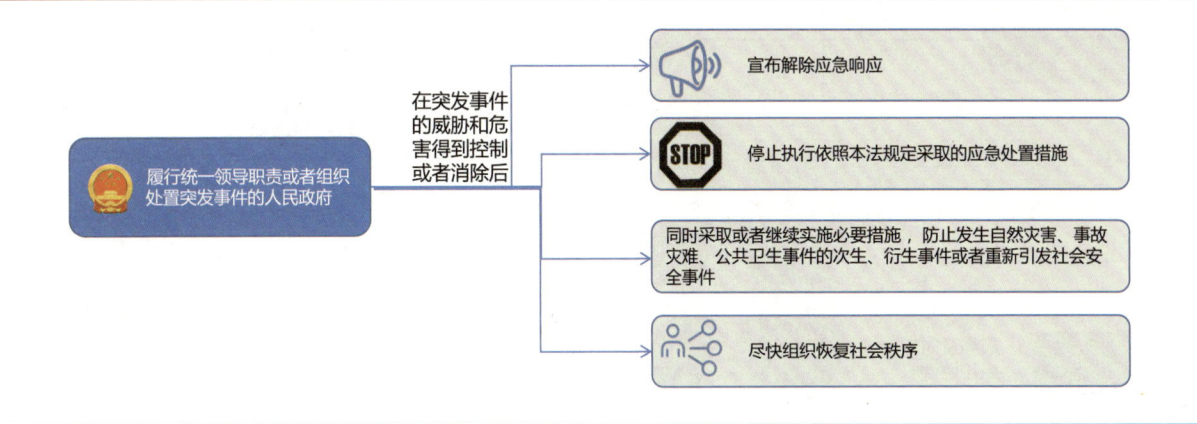

```
                                          ┌─→ 宣布解除应急响应
                         在突发事件        │
履行统一领导职责或者组织   的威胁和危      ├─→ 停止执行依照本法规定采取的应急处置措施
处置突发事件的人民政府 ──→ 害得到控制      │
                         或者消除后       ├─→ 同时采取或者继续实施必要措施,防止发生自然灾害、事故
                                          │   灾难、公共卫生事件的次生、衍生事件或者重新引发社会安
                                          │   全事件
                                          │
                                          └─→ 尽快组织恢复社会秩序
```

注：①本条是关于宣布解除应急响应并实施必要措施的规定。
　　②应急处置措施随着突发事件的发生而实施,并随着威胁和危害得到控制和解除而停止。如果不停止,就会失去其正当性和合法性。
　　③次生事件,是指在突发事件的灾害链中,由原生事件诱导的、第二次生成的、间接造成的事件,比如,地震发生时可能会引起火灾、水灾、山体滑坡、放射性污染、疫情等次生灾害;衍生事件,是指由原生事件派生出来的、第三次生成的、因繁衍变化而发生的一系列事件,比如,严重破坏性地震发生后,在地震灾区应采取必要措施维护社会秩序,防止破坏社会治安秩序的衍生事件发生。

第87条 影响、损失评估与恢复重建

第八十七条[①]

突发事件应急处置工作结束后，履行统一领导职责的人民政府应当立即组织对突发事件造成的影响和损失进行调查评估[②]，制定恢复重建计划[③]，并向上一级人民政府报告。

受突发事件影响地区的人民政府应当及时组织和协调应急管理、卫生健康、公安、交通、铁路、民航、邮政、电信、建设、生态环境、水利、能源、广播电视等有关部门恢复社会秩序，尽快修复被损坏的交通、通信、供水、排水、供电、供气、供热、医疗卫生、水利、广播电视等公共设施。[④]

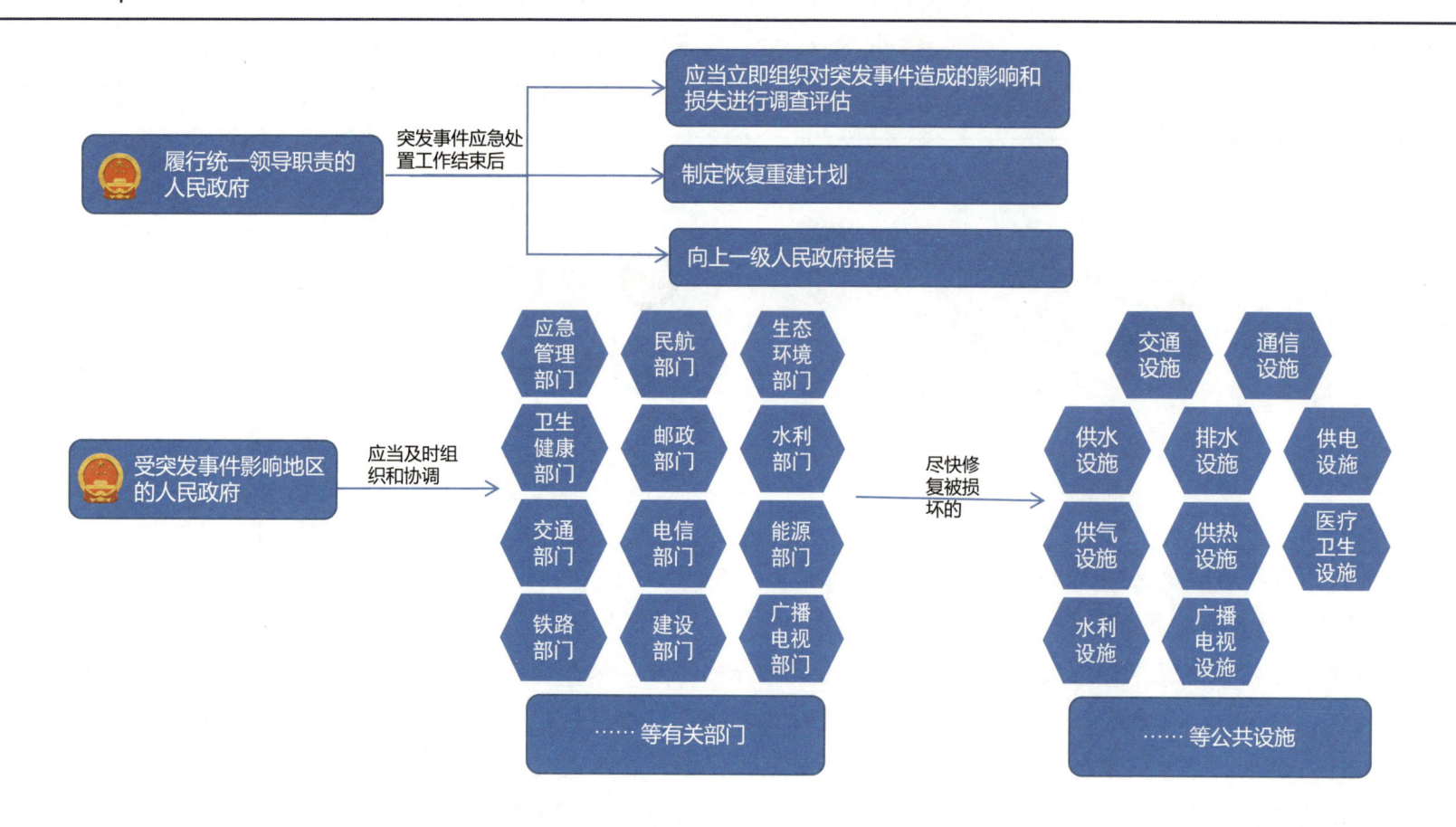

```
履行统一领导职责的人民政府 ──突发事件应急处置工作结束后──→
    ├─ 应当立即组织对突发事件造成的影响和损失进行调查评估
    ├─ 制定恢复重建计划
    └─ 向上一级人民政府报告

受突发事件影响地区的人民政府 ──应当及时组织和协调──→
    应急管理部门、民航部门、生态环境部门、
    卫生健康部门、邮政部门、水利部门、
    交通部门、电信部门、能源部门、
    铁路部门、建设部门、广播电视部门、
    ……等有关部门

──尽快修复被损坏的──→
    交通设施、通信设施、
    供水设施、排水设施、供电设施、
    供气设施、供热设施、医疗卫生设施、
    水利设施、广播电视设施、
    ……等公共设施
```

注：①本条是关于政府在恢复与重建中职责的规定。

②对突发事件造成的影响和损失进行调查评估，是恢复与重建工作的基础，如果没有对损失进行调查评估，补偿、救济和恢复重建等工作都将无法顺利开展。调查评估包括，统计突发事件伤亡人数、救援和安置的人数，并对遇难者的安葬、受伤人员的救治及受灾人员的安置等进行必要的分析评价，统计基础设施设备的损失情况，为应急抢修和恢复重建提供依据。

③重建，是指在突发事件发生后，重建灾区生活设施与基础设施，并达到或者超过突发事件发生前的标准。

④"交通、通信、供水、排水、供电、供气、供热、医疗卫生、水利、广播电视"等公共设施工程均属于生命线工程系统。"尽快修复"生命线工程，对尽快恢复生产生活起到至关重要作用。

第88条　支援恢复重建

第八十八条① 受突发事件影响地区②的人民政府开展恢复重建工作需要上一级人民政府支持的，可以向上一级人民政府提出请求。上一级人民政府应当根据受影响地区遭受的损失和实际情况，提供资金、物资支持和技术指导，组织协调其他地区和有关方面提供资金、物资和人力支援。

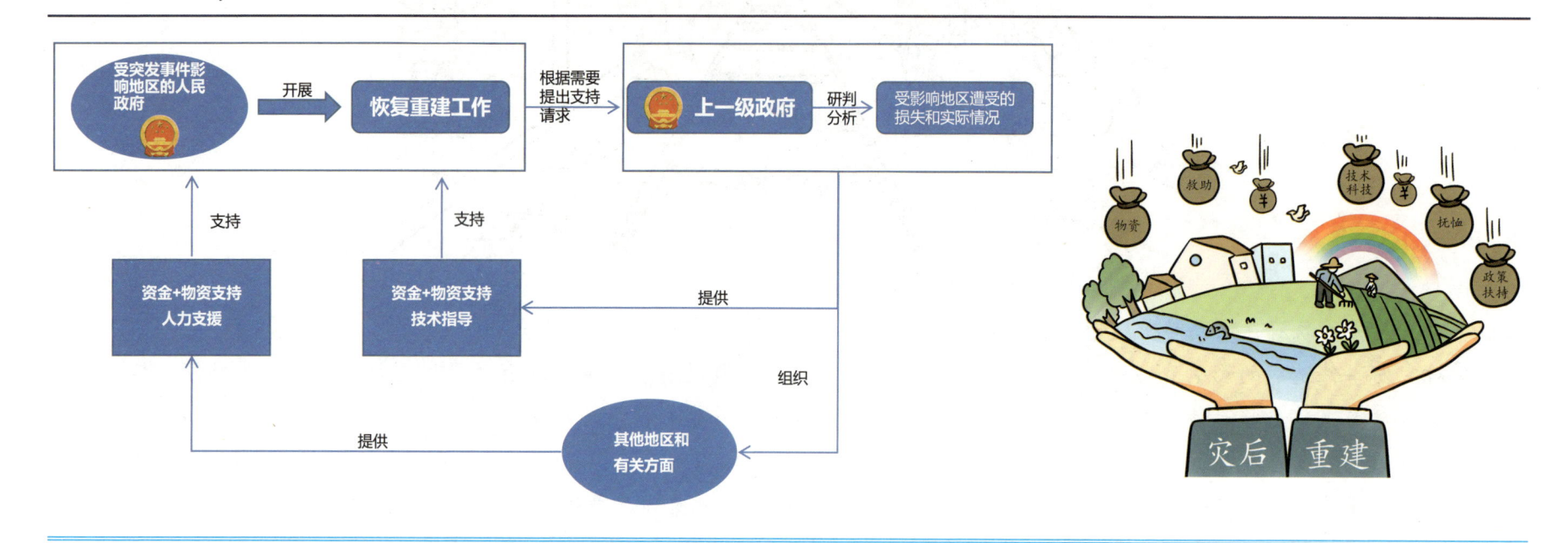

注：①本条是关于请求上一级人民政府支持恢复重建工作的规定。

②受突发事件影响地区，是指突发事件发生地以及其他受突发事件影响的毗邻或者相关地区。"属地管理为主"，并不排除上级政府及其有关部门对受突发事件影响地区工作的支持和指导，也不免除发生地之外的其他地区的协同义务。

第89条 扶持优惠和善后工作

第八十九条[①] 　国务院根据受突发事件影响地区遭受损失的情况，制定扶持该地区有关行业发展的优惠政策。

受突发事件影响地区的人民政府应当根据本地区遭受的损失和采取应急处置措施的情况，制定救助、补偿、抚慰、抚恤、安置[②]等善后工作计划并组织实施，妥善解决因处置突发事件引发的矛盾纠纷。

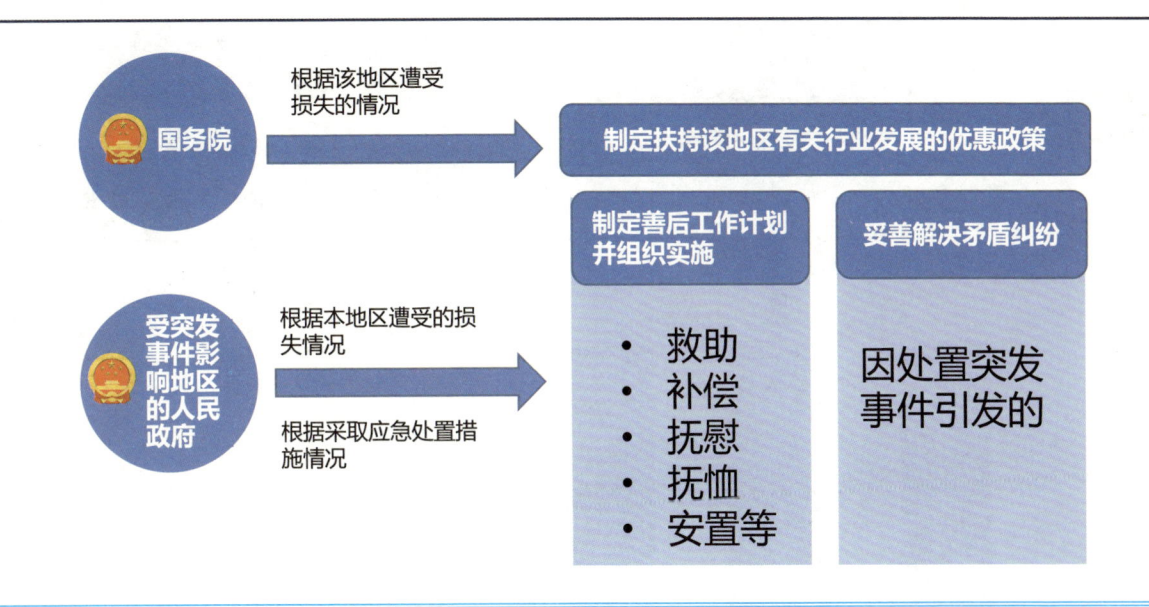

```
国务院 ──根据该地区遭受损失的情况──▶ 制定扶持该地区有关行业发展的优惠政策

受突发事件影响地区的人民政府 ──根据本地区遭受的损失情况／根据采取应急处置措施情况──▶
  制定善后工作计划并组织实施：
    • 救助
    • 补偿
    • 抚慰
    • 抚恤
    • 安置等
  妥善解决矛盾纠纷：因处置突发事件引发的
```

注：①本条是恢复重建优惠政策以及善后工作计划的规定。

②救助，是指在突发事件中致伤人员给予的医疗、物质等方面的帮助。补偿，是指在突发事件处置中被征用的财产在使用完毕后，应及时返还；财产被征用或者征用后损毁、丢失的，应给予补偿。抚慰，是指对受到突发事件影响的人员进行心理引导，帮助他们尽快摆脱恐惧心理及紧张状态。抚恤，是指在突发事件中因公受伤或致残的人员，或因公牺牲以及病故的人员家属，按照有关法律、法规等进行安慰并给予物质帮助。安置，是指在突发事件中对有关人员提供居住条件。

第 90 条　公民参与应急的保障

第九十条[①]　公民参加应急救援工作或者协助维护社会秩序期间，其所在单位应当保证其工资待遇和福利不变，并可以按照规定给予相应补助。[②]

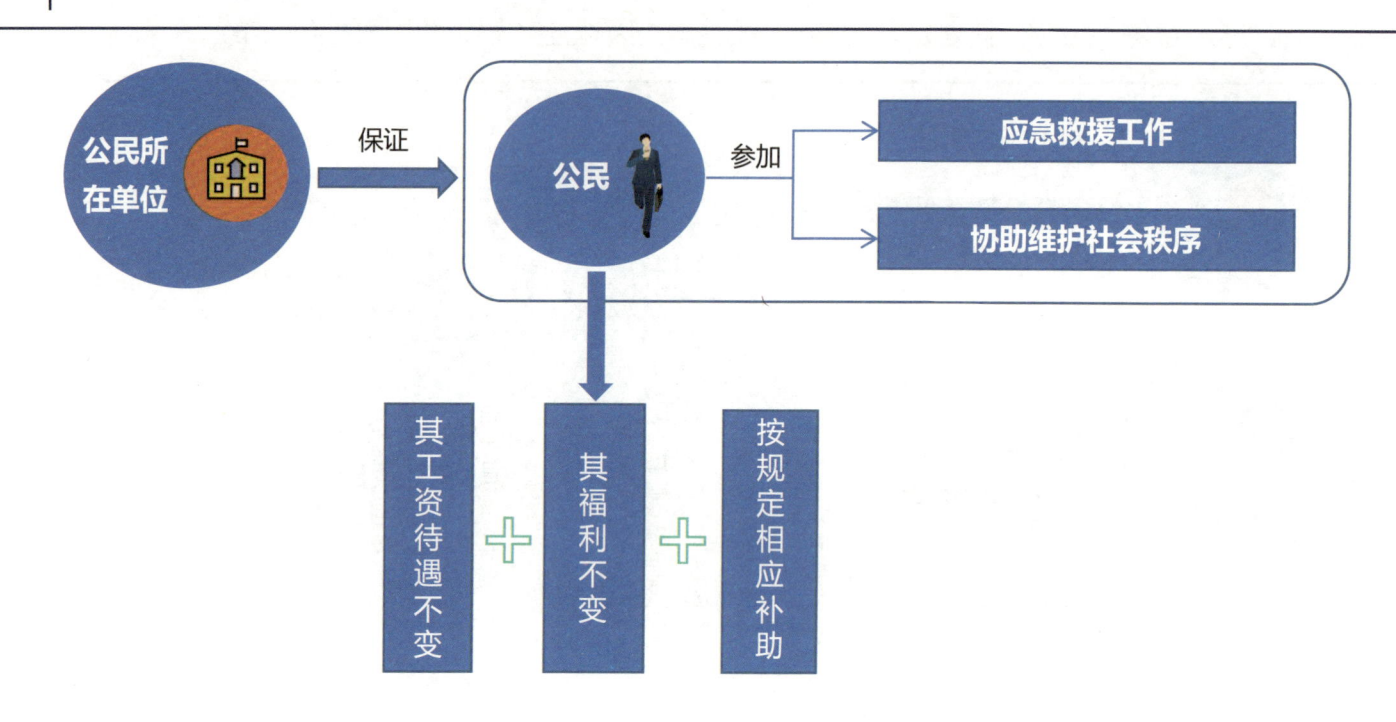

工资待遇和福利照发
表现突出的额外给予奖励

注：①本条是关于公民参与应急救援等工作有关保障措施的规定。
　　②为鼓励公民积极参与应急救援等工作，除了其所在单位应当保证其工资待遇和福利不变，还可以按规定给予相应补助，作为对其承担社会责任的回馈。

第 91 条 伤亡人员保障

第九十一条[①]	县级以上人民政府对在应急救援工作中伤亡的人员依法落实工伤待遇、抚恤或者其他保障政策[②]，并组织做好应急救援工作中致病人员的医疗救治工作。

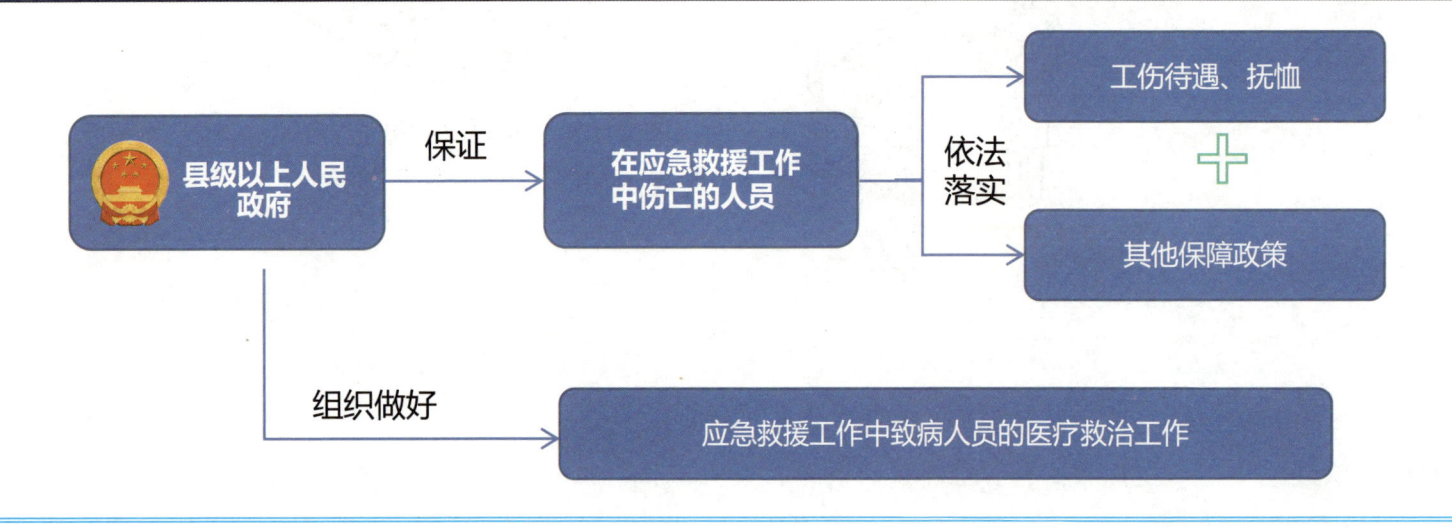

```
                                            ┌─ 工伤待遇、抚恤
  ┌─────────┐  保证   ┌──────────┐  依法     +
  │县级以上人民│──────→│在应急救援工作│─落实─┤
  │  政府    │        │ 中伤亡的人员 │       └─ 其他保障政策
  └────┬────┘        └──────────┘
       │  组织做好
       └──────────→ 应急救援工作中致病人员的医疗救治工作
```

注：①本条是关于应急救援伤亡人员有关保障的规定。

②突发事件应急救援工作具有危险性，对在应急救援工作中伤亡的人员，县级以上人民政府应当依法落实工伤待遇、抚恤或者其他保障政策。

第92条　突发事件调查、应急处置总结

第九十二条[①]　履行统一领导职责的人民政府在突发事件应对工作结束后，应当及时查明突发事件的发生经过和原因[②]，总结突发事件应急处置工作的经验教训，制定改进措施，并向上一级人民政府提出报告。[③]

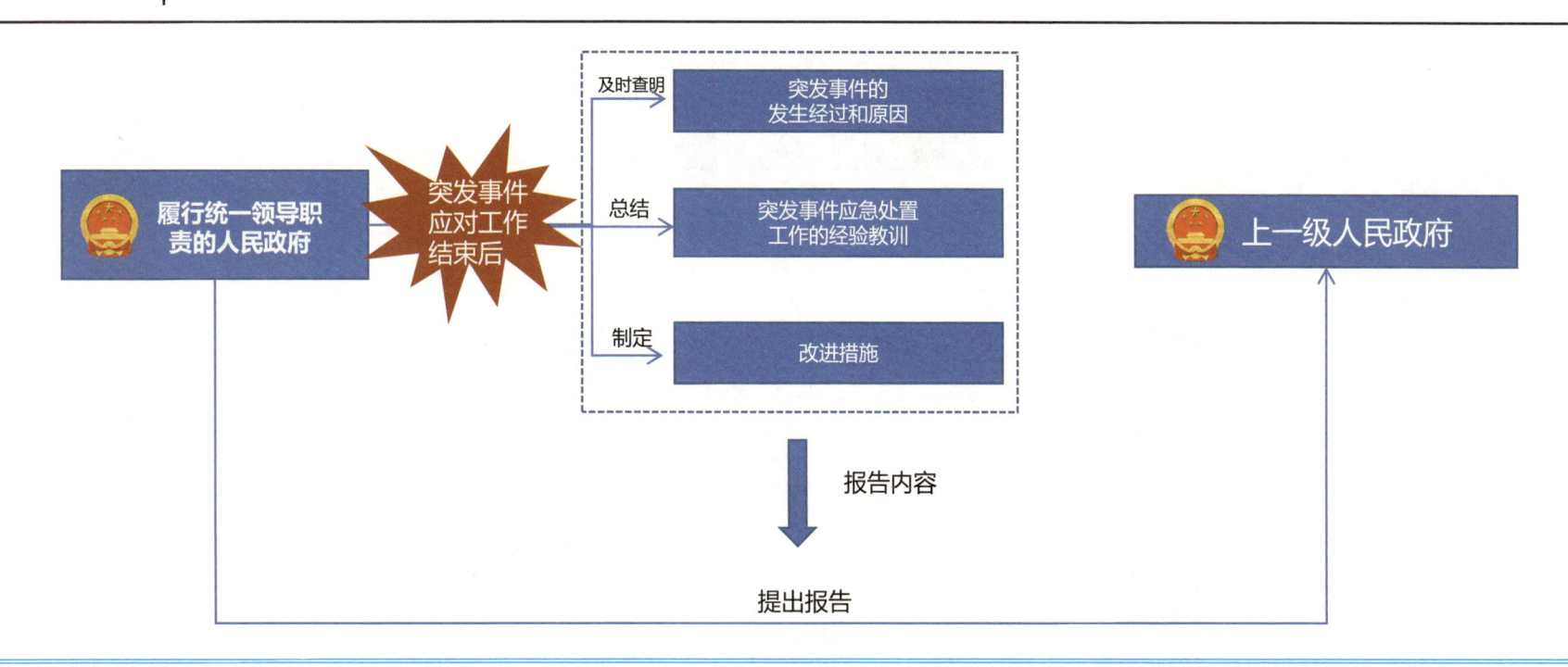

注：①本条是关于突发事件发生之后，进行评估和总结并向上级报告的规定。

②对突发事件应急处置进行调查，是突发事件应对工作的一个重要方面。《中华人民共和国安全生产法》《中华人民共和国矿山安全法》《中华人民共和国消防法》《生产安全事故报告和调查处理条例》《铁路交通事故应急救援和调查处理条例》等法律法规都对事故调查作了规定。

③突发事件应急处置调查报告内容包括：事故发生的经过和救援情况，事故造成的人员伤亡和直接经济损失，事故发生的原因和事故性质，事故责任的认定以及对责任者的处理建议，防范和整改措施。

第 93 条　资金和物资审计监督

| 第九十三条[①] | 突发事件应对工作中有关资金、物资的筹集、管理、分配、拨付和使用等情况[②]，应当依法接受审计机关的审计监督。 |

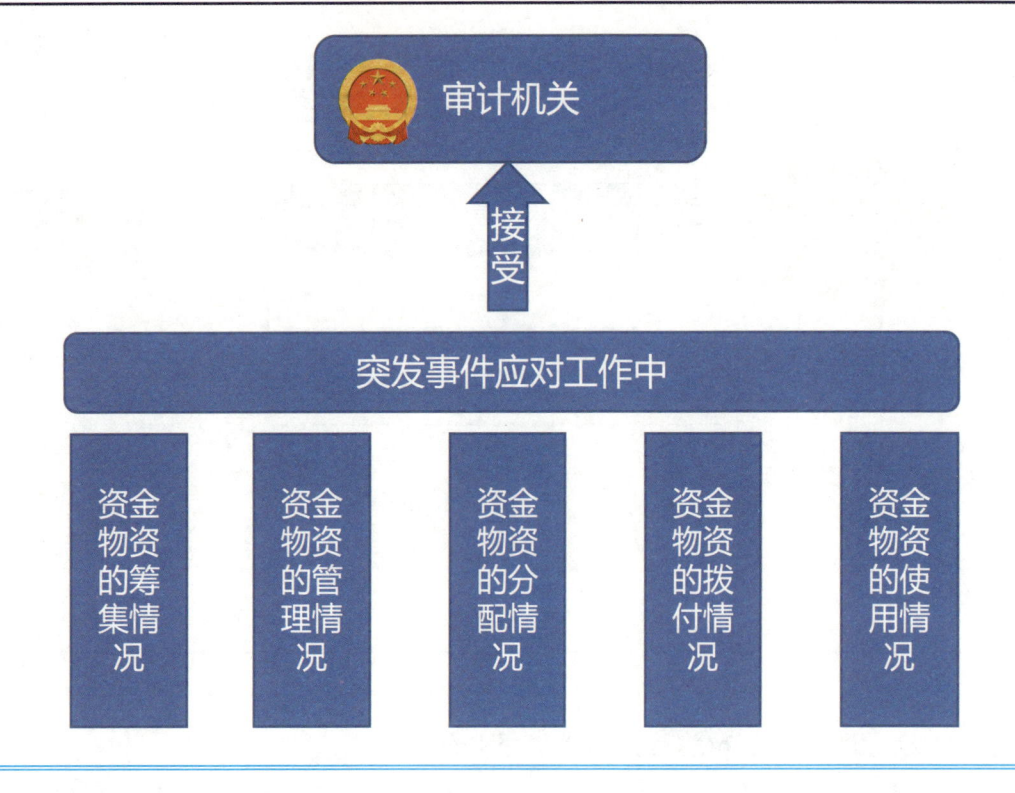

```
                    审计机关
                       ↑
                      接受
                       |
              突发事件应对工作中
    ┌──────┬──────┬──────┬──────┬──────┐
  资金    资金    资金    资金    资金
  物资    物资    物资    物资    物资
  的筹    的管    的分    的拨    的使
  集情    理情    配情    付情    用情
  况      况      况      况      况
```

注：[①]本条是关于资金、物资的审计监督的规定。

[②]《自然灾害救助条例》规定，县级以上人民政府监察机关、审计机关应当依法对自然灾害救助款物和捐赠款物的管理使用情况进行监督检查，应急管理、财政等部门和有关社会组织应当予以配合。同时明确规定，发生事故灾难、公共卫生事件、社会安全事件等突发事件，需要由县级以上人民政府应急管理部门开展生活救助的，参照条例执行。

第94条　应对工作档案管理

| 第九十四条[1] | 国家档案主管部门应当建立健全突发事件应对工作相关档案收集、整理、保护、利用工作机制。突发事件应对工作中形成的材料，应当按照国家规定归档，并向相关档案馆移交。[2] |

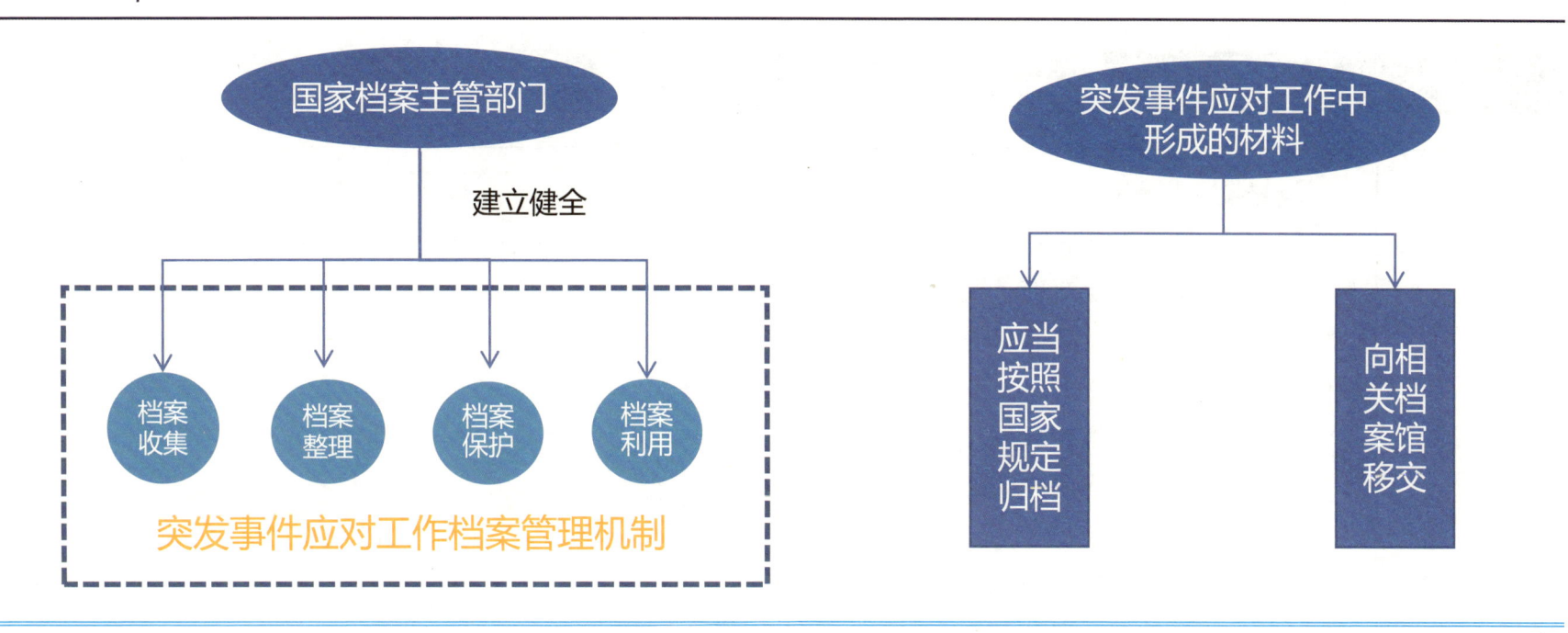

```
        国家档案主管部门                              突发事件应对工作中
                                                        形成的材料
            │
         建立健全                                    ┌──────┴──────┐
   ┌────┬───┴──┬────┐                              ↓              ↓
   ↓    ↓      ↓    ↓                           应当按照        向相关
  档案  档案   档案  档案                         国家规定        档案馆
  收集  整理   保护  利用                          归档           移交
   
   突发事件应对工作档案管理机制
```

注：[1] 本条是突发事件应对工作档案管理的规定。
　　[2]《中华人民共和国档案法》规定，国家档案主管部门应当建立健全突发事件应对活动相关档案收集、整理、保护、利用工作机制。档案馆应当加强对突发事件应对活动相关档案的研究整理和开发利用，为突发事件应对活动提供文献参考和决策支持。"档案"的具体范围，由国家档案主管部门或者国家档案主管部门会同国家有关部门确定。

第七章 法律责任

第 95 条　地方政府、有关部门及其人员不依法履责的法律责任

第九十五条[1]

地方各级人民政府[2]和县级以上人民政府有关部门[3]违反本法规定，不履行或者不正确履行法定职责的，由其上级行政机关责令改正；有下列情形之一，由有关机关综合考虑突发事件发生的原因、后果、应对处置情况、行为人过错等因素，对负有责任的领导人员和直接责任人员依法给予处分[4]：

（一）未按照规定采取预防措施，导致发生突发事件，或者未采取必要的防范措施，导致发生次生、衍生事件的；

（二）迟报、谎报、瞒报、漏报或者授意他人迟报、谎报、瞒报以及阻碍他人报告有关突发事件的信息，或者通报、报送、公布虚假信息，造成后果的；

（三）未按照规定及时发布突发事件警报、采取预警期的措施，导致损害发生的；

（四）未按照规定及时采取措施处置突发事件或者处置不当，造成后果的；

（五）违反法律规定采取应对措施，侵犯公民生命健康权益的；

（六）不服从上级人民政府对突发事件应急处置工作的统一领导、指挥和协调的；

（七）未及时组织开展生产自救、恢复重建等善后工作的；

（八）截留、挪用、私分或者变相私分应急救援资金、物资的；

（九）不及时归还征用的单位和个人的财产，或者对被征用财产的单位和个人不按照规定给予补偿的。

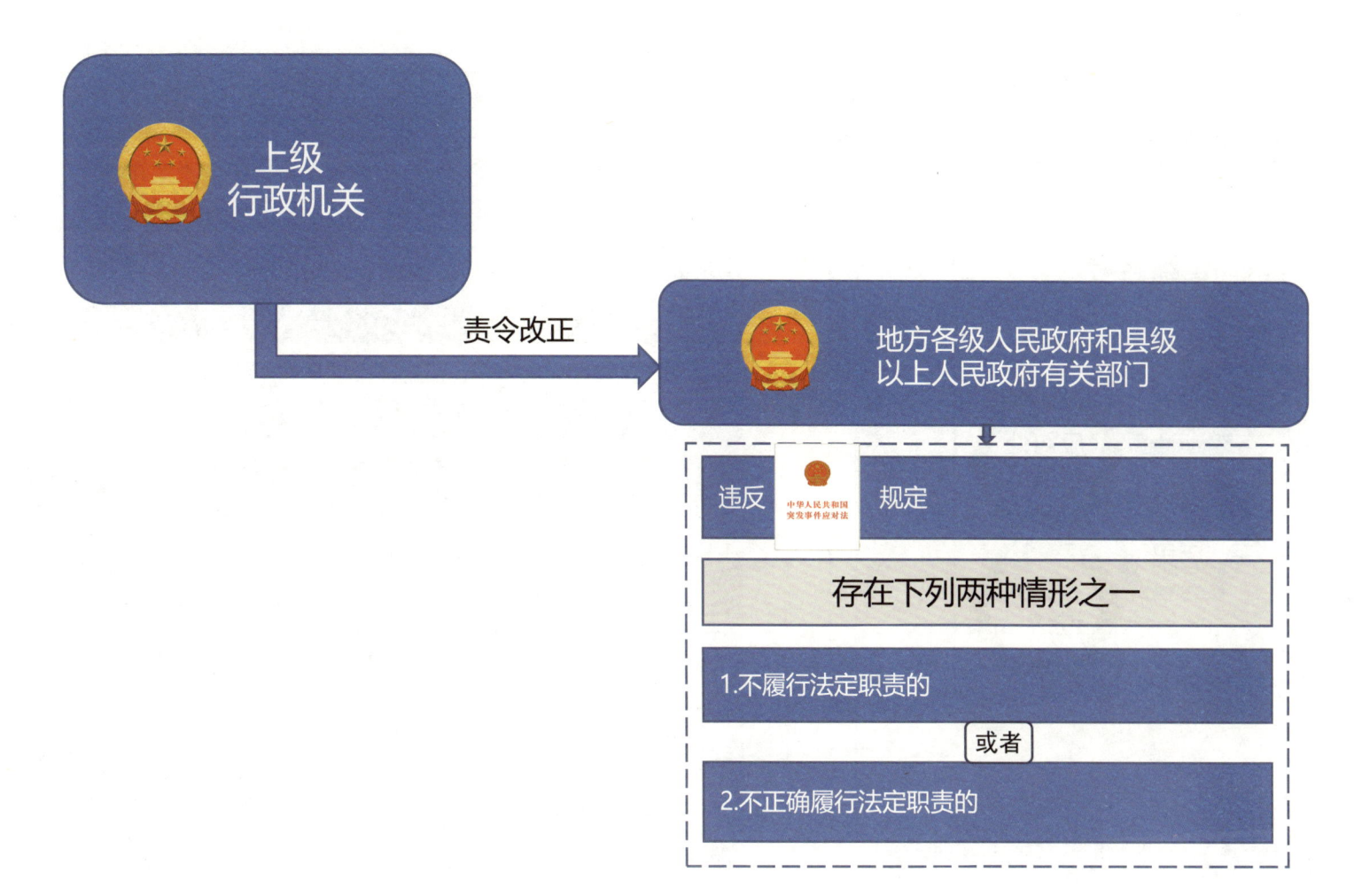

第七章 法律责任

```
[上级行政机关] --责令改正--> [地方各级人民政府和县级以上人民政府有关部门]
```

违反《中华人民共和国突发事件应对法》规定

存在下列两种情形之一

1. 不履行法定职责的

或者

2. 不正确履行法定职责的

一图读懂新的《中华人民共和国突发事件应对法》

有关机关 出现 → **下列九种情形之一**

综合考虑：
- 事故发生原因
- 事故发生后果
- 应对处置情况
- 行为人过错

依法给予处分

负有责任的领导人员 ＋ **直接责任人员**

1. 未按照规定采取预防措施，导致发生突发事件，或者未采取必要的防范措施，导致发生次生、衍生事件的

2. 迟报、谎报、瞒报、漏报或者授意他人迟报、谎报、瞒报以及阻碍他人报告有关突发事件的信息，或者通报、报送、公布虚假信息，造成后果的

3. 未按照规定及时发布突发事件警报、采取预警期的措施，导致损害发生的

4. 未按照规定及时采取措施处置突发事件或者处置不当，造成后果的

5. 违反法律规定采取应对措施，侵犯公民生命健康权益的

6. 不服从上级人民政府对突发事件应急处置工作的统一领导、指挥和协调的

7. 未及时组织开展生产自救、恢复重建等善后工作的

8. 截留、挪用、私分或者变相私分应急救援资金、物资的

9. 不及时归还征用的单位和个人的财产，或者对被征用财产的单位和个人不按照规定给予补偿的

注：①本条是关于政府、政府有关部门及其工作人员不履行法定职责应当承担行政责任的规定。

②地方各级人民政府，是指从乡镇一级到省一级地方各级人民政府。

③县级以上各级人民政府有关部门，是指县级、市级、省级政府有关部门和国务院有关部门。

④各级人民政府和政府有关部门是国家的行政机关，应当依照法律规定的职责和权限管理国家各项行政事务。如果行政机关和行政机关工作人员不履行法定职责，应当承担相应的行政责任。

第96条　突发事件发生地的单位不履行法定义务的法律责任

第九十六条[①]

有关单位[②]有下列情形之一，由所在地履行统一领导职责的人民政府有关部门责令停产停业，暂扣或者吊销许可证件，并处五万元以上二十万元以下的罚款[③]；情节特别严重的，并处二十万元以上一百万元以下的罚款：

（一）未按照规定采取预防措施，导致发生较大以上突发事件的；

（二）未及时消除已发现的可能引发突发事件的隐患，导致发生较大以上突发事件的；

（三）未做好应急物资储备和应急设备、设施日常维护、检测工作，导致发生较大以上突发事件或者突发事件危害扩大的；

（四）突发事件发生后，不及时组织开展应急救援工作，造成严重后果的。

其他法律对前款行为规定了处罚的，依照较重的规定处罚。

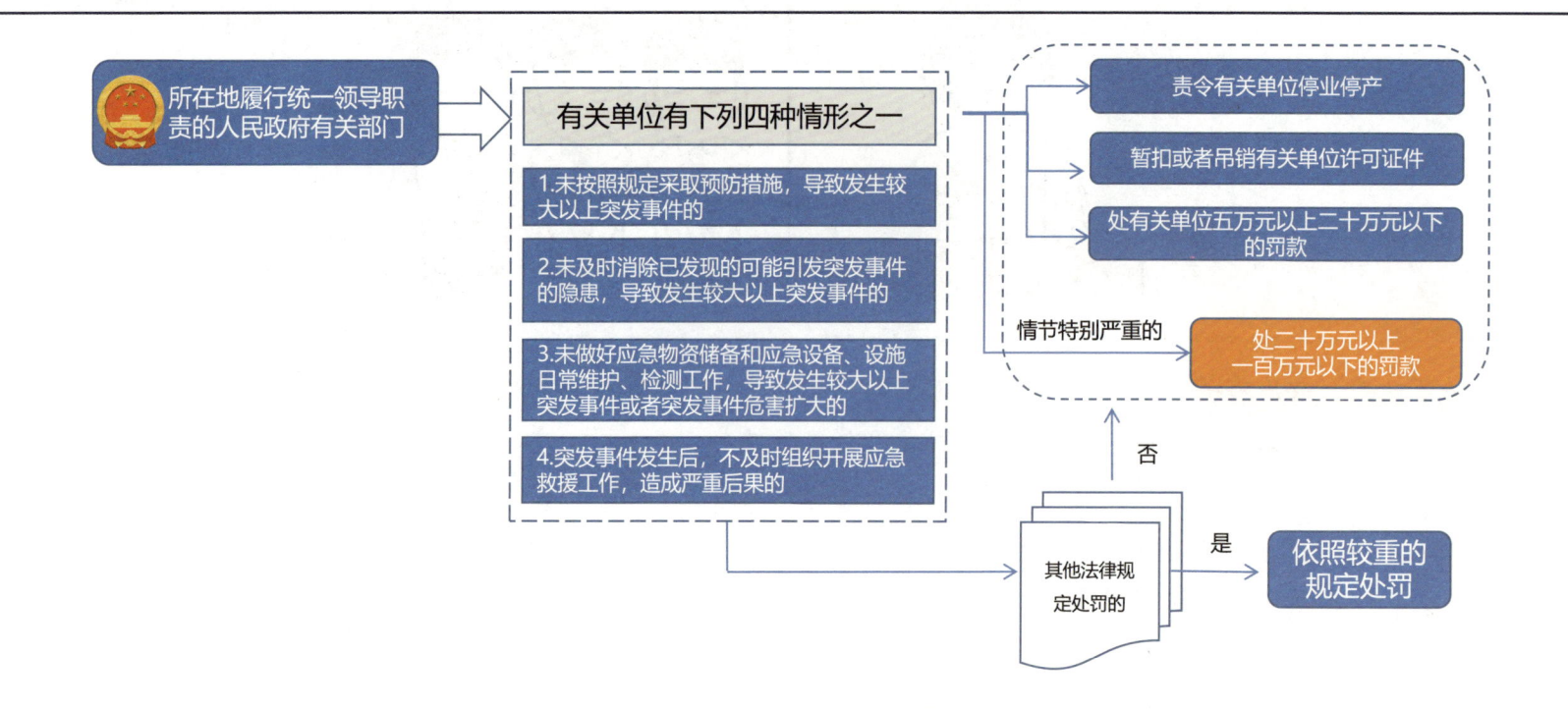

```
所在地履行统一领导职责的人民政府有关部门 → 有关单位有下列四种情形之一
  1.未按照规定采取预防措施，导致发生较大以上突发事件的
  2.未及时消除已发现的可能引发突发事件的隐患，导致发生较大以上突发事件的
  3.未做好应急物资储备和应急设备、设施日常维护、检测工作，导致发生较大以上突发事件或者突发事件危害扩大的
  4.突发事件发生后，不及时组织开展应急救援工作，造成严重后果的

→ 责令有关单位停业停产
→ 暂扣或者吊销有关单位许可证件
→ 处有关单位五万元以上二十万元以下的罚款

情节特别严重的 → 处二十万元以上一百万元以下的罚款

其他法律规定处罚的 —是→ 依照较重的规定处罚
                  —否→（上述处罚）
```

注：①本条是关于有关单位违反本法规定应当承担法律责任的规定。

②"有关单位"是一个广义的概念，包括突发事件可能涉及的一切法人或者其他组织，主要是易引发突发事件和受突发事件影响的经营生产单位，包括本法第36条规定的"矿山、金属冶炼、建筑施工单位和易燃易爆物品、危险化学品、放射性物品等危险物品的生产、经营、运输、储存、使用单位"；本法第37条规定的"公共交通工具、公共场所和其他人员密集场所的经营单位或者管理单位"；本法第78条规定的"受到自然灾害危害或者发生事故灾难、公共卫生事件的单位"等。

③"并处罚款"，即在责令停产停业、暂扣或者吊销许可证或者营业执照的同时，处以罚款。

第 97 条　编造、传播虚假信息的法律责任

| 第九十七条[①] | 违反本法规定，编造并传播有关突发事件的虚假信息[②]，或者明知是有关突发事件的虚假信息而进行传播的，责令改正[③]，给予警告；造成严重后果的[④]，依法暂停其业务活动或者吊销其许可证件；负有直接责任的人员是公职人员的，还应当依法给予处分。 |

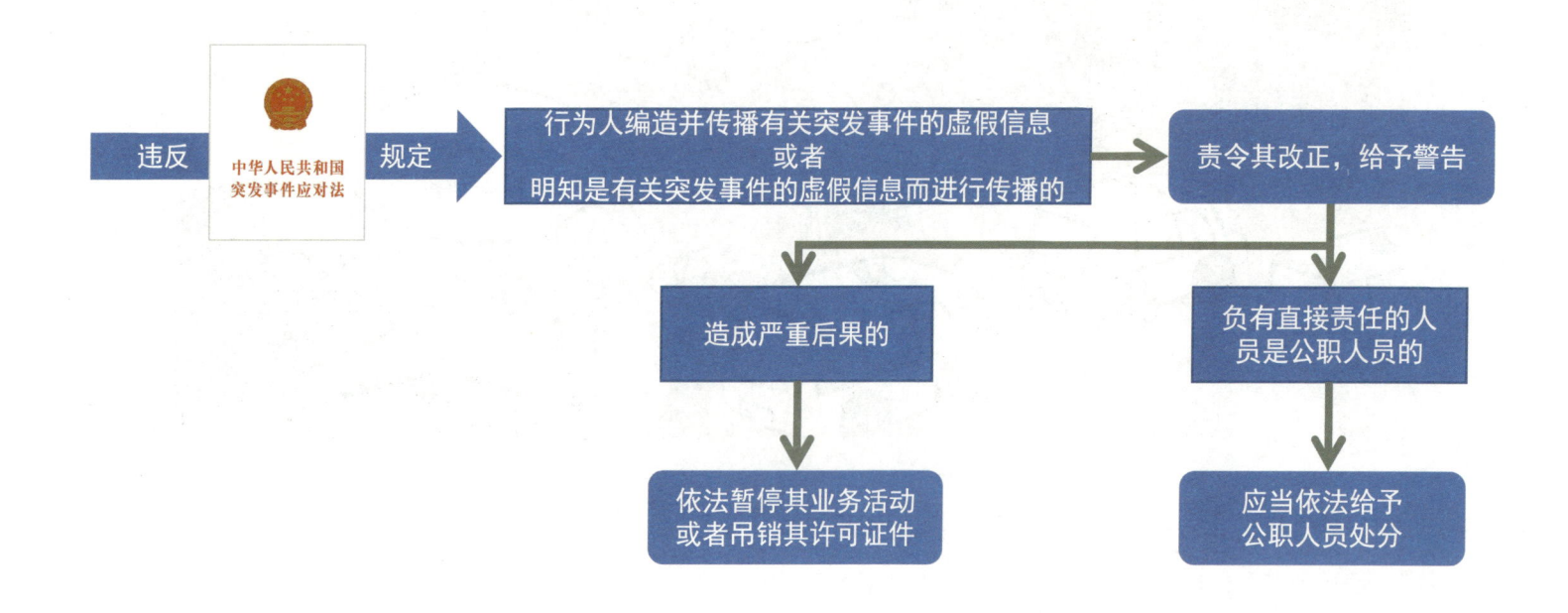

违反 →《中华人民共和国突发事件应对法》→ 规定 → 行为人编造并传播有关突发事件的虚假信息 或者 明知是有关突发事件的虚假信息而进行传播的 → 责令其改正，给予警告

↓ 造成严重后果的 → 依法暂停其业务活动或者吊销其许可证件

↓ 负有直接责任的人员是公职人员的 → 应当依法给予公职人员处分

注：①本条是编造传播虚假信息等行为应当承担法律责任的规定。

②编造虚假信息，是指个人或组织无中生有，捏造与突发事件相关的虚假信息。传播虚假信息，是指明知信息是虚假的，仍通过互联网、媒体、口头传播等渠道散布这些信息。

③违反本法规定，责令违法行为人改正其行为，并给予警告，目的是让违法行为人意识到其行为不当，并立即停止违法行为。

④如果违法行为导致了严重后果，如引起社会恐慌、误导应急救援行动、造成人员伤亡或财产损失等，除责令改正和警告外，还将依法采取更严厉的措施，对于企业或组织，依法暂停其业务活动，或者吊销其许可证件。

第98条　单位和个人不服从、不配合的法律责任

第九十八条[1]　单位或者个人违反本法规定，不服从所在地人民政府及其有关部门依法发布的决定、命令或者不配合其依法采取的措施的，责令改正；造成严重后果的，依法给予行政处罚；负有直接责任的人员是公职人员的，还应当依法给予处分[2]。

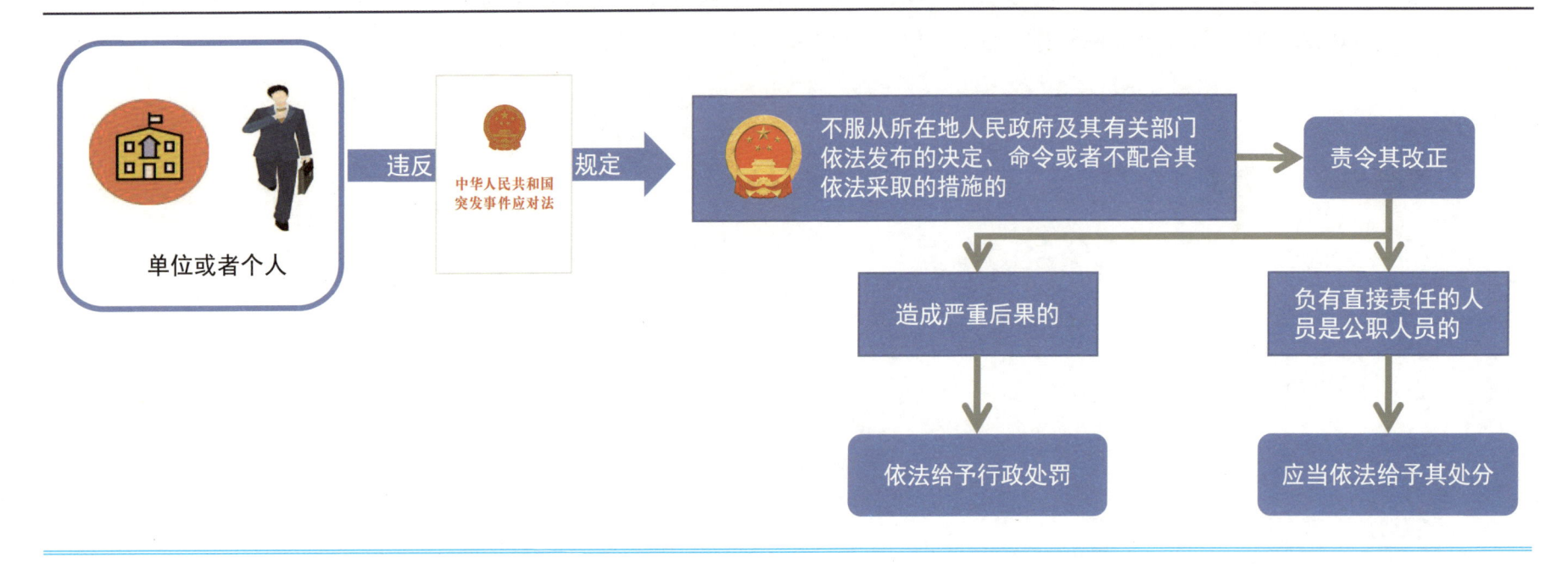

注：[1] 本条是关于不服从或者不配合政府决定、命令或者措施的行为应当承担法律责任的规定。

[2] 对于一般性违法，"责令改正"；造成严重后果的，则"依法给予行政处罚"；负有直接责任的人员是公职人员的，还应当"依法给予处分"。

第99条　单位和个人违反个人信息保护规定的法律责任

| 第九十九条[①] | 单位或者个人违反本法第八十四条、第八十五条关于个人信息保护规定[②]的，由主管部门依照有关法律规定给予处罚。 |

单位或者个人 →违反→ 中华人民共和国突发事件应对法 → 第八十四条、第八十五条关于个人信息保护规定 → 由主管部门依照有关法律规定给予其处罚

注：①本条是关于违反本法个人信息保护的行为处罚的规定。
　　②对个人信息的保护贯穿于突发事件应对的全过程。在任何情况下，政府要保障个人信息权益不受侵害，维护突发事件应急处置中的个人信息安全。

第100条 民事责任

第一百条① | 单位或者个人违反本法规定，导致突发事件发生或者危害扩大，造成人身②、财产③或者其他损害④的，应当依法承担民事责任⑤。

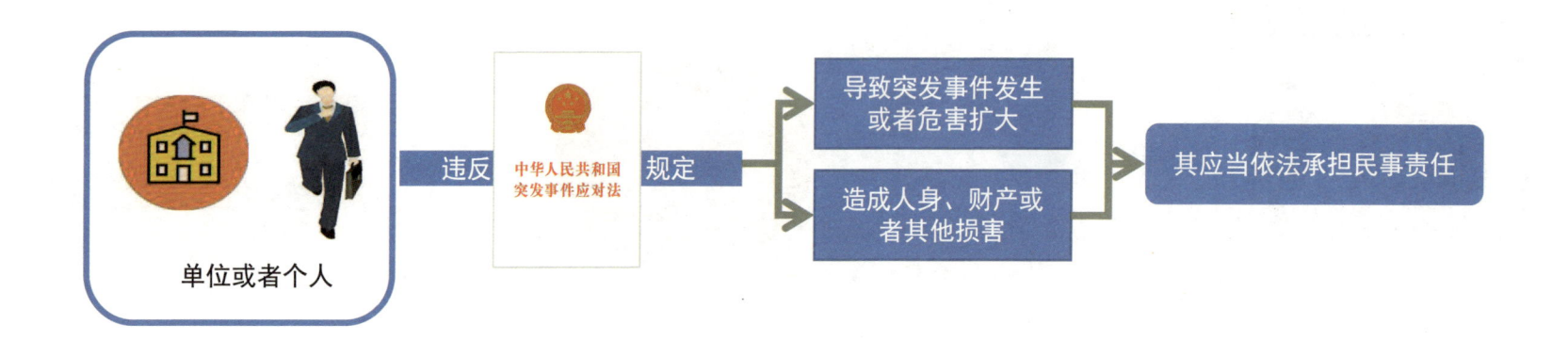

注：①本条是关于导致突发事件发生或危害扩大的行为应当依法承担民事责任的规定。

②突发事件造成的人身损害，主要是人的生命权和健康权。对公民身体造成伤害的，应当赔偿医疗费、因误工减少的收入、残废者生活补助费等费用；造成死亡的，应当支付丧葬费、死亡者生前扶养的人必要的生活费等费用。致人伤害的赔偿包括，医疗费、与医疗有关的交通费和伙食补助费、误工减少的收入。致人残疾，还包括残疾者生存期间的生活费和其扶养的人的生活费、残疾用具费。致人死亡的财产赔偿包括，死者治疗期间的医疗费，因治疗而减少的误工费、丧葬费，死者生前扶养的人的生活费。

③造成财产损害，是指造成他人物的毁损或者灭失。毁损，是指使物遭受破损、污损、烧损、锈损，原物虽然存在，但却失去了原有的使用功能，降低了物的价值。灭失，是指原物不存在。财产的损失赔偿，包括直接损失赔偿和间接损失赔偿。直接损失，是指受害人现有财产的减少，也就是加害人不法侵害受害人的财产权利，致使受害人的现有财产直接受到损失，如财物被毁损、被侵占。间接损失，是指受害人可得利益的丧失，间接损失是未来的可得利益，丧失的这种利益是具有实际意义的，是必得的利益而不是假设的利益。

④自然人因生命权、健康权遭受非法侵害的，可以向人民法院请求精神损害赔偿。

⑤民事责任分为合同责任、侵权责任和其他责任。凡违反本法规定，导致发生突发事件或者使得突发事件事态的危害扩大，给他人人身、财产造成损害的，应当依法承担民事责任。

第101条 紧急避险

第一百零一条[1] 为了使本人或者他人的人身、财产免受正在发生的危险而采取避险措施的，依照《中华人民共和国民法典》[2]、《中华人民共和国刑法》[3]等法律关于紧急避险的规定处理。

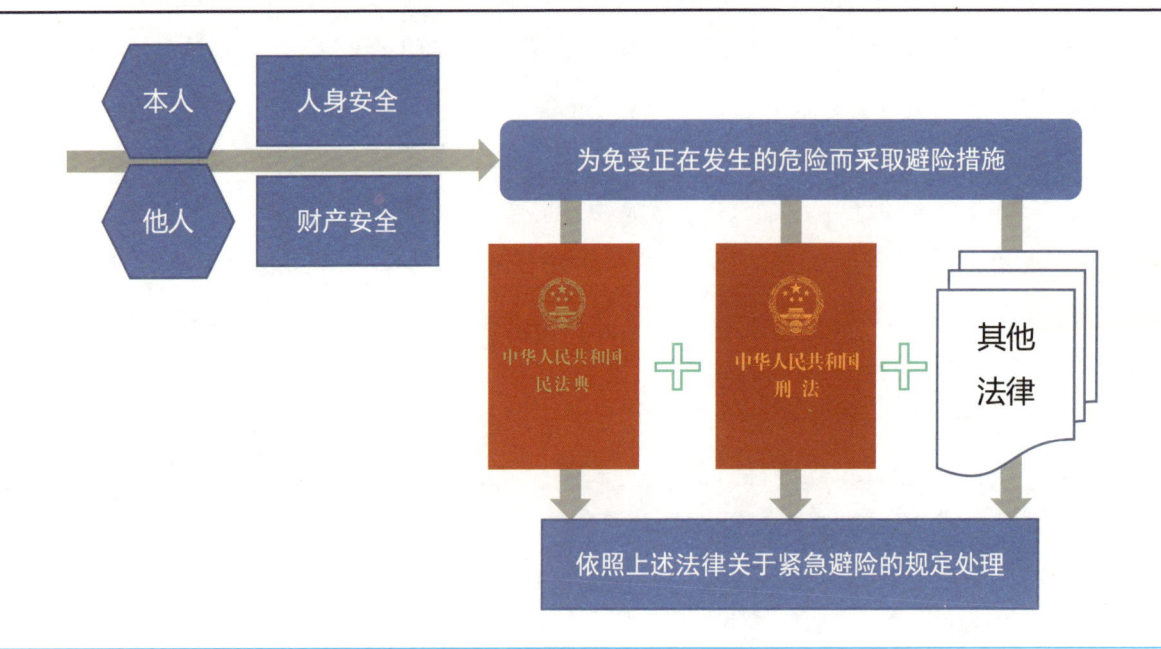

注：[1] 本条是关于公民为了避免人身、财产损害而采取避险措施时的法律依据的规定。

[2]《中华人民共和国民法典》规定，因紧急避险造成损害的，由引起险情发生的人承担民事责任。危险由自然原因引起的，紧急避险人不承担民事责任，可以给予适当补偿。紧急避险采取措施不当或者超过必要的限度，造成不应有的损害的，紧急避险人应当承担适当的民事责任。

[3]《中华人民共和国刑法》规定，为了使国家、公共利益、本人或者他人的人身、财产和其他权利免受正在发生的危险，不得已采取的紧急避险行为，造成损害的，不负刑事责任。紧急避险超过必要限度造成不应有的损害的，应当负刑事责任，但是应当减轻或者免除处罚。关于避免本人危险的规定，不适用于职务上、业务上负有特定责任的人。

第七章 法律责任

第102条 治安管理处罚和刑事责任

第一百零二条[①] 违反本法规定，构成违反治安管理行为的，依法给予治安管理处罚；构成犯罪的，依法追究刑事责任。[②]

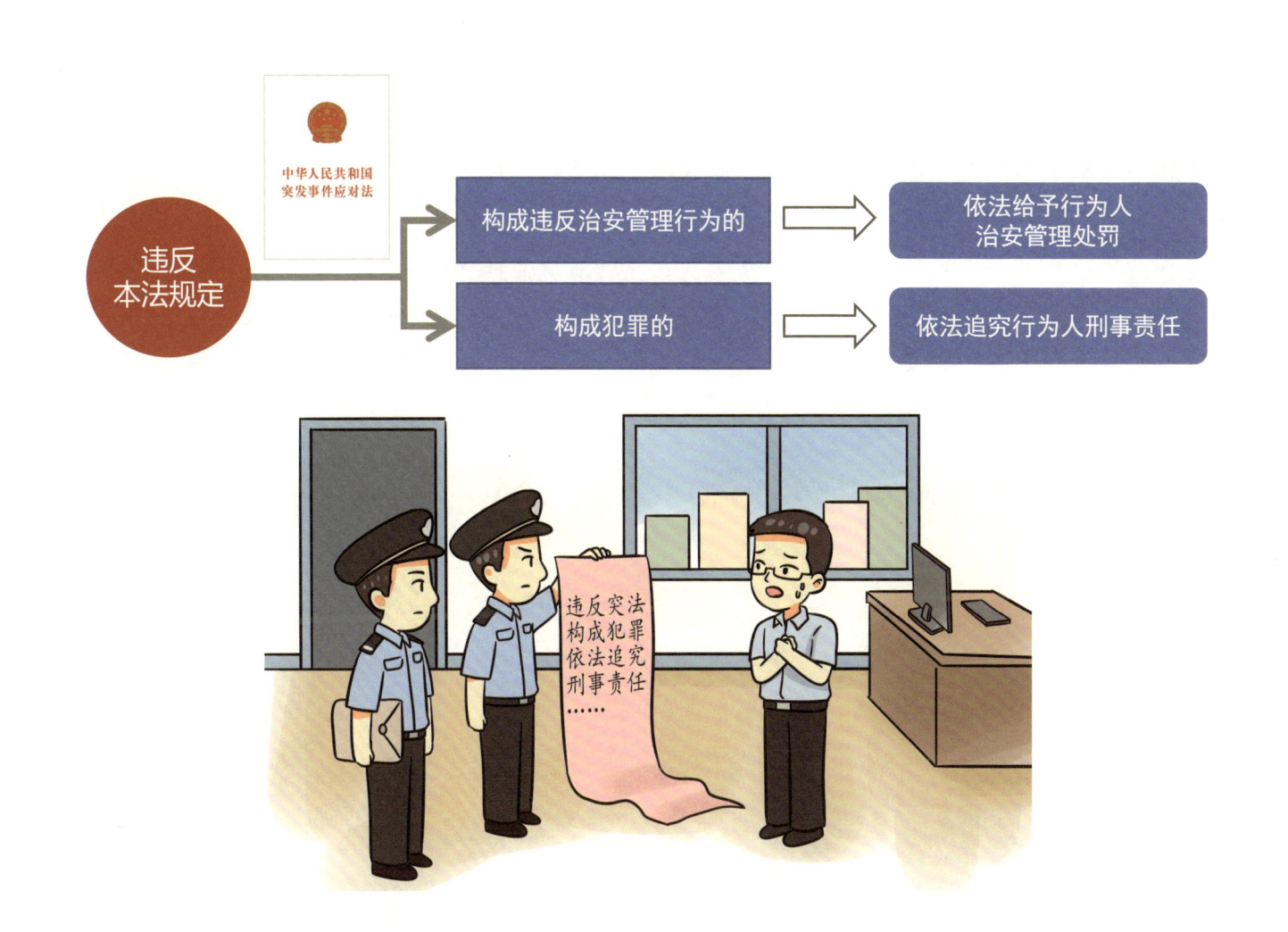

注：①本条是关于违反本法有关法律责任的规定。

②该条明确了违反本法规定的行为，根据行为的性质和严重程度，分别给予治安管理处罚或追究刑事责任。任何个人或组织都必须遵守突发事件应对法的规定，否则将承担相应的法律责任。对于违反本法规定，但尚未构成犯罪的行为，依法给予治安管理处罚，治安管理处罚包括警告、罚款、行政拘留、吊销公安机关发放的许可证、限期出境或驱逐出境等。构成犯罪的行为，依法追究刑事责任。刑事处罚包括主刑和附加刑，其中，主刑分为管制、拘役、有期徒刑、无期徒刑和死刑，主刑只能独立适用，不能附加适用；附加刑分为罚金、剥夺政治权利、没收财产。对犯罪的外国人，也可以独立或附加适用驱逐出境。根据《中华人民共和国刑法》规定，触犯的罪名包括：妨碍安全驾驶罪，危险作业罪，过失损坏易燃易爆设备罪，不报、谎报事故罪，破坏交通工具罪，破坏交通设施罪，过失损坏交通设施罪，破坏电力设备罪，过失损坏电力设备罪，破坏易燃易爆设备罪，过失破坏易燃易爆设备罪，破坏广播电视设施、公用电信设施罪，过失破坏广播电视设施、公用电信设施罪，投放危险物资罪，放火罪，决水罪，重大飞行事故罪，铁路运营安全事故罪，交通肇事罪，重大责任事故罪，重大劳动安全事故罪，危险物品肇事罪，工程重大安全事故罪，教育设施重大安全事故罪，消防责任事故罪等。

第八章　附　则

第 103 条　紧急状态

第一百零三条[①]　发生特别重大突发事件，对人民生命财产安全、国家安全、公共安全、生态环境安全或者社会秩序构成重大威胁，采取本法和其他有关法律、法规、规章规定的应急处置措施不能消除或者有效控制、减轻其严重社会危害，需要进入紧急状态[②]的，由全国人民代表大会常务委员会或者国务院依照宪法和其他有关法律规定的权限和程序决定。

紧急状态期间采取的非常措施，依照有关法律规定执行或者由全国人民代表大会常务委员会另行规定。

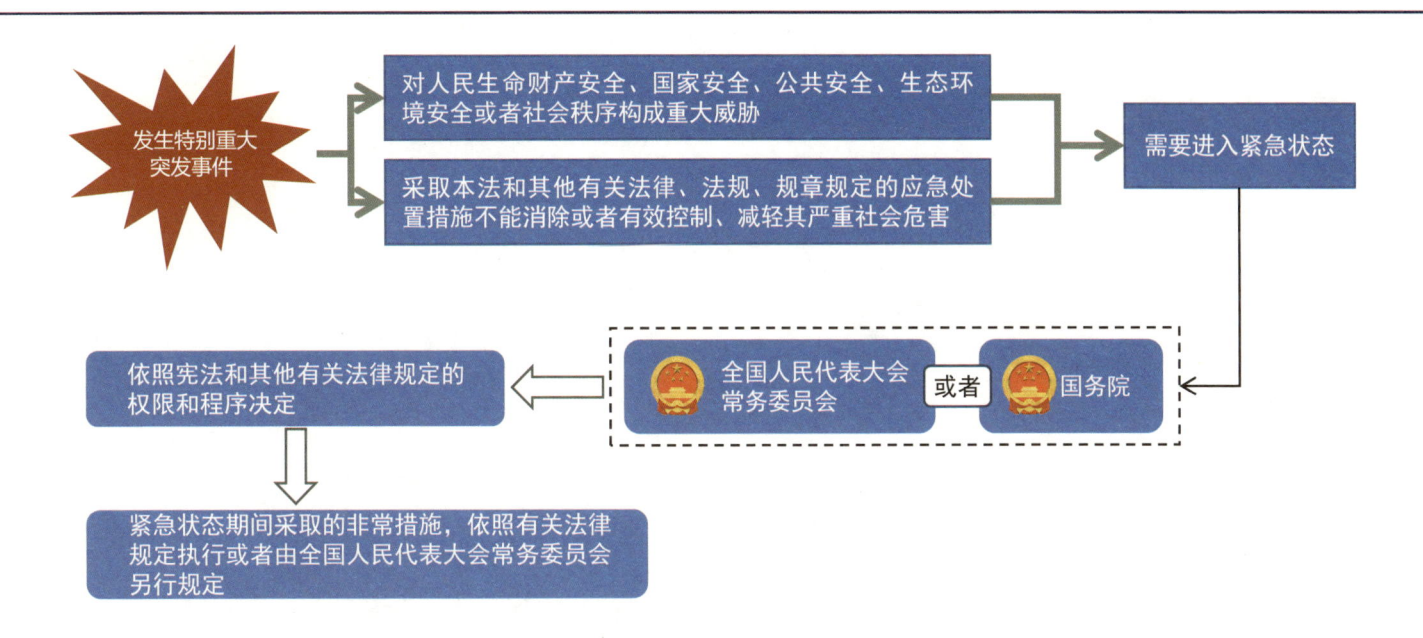

注：①本条是关于紧急状态的条件、程序和权限的规定。

②紧急状态，是指在一定范围和时间内出现特别重大的自然灾害、公共卫生事件、事故灾难和社会安全事件，对人民群众财产安全、国家安全、公共安全、生态环境安全、社会秩序构成重大威胁，为切实保障公民、法人和其他组织的合法权益，保证国家机关依法行使紧急权力来控制、消除特别重大突发事件造成的社会危害和影响，迅速恢复经济与社会的正常状态，而依法确立的一种临时性严重危急状态。我国法律上的"紧急状态"指由特别重大突发事件引发的十分严重的社会危机，属于社会危害性最严重的情形。

第104条　域外突发事件应对

第一百零四条[①]　中华人民共和国领域外发生突发事件，造成或者可能造成中华人民共和国公民、法人和其他组织人身伤亡、财产损失的，由国务院外交部门会同国务院其他有关部门、有关地方人民政府，按照国家有关规定[②]做好应对工作。

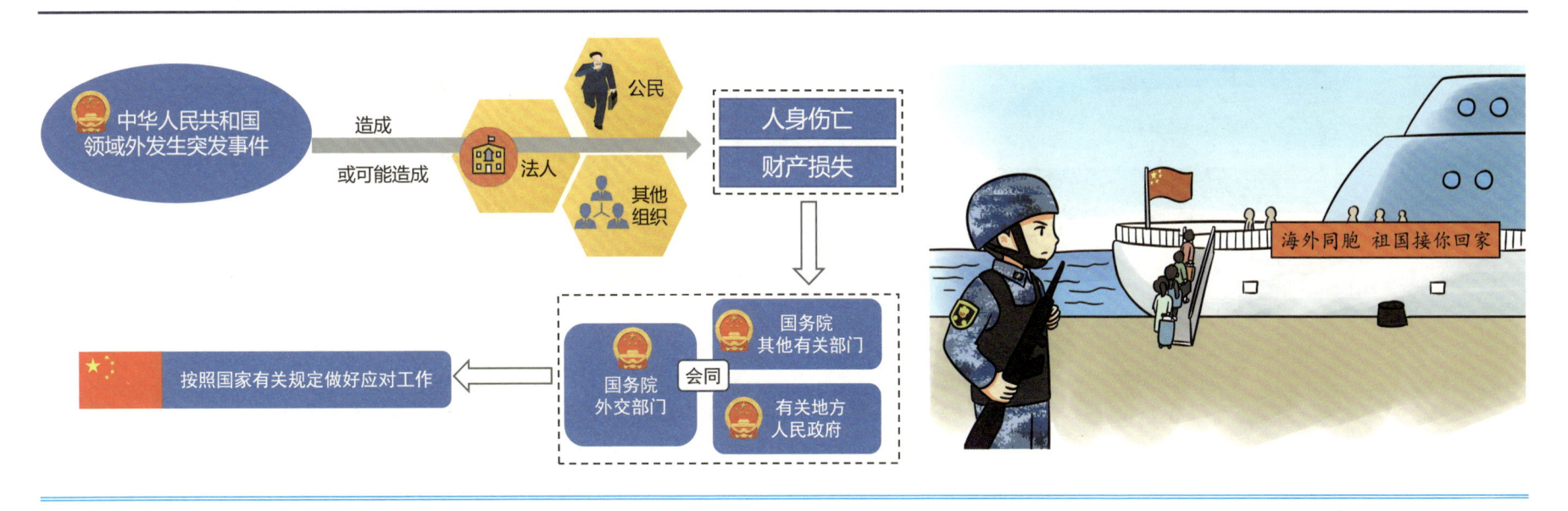

注：①本条是关于域外突发事件应对的有关规定。
　　②域外突发事件具有涉外因素，需要结合国家有关法律、国际条约及外交外事等有关规定，做好突发事件应对工作。

第105条 境内的外国人、无国籍人义务

第一百零五条[1] 在中华人民共和国境内的外国人[2]、无国籍人[3]应当遵守本法，服从所在地人民政府及其有关部门依法发布的决定、命令，并配合其依法采取的措施。

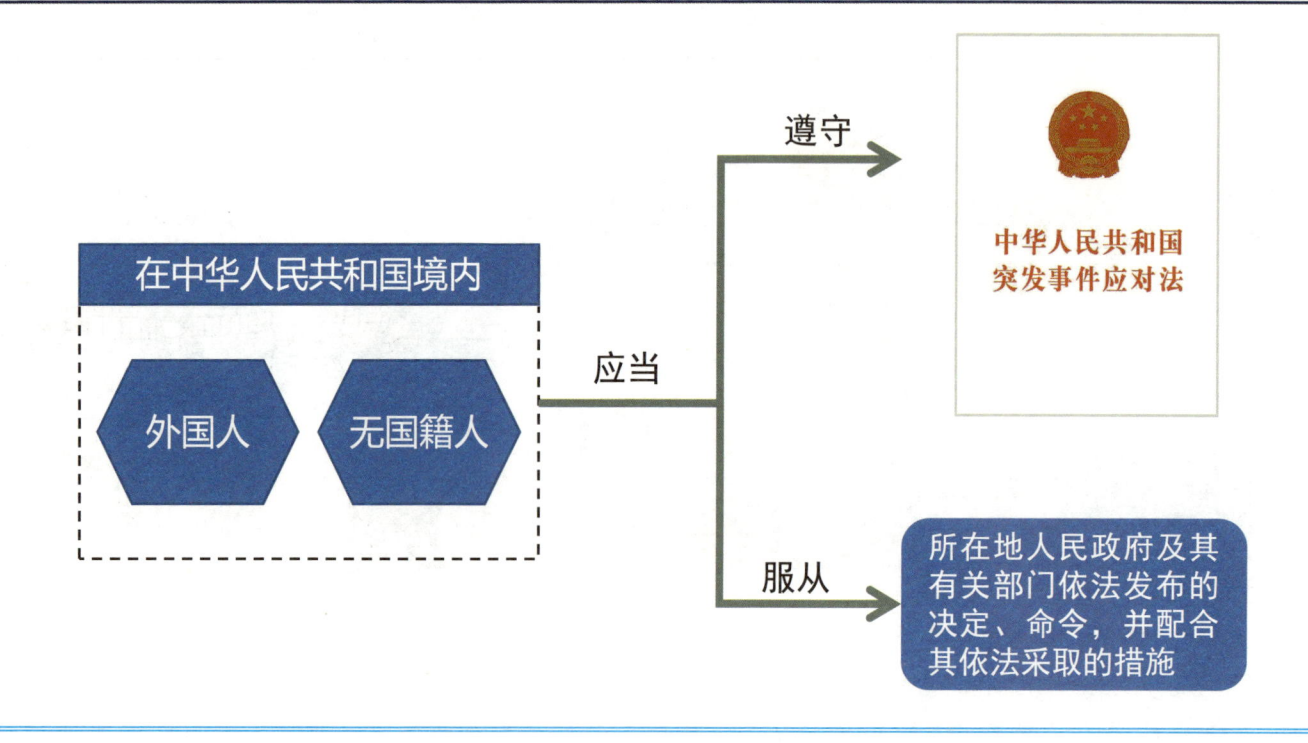

```
在中华人民共和国境内
  ┌─────────────────┐
  │  外国人   无国籍人  │ ──应当──┬──遵守──→ 中华人民共和国突发事件应对法
  └─────────────────┘         │
                              └──服从──→ 所在地人民政府及其有关部门依法发布的决定、命令，并配合其依法采取的措施
```

注：①本条是关于外国人、无国籍人应当遵守本法的规定。

②外国人，是指依照《中华人民共和国国籍法》的规定，在中国境内不具有中国国籍的人，包括在华常住人员和临时来华人员。

③无国籍人，是指不具有任何国家国籍的人和国籍不明的人，或者是任何国家法律都不认可是其公民的人。

第106条　施行日期

第一百零六条[①]　本法自 2024 年 11 月 1 日起施行。

中华人民共和国突发事件应对法

01　中华人民共和国第十届全国人民代表大会常务委员会第二十九次会议通过　2007年8月30日

02　正式实施　2007年11月1日

03　中华人民共和国第十四届全国人民代表大会常务委员会第十次会议修订通过　2024年6月28日

04　修改后的本法正式实施　2024年11月1日

注：①本条是对本法修订后实施时间的规定。法律的施行时间即法律的生效时间。本法颁布后，各级政府及有关部门，社会组织和有关单位应当根据本法的规定做好相关的准备工作，修订后的本法的实施时间为 2024 年 11 月 1 日。

附　录

中华人民共和国突发事件应对法

（2007年8月30日第十届全国人民代表大会常务委员会第二十九次会议通过　2024年6月28日第十四届全国人民代表大会常务委员会第十次会议修订　2024年6月28日中华人民共和国主席令第25号公布　自2024年11月1日起施行）

目　录

第一章　总　则

第二章　管理与指挥体制

第三章　预防与应急准备

第四章　监测与预警

第五章　应急处置与救援

第六章　事后恢复与重建

第七章　法律责任

第八章　附　则

第一章　总　则

第一条　为了预防和减少突发事件的发生，控制、减轻和消除突发事件引起的严重社会危害，提高突发事件预防和应对能力，规范突发事件应对活动，保护人民生命财产安全，维护国家安全、公共安全、生态环境安全和社会秩序，根据宪法，制定本法。

第二条　本法所称突发事件，是指突然发生，造成或者可能造成严重社会危害，需要采取应急处置措施予以应对的自然灾害、事故灾难、公共卫生事件和社会安全事件。

突发事件的预防与应急准备、监测与预警、应急处置与救援、事后恢复与重建等应对活动，适用本法。

《中华人民共和国传染病防治法》等有关法律对突发公共卫生事件应对作出规定的，适用其规定。有关法律没有规定的，适用本法。

第三条　按照社会危害程度、影响范围等因素，突发自然灾害、事故灾难、公共卫生事件分为特别重大、重大、较大和一般四级。法律、行政法规或者国务院另有规定的，从其规定。

突发事件的分级标准由国务院或者国务院确定的部门制定。

第四条　突发事件应对工作坚持中国共产党的领导，坚持以马克思列宁主义、毛泽东思想、邓小平理论、"三个代表"重要思想、科学发展观、习近平新时代中国特色社会主义思想为指导，建立健全集中统

一、高效权威的中国特色突发事件应对工作领导体制，完善党委领导、政府负责、部门联动、军地联合、社会协同、公众参与、科技支撑、法治保障的治理体系。

第五条 突发事件应对工作应当坚持总体国家安全观，统筹发展与安全；坚持人民至上、生命至上；坚持依法科学应对，尊重和保障人权；坚持预防为主、预防与应急相结合。

第六条 国家建立有效的社会动员机制，组织动员企业事业单位、社会组织、志愿者等各方力量依法有序参与突发事件应对工作，增强全民的公共安全和防范风险的意识，提高全社会的避险救助能力。

第七条 国家建立健全突发事件信息发布制度。有关人民政府和部门应当及时向社会公布突发事件相关信息和有关突发事件应对的决定、命令、措施等信息。

任何单位和个人不得编造、故意传播有关突发事件的虚假信息。有关人民政府和部门发现影响或者可能影响社会稳定、扰乱社会和经济管理秩序的虚假或者不完整信息的，应当及时发布准确的信息予以澄清。

第八条 国家建立健全突发事件新闻采访报道制度。有关人民政府和部门应当做好新闻媒体服务引导工作，支持新闻媒体开展采访报道和舆论监督。

新闻媒体采访报道突发事件应当及时、准确、客观、公正。

新闻媒体应当开展突发事件应对法律法规、预防与应急、自救与互救知识等的公益宣传。

第九条 国家建立突发事件应对工作投诉、举报制度，公布统一的投诉、举报方式。

对于不履行或者不正确履行突发事件应对工作职责的行为，任何单位和个人有权向有关人民政府和部门投诉、举报。

接到投诉、举报的人民政府和部门应当依照规定立即组织调查处理，并将调查处理结果以适当方式告知投诉人、举报人；投诉、举报事项不属于其职责的，应当及时移送有关机关处理。

有关人民政府和部门对投诉人、举报人的相关信息应当予以保密，保护投诉人、举报人的合法权益。

第十条 突发事件应对措施应当与突发事件可能造成的社会危害的性质、程度和范围相适应；有多种措施可供选择的，应当选择有利于最大程度地保护公民、法人和其他组织权益，且对他人权益损害和生态环境影响较小的措施，并根据情况变化及时调整，做到科学、精准、有效。

第十一条 国家在突发事件应对工作中，应当对未成年人、老年人、残疾人、孕产期和哺乳期的妇女、需要及时就医的伤病人员等群体给予特殊、优先保护。

第十二条 县级以上人民政府及其部门为应对突发事件的紧急需要，可以征用单位和个人的设备、设施、场地、交通工具等财产。被征用的财产在使用完毕或者突发事件应急处置工作结束后，应当及时返还。财产被征用或者征用后毁损、灭失的，应当给予公平、合理的补偿。

第十三条 因依法采取突发事件应对措施，致使诉讼、监察调查、行政复议、仲裁、国家赔偿等活动不能正常进行的，适用有关时效中止和程序中止的规定，法律另有规定的除外。

第十四条 中华人民共和国政府在突发事件的预防与应急准备、监测与预警、应急处置与救援、事后恢复与重建等方面，同外国政府和有关国际组织开展合作与交流。

第十五条 对在突发事件应对工作中做出突出贡献的单位和个人，

按照国家有关规定给予表彰、奖励。

第二章 管理与指挥体制

第十六条 国家建立统一指挥、专常兼备、反应灵敏、上下联动的应急管理体制和综合协调、分类管理、分级负责、属地管理为主的工作体系。

第十七条 县级人民政府对本行政区域内突发事件的应对管理工作负责。突发事件发生后,发生地县级人民政府应当立即采取措施控制事态发展,组织开展应急救援和处置工作,并立即向上一级人民政府报告,必要时可以越级上报,具备条件的,应当进行网络直报或者自动速报。

突发事件发生地县级人民政府不能消除或者不能有效控制突发事件引起的严重社会危害的,应当及时向上级人民政府报告。上级人民政府应当及时采取措施,统一领导应急处置工作。

法律、行政法规规定由国务院有关部门对突发事件应对管理工作负责的,从其规定;地方人民政府应当积极配合并提供必要的支持。

第十八条 突发事件涉及两个以上行政区域的,其应对管理工作由有关行政区域共同的上一级人民政府负责,或者由各有关行政区域的上一级人民政府共同负责。共同负责的人民政府应当按照国家有关规定,建立信息共享和协调配合机制。根据共同应对突发事件的需要,地方人民政府之间可以建立协同应对机制。

第十九条 县级以上人民政府是突发事件应对管理工作的行政领导机关。

国务院在总理领导下研究、决定和部署特别重大突发事件的应对工作;根据实际需要,设立国家突发事件应急指挥机构,负责突发事件应对工作;必要时,国务院可以派出工作组指导有关工作。

县级以上地方人民政府设立由本级人民政府主要负责人、相关部门负责人、国家综合性消防救援队伍和驻当地中国人民解放军、中国人民武装警察部队有关负责人等组成的突发事件应急指挥机构,统一领导、协调本级人民政府各有关部门和下级人民政府开展突发事件应对工作;根据实际需要,设立相关类别突发事件应急指挥机构,组织、协调、指挥突发事件应对工作。

第二十条 突发事件应急指挥机构在突发事件应对过程中可以依法发布有关突发事件应对的决定、命令、措施。突发事件应急指挥机构发布的决定、命令、措施与设立它的人民政府发布的决定、命令、措施具有同等效力,法律责任由设立它的人民政府承担。

第二十一条 县级以上人民政府应急管理部门和卫生健康、公安等有关部门应当在各自职责范围内做好有关突发事件应对管理工作,并指导、协助下级人民政府及其相应部门做好有关突发事件的应对管理工作。

第二十二条 乡级人民政府、街道办事处应当明确专门工作力量,负责突发事件应对有关工作。

居民委员会、村民委员会依法协助人民政府和有关部门做好突发事件应对工作。

第二十三条 公民、法人和其他组织有义务参与突发事件应对工作。

第二十四条 中国人民解放军、中国人民武装警察部队和民兵组织依照本法和其他有关法律、行政法规、军事法规的规定以及国务院、中央军事委员会的命令,参加突发事件的应急救援和处置工作。

第二十五条 县级以上人民政府及其设立的突发事件应急指挥机构

发布的有关突发事件应对的决定、命令、措施，应当及时报本级人民代表大会常务委员会备案；突发事件应急处置工作结束后，应当向本级人民代表大会常务委员会作出专项工作报告。

第三章 预防与应急准备

第二十六条 国家建立健全突发事件应急预案体系。

国务院制定国家突发事件总体应急预案，组织制定国家突发事件专项应急预案；国务院有关部门根据各自的职责和国务院相关应急预案，制定国家突发事件部门应急预案并报国务院备案。

地方各级人民政府和县级以上地方人民政府有关部门根据有关法律、法规、规章、上级人民政府及其有关部门的应急预案以及本地区、本部门的实际情况，制定相应的突发事件应急预案并按国务院有关规定备案。

第二十七条 县级以上人民政府应急管理部门指导突发事件应急预案体系建设，综合协调应急预案衔接工作，增强有关应急预案的衔接性和实效性。

第二十八条 应急预案应当根据本法和其他有关法律、法规的规定，针对突发事件的性质、特点和可能造成的社会危害，具体规定突发事件应对管理工作的组织指挥体系与职责和突发事件的预防与预警机制、处置程序、应急保障措施以及事后恢复与重建措施等内容。

应急预案制定机关应当广泛听取有关部门、单位、专家和社会各方面意见，增强应急预案的针对性和可操作性，并根据实际需要、情势变化、应急演练中发现的问题等及时对应急预案作出修订。

应急预案的制定、修订、备案等工作程序和管理办法由国务院规定。

第二十九条 县级以上人民政府应当将突发事件应对工作纳入国民经济和社会发展规划。县级以上人民政府有关部门应当制定突发事件应急体系建设规划。

第三十条 国土空间规划等规划应当符合预防、处置突发事件的需要，统筹安排突发事件应对工作所必需的设备和基础设施建设，合理确定应急避难、封闭隔离、紧急医疗救治等场所，实现日常使用和应急使用的相互转换。

第三十一条 国务院应急管理部门会同卫生健康、自然资源、住房城乡建设等部门统筹、指导全国应急避难场所的建设和管理工作，建立健全应急避难场所标准体系。县级以上地方人民政府负责本行政区域内应急避难场所的规划、建设和管理工作。

第三十二条 国家建立健全突发事件风险评估体系，对可能发生的突发事件进行综合性评估，有针对性地采取有效防范措施，减少突发事件的发生，最大限度减轻突发事件的影响。

第三十三条 县级人民政府应当对本行政区域内容易引发自然灾害、事故灾难和公共卫生事件的危险源、危险区域进行调查、登记、风险评估，定期进行检查、监控，并责令有关单位采取安全防范措施。

省级和设区的市级人民政府应当对本行政区域内容易引发特别重大、重大突发事件的危险源、危险区域进行调查、登记、风险评估，组织进行检查、监控，并责令有关单位采取安全防范措施。

县级以上地方人民政府应当根据情况变化，及时调整危险源、危险区域的登记。登记的危险源、危险区域及其基础信息，应当按照国家有关规定接入突发事件信息系统，并及时向社会公布。

第三十四条 县级人民政府及其有关部门、乡级人民政府、街道办事处、居民委员会、村民委员会应当及时调解处理可能引发社会安全事件的矛盾纠纷。

第三十五条 所有单位应当建立健全安全管理制度，定期开展危险源辨识评估，制定安全防范措施；定期检查本单位各项安全防范措施的落实情况，及时消除事故隐患；掌握并及时处理本单位存在的可能引发社会安全事件的问题，防止矛盾激化和事态扩大；对本单位可能发生的突发事件和采取安全防范措施的情况，应当按照规定及时向所在地人民政府或者有关部门报告。

第三十六条 矿山、金属冶炼、建筑施工单位和易燃易爆物品、危险化学品、放射性物品等危险物品的生产、经营、运输、储存、使用单位，应当制定具体应急预案，配备必要的应急救援器材、设备和物资，并对生产经营场所、有危险物品的建筑物、构筑物及周边环境开展隐患排查，及时采取措施管控风险和消除隐患，防止发生突发事件。

第三十七条 公共交通工具、公共场所和其他人员密集场所的经营单位或者管理单位应当制定具体应急预案，为交通工具和有关场所配备报警装置和必要的应急救援设备、设施，注明其使用方法，并显著标明安全撤离的通道、路线，保证安全通道、出口的畅通。

有关单位应当定期检测、维护其报警装置和应急救援设备、设施，使其处于良好状态，确保正常使用。

第三十八条 县级以上人民政府应当建立健全突发事件应对管理培训制度，对人民政府及其有关部门负有突发事件应对管理职责的工作人员以及居民委员会、村民委员会有关人员定期进行培训。

第三十九条 国家综合性消防救援队伍是应急救援的综合性常备骨干力量，按照国家有关规定执行综合应急救援任务。县级以上人民政府有关部门可以根据实际需要设立专业应急救援队伍。

县级以上人民政府及其有关部门可以建立由成年志愿者组成的应急救援队伍。乡级人民政府、街道办事处和有条件的居民委员会、村民委员会可以建立基层应急救援队伍，及时、就近开展应急救援。单位应当建立由本单位职工组成的专职或者兼职应急救援队伍。

国家鼓励和支持社会力量建立提供社会化应急救援服务的应急救援队伍。社会力量建立的应急救援队伍参与突发事件应对工作应当服从履行统一领导职责或者组织处置突发事件的人民政府、突发事件应急指挥机构的统一指挥。

县级以上人民政府应当推动专业应急救援队伍与非专业应急救援队伍联合培训、联合演练，提高合成应急、协同应急的能力。

第四十条 地方各级人民政府、县级以上人民政府有关部门、有关单位应当为其组建的应急救援队伍购买人身意外伤害保险，配备必要的防护装备和器材，防范和减少应急救援人员的人身伤害风险。

专业应急救援人员应当具备相应的身体条件、专业技能和心理素质，取得国家规定的应急救援职业资格，具体办法由国务院应急管理部门会同国务院有关部门制定。

第四十一条 中国人民解放军、中国人民武装警察部队和民兵组织应当有计划地组织开展应急救援的专门训练。

第四十二条 县级人民政府及其有关部门、乡级人民政府、街道办事处应当组织开展面向社会公众的应急知识宣传普及活动和必要的应急演练。

居民委员会、村民委员会、企业事业单位、社会组织应当根据所在地人民政府的要求，结合各自的实际情况，开展面向居民、村民、职工等的应急知识宣传普及活动和必要的应急演练。

第四十三条 各级各类学校应当把应急教育纳入教育教学计划，对学生及教职工开展应急知识教育和应急演练，培养安全意识，提高自救与互救能力。

教育主管部门应当对学校开展应急教育进行指导和监督，应急管理等部门应当给予支持。

第四十四条 各级人民政府应当将突发事件应对工作所需经费纳入本级预算，并加强资金管理，提高资金使用绩效。

第四十五条 国家按照集中管理、统一调拨、平时服务、灾时应急、采储结合、节约高效的原则，建立健全应急物资储备保障制度，动态更新应急物资储备品种目录，完善重要应急物资的监管、生产、采购、储备、调拨和紧急配送体系，促进安全应急产业发展，优化产业布局。

国家储备物资品种目录、总体发展规划，由国务院发展改革部门会同国务院有关部门拟订。国务院应急管理等部门依据职责制定应急物资储备规划、品种目录，并组织实施。应急物资储备规划应当纳入国家储备总体发展规划。

第四十六条 设区的市级以上人民政府和突发事件易发、多发地区的县级人民政府应当建立应急救援物资、生活必需品和应急处置装备的储备保障制度。

县级以上地方人民政府应当根据本地区的实际情况和突发事件应对工作的需要，依法与有条件的企业签订协议，保障应急救援物资、生活必需品和应急处置装备的生产、供给。有关企业应当根据协议，按照县级以上地方人民政府要求，进行应急救援物资、生活必需品和应急处置装备的生产、供给，并确保符合国家有关产品质量的标准和要求。

国家鼓励公民、法人和其他组织储备基本的应急自救物资和生活必需品。有关部门可以向社会公布相关物资、物品的储备指南和建议清单。

第四十七条 国家建立健全应急运输保障体系，统筹铁路、公路、水运、民航、邮政、快递等运输和服务方式，制定应急运输保障方案，保障应急物资、装备和人员及时运输。

县级以上地方人民政府和有关主管部门应当根据国家应急运输保障方案，结合本地区实际做好应急调度和运力保障，确保运输通道和客货运枢纽畅通。

国家发挥社会力量在应急运输保障中的积极作用。社会力量参与突发事件应急运输保障，应当服从突发事件应急指挥机构的统一指挥。

第四十八条 国家建立健全能源应急保障体系，提高能源安全保障能力，确保受突发事件影响地区的能源供应。

第四十九条 国家建立健全应急通信、应急广播保障体系，加强应急通信系统、应急广播系统建设，确保突发事件应对工作的通信、广播安全畅通。

第五十条 国家建立健全突发事件卫生应急体系，组织开展突发事件中的医疗救治、卫生学调查处置和心理援助等卫生应急工作，有效控制和消除危害。

第五十一条 县级以上人民政府应当加强急救医疗服务网络的建设，配备相应的医疗救治物资、设施设备和人员，提高医疗卫生机构应对各类突发事件的救治能力。

第五十二条 国家鼓励公民、法人和其他组织为突发事件应对工作提供物资、资金、技术支持和捐赠。

接受捐赠的单位应当及时公开接受捐赠的情况和受赠财产的使用、管理情况，接受社会监督。

第五十三条 红十字会在突发事件中，应当对伤病人员和其他受害者提供紧急救援和人道救助，并协助人民政府开展与其职责相关的其他人道主义服务活动。有关人民政府应当给予红十字会支持和资助，保障其依法参与应对突发事件。

慈善组织在发生重大突发事件时开展募捐和救助活动，应当在有关人民政府的统筹协调、有序引导下依法进行。有关人民政府应当通过提供必要的需求信息、政府购买服务等方式，对慈善组织参与应对突发事件、开展应急慈善活动予以支持。

第五十四条　有关单位应当加强应急救援资金、物资的管理，提高使用效率。

任何单位和个人不得截留、挪用、私分或者变相私分应急救援资金、物资。

第五十五条　国家发展保险事业，建立政府支持、社会力量参与、市场化运作的巨灾风险保险体系，并鼓励单位和个人参加保险。

第五十六条　国家加强应急管理基础科学、重点行业领域关键核心技术的研究，加强互联网、云计算、大数据、人工智能等现代技术手段在突发事件应对工作中的应用，鼓励、扶持有条件的教学科研机构、企业培养应急管理人才和科技人才，研发、推广新技术、新材料、新设备和新工具，提高突发事件应对能力。

第五十七条　县级以上人民政府及其有关部门应当建立健全突发事件专家咨询论证制度，发挥专业人员在突发事件应对工作中的作用。

第四章　监测与预警

第五十八条　国家建立健全突发事件监测制度。

县级以上人民政府及其有关部门应当根据自然灾害、事故灾难和公共卫生事件的种类和特点，建立健全基础信息数据库，完善监测网络，划分监测区域，确定监测点，明确监测项目，提供必要的设备、设施、配备专职或者兼职人员，对可能发生的突发事件进行监测。

第五十九条　国务院建立全国统一的突发事件信息系统。

县级以上地方人民政府应当建立或者确定本地区统一的突发事件信息系统，汇集、储存、分析、传输有关突发事件的信息，并与上级人民政府及其有关部门、下级人民政府及其有关部门、专业机构、监测网点和重点企业的突发事件信息系统实现互联互通，加强跨部门、跨地区的信息共享与情报合作。

第六十条　县级以上人民政府及其有关部门、专业机构应当通过多种途径收集突发事件信息。

县级人民政府应当在居民委员会、村民委员会和有关单位建立专职或者兼职信息报告员制度。

公民、法人或者其他组织发现发生突发事件，或者发现可能发生突发事件的异常情况，应当立即向所在地人民政府、有关主管部门或者指定的专业机构报告。接到报告的单位应当按照规定立即核实处理，对于不属于其职责的，应当立即移送相关单位核实处理。

第六十一条　地方各级人民政府应当按照国家有关规定向上级人民政府报送突发事件信息。县级以上人民政府有关主管部门应当向本级人民政府相关部门通报突发事件信息，并报告上级人民政府主管部门。专业机构、监测网点和信息报告员应当及时向所在地人民政府及其有关主管部门报告突发事件信息。

有关单位和人员报送、报告突发事件信息，应当做到及时、客观、真实，不得迟报、谎报、瞒报、漏报，不得授意他人迟报、谎报、瞒报，不得阻碍他人报告。

第六十二条　县级以上地方人民政府应当及时汇总分析突发事件隐患和监测信息，必要时组织相关部门、专业技术人员、专家学者进行会商，对发生突发事件的可能性及其可能造成的影响进行评估；认为可能发生重大或者特别重大突发事件的，应当立即向上级人民政府报告，并向上级人民政府有关部门、当地驻军和可能受到危害的毗邻或者相关地区的人民政府通报，及时采取预防措施。

第六十三条 国家建立健全突发事件预警制度。

可以预警的自然灾害、事故灾难和公共卫生事件的预警级别，按照突发事件发生的紧急程度、发展势态和可能造成的危害程度分为一级、二级、三级和四级，分别用红色、橙色、黄色和蓝色标示，一级为最高级别。

预警级别的划分标准由国务院或者国务院确定的部门制定。

第六十四条 可以预警的自然灾害、事故灾难或者公共卫生事件即将发生或者发生的可能性增大时，县级以上地方人民政府应当根据有关法律、行政法规和国务院规定的权限和程序，发布相应级别的警报，决定并宣布有关地区进入预警期，同时向上一级人民政府报告，必要时可以越级上报；具备条件的，应当进行网络直报或者自动速报；同时向当地驻军和可能受到危害的毗邻或者相关地区的人民政府通报。

发布警报应当明确预警类别、级别、起始时间、可能影响的范围、警示事项、应当采取的措施、发布单位和发布时间等。

第六十五条 国家建立健全突发事件预警发布平台，按照有关规定及时、准确向社会发布突发事件预警信息。

广播、电视、报刊以及网络服务提供者、电信运营商应当按照国家有关规定，建立突发事件预警信息快速发布通道，及时、准确、无偿播发或者刊载突发事件预警信息。

公共场所和其他人员密集场所，应当指定专门人员负责突发事件预警信息接收和传播工作，做好相关设备、设施维护，确保突发事件预警信息及时、准确接收和传播。

第六十六条 发布三级、四级警报，宣布进入预警期后，县级以上地方人民政府应当根据即将发生的突发事件的特点和可能造成的危害，采取下列措施：

（一）启动应急预案；

（二）责令有关部门、专业机构、监测网点和负有特定职责的人员及时收集、报告有关信息，向社会公布反映突发事件信息的渠道，加强对突发事件发生、发展情况的监测、预报和预警工作；

（三）组织有关部门和机构、专业技术人员、有关专家学者，随时对突发事件信息进行分析评估，预测发生突发事件可能性的大小、影响范围和强度以及可能发生的突发事件的级别；

（四）定时向社会发布与公众有关的突发事件预测信息和分析评估结果，并对相关信息的报道工作进行管理；

（五）及时按照有关规定向社会发布可能受到突发事件危害的警告，宣传避免、减轻危害的常识，公布咨询或者求助电话等联络方式和渠道。

第六十七条 发布一级、二级警报，宣布进入预警期后，县级以上地方人民政府除采取本法第六十六条规定的措施外，还应当针对即将发生的突发事件的特点和可能造成的危害，采取下列一项或者多项措施：

（一）责令应急救援队伍、负有特定职责的人员进入待命状态，并动员后备人员做好参加应急救援和处置工作的准备；

（二）调集应急救援所需物资、设备、工具，准备应急设施和应急避难、封闭隔离、紧急医疗救治等场所，并确保其处于良好状态、随时可以投入正常使用；

（三）加强对重点单位、重要部位和重要基础设施的安全保卫，维护社会治安秩序；

（四）采取必要措施，确保交通、通信、供水、排水、供电、供气、供热、医疗卫生、广播电视、气象等公共设施的安全和正常运行；

（五）及时向社会发布有关采取特定措施避免或者减轻危害的建议、劝告；

（六）转移、疏散或者撤离易受突发事件危害的人员并予以妥善安置，转移重要财产；

（七）关闭或者限制使用易受突发事件危害的场所，控制或者限制容易导致危害扩大的公共场所的活动；

（八）法律、法规、规章规定的其他必要的防范性、保护性措施。

第六十八条 发布警报，宣布进入预警期后，县级以上人民政府应当对重要商品和服务市场情况加强监测，根据实际需要及时保障供应、稳定市场。必要时，国务院和省、自治区、直辖市人民政府可以按照《中华人民共和国价格法》等有关法律规定采取相应措施。

第六十九条 对即将发生或者已经发生的社会安全事件，县级以上地方人民政府及其有关主管部门应当按照规定向上一级人民政府及其有关主管部门报告，必要时可以越级上报，具备条件的，应当进行网络直报或者自动速报。

第七十条 发布突发事件警报的人民政府应当根据事态的发展，按照有关规定适时调整预警级别并重新发布。

有事实证明不可能发生突发事件或者危险已经解除的，发布警报的人民政府应当立即宣布解除警报，终止预警期，并解除已经采取的有关措施。

第五章　应急处置与救援

第七十一条 国家建立健全突发事件应急响应制度。

突发事件的应急响应级别，按照突发事件的性质、特点、可能造成的危害程度和影响范围等因素分为一级、二级、三级和四级，一级为最高级别。

突发事件应急响应级别划分标准由国务院或者国务院确定的部门制定。县级以上人民政府及其有关部门应当在突发事件应急预案中确定应急响应级别。

第七十二条 突发事件发生后，履行统一领导职责或者组织处置突发事件的人民政府应当针对其性质、特点、危害程度和影响范围等，立即启动应急响应，组织有关部门，调动应急救援队伍和社会力量，依照法律、法规、规章和应急预案的规定，采取应急处置措施，并向上级人民政府报告；必要时，可以设立现场指挥部，负责现场应急处置与救援，统一指挥进入突发事件现场的单位和个人。

启动应急响应，应当明确响应事项、级别、预计期限、应急处置措施等。

履行统一领导职责或者组织处置突发事件的人民政府，应当建立协调机制，提供需求信息，引导志愿服务组织和志愿者等社会力量及时有序参与应急处置与救援工作。

第七十三条 自然灾害、事故灾难或者公共卫生事件发生后，履行统一领导职责的人民政府应当采取下列一项或者多项应急处置措施：

（一）组织营救和救治受害人员，转移、疏散、撤离并妥善安置受到威胁的人员以及采取其他救助措施；

（二）迅速控制危险源，标明危险区域，封锁危险场所，划定警戒区，实行交通管制、限制人员流动、封闭管理以及其他控制措施；

（三）立即抢修被损坏的交通、通信、供水、排水、供电、供气、供热、医疗卫生、广播电视、气象等公共设施，向受到危害的人员提供避难场所和生活必需品，实施医疗救护和卫生防疫以及其他保障措施；

（四）禁止或者限制使用有关设备、设施，关闭或者限制使用有关场所，中止人员密集的活动或者可能导致危害扩大的生产经营活动以及采取其他保护措施；

（五）启用本级人民政府设置的财政预备费和储备的应急救援物资，必要时调用其他急需物资、设备、设施、工具；

（六）组织公民、法人和其他组织参加应急救援和处置工作，要求具有特定专长的人员提供服务；

（七）保障食品、饮用水、药品、燃料等基本生活必需品的供应；

（八）依法从严惩处囤积居奇、哄抬价格、牟取暴利、制假售假等扰乱市场秩序的行为，维护市场秩序；

（九）依法从严惩处哄抢财物、干扰破坏应急处置工作等扰乱社会秩序的行为，维护社会治安；

（十）开展生态环境应急监测，保护集中式饮用水水源地等环境敏感目标，控制和处置污染物；

（十一）采取防止发生次生、衍生事件的必要措施。

第七十四条 社会安全事件发生后，组织处置工作的人民政府应当立即启动应急响应，组织有关部门针对事件的性质和特点，依照有关法律、行政法规和国家其他有关规定，采取下列一项或者多项应急处置措施：

（一）强制隔离使用器械相互对抗或者以暴力行为参与冲突的当事人，妥善解决现场纠纷和争端，控制事态发展；

（二）对特定区域内的建筑物、交通工具、设备、设施以及燃料、燃气、电力、水的供应进行控制；

（三）封锁有关场所、道路，查验现场人员的身份证件，限制有关公共场所内的活动；

（四）加强对易受冲击的核心机关和单位的警卫，在国家机关、军事机关、国家通讯社、广播电台、电视台、外国驻华使领馆等单位附近设置临时警戒线；

（五）法律、行政法规和国务院规定的其他必要措施。

第七十五条 发生突发事件，严重影响国民经济正常运行时，国务院或者国务院授权的有关主管部门可以采取保障、控制等必要的应急措施，保障人民群众的基本生活需要，最大限度地减轻突发事件的影响。

第七十六条 履行统一领导职责或者组织处置突发事件的人民政府及其有关部门，必要时可以向单位和个人征用应急救援所需设备、设施、场地、交通工具和其他物资，请求其他地方人民政府及其有关部门提供人力、物力、财力或者技术支援，要求生产、供应生活必需品和应急救援物资的企业组织生产、保证供给，要求提供医疗、交通等公共服务的组织提供相应的服务。

履行统一领导职责或者组织处置突发事件的人民政府和有关主管部门，应当组织协调运输经营单位，优先运送处置突发事件所需物资、设备、工具、应急救援人员和受到突发事件危害的人员。

履行统一领导职责或者组织处置突发事件的人民政府及其有关部门，应当为受突发事件影响无人照料的无民事行为能力人、限制民事行为能力人提供及时有效帮助；建立健全联系帮扶应急救援人员家庭制度，帮助解决实际困难。

第七十七条 突发事件发生地的居民委员会、村民委员会和其他组织应当按照当地人民政府的决定、命令，进行宣传动员，组织群众开展自救与互救，协助维护社会秩序；情况紧急的，应当立即组织群众开展自救与互救等先期处置工作。

第七十八条 受到自然灾害危害或者发生事故灾难、公共卫生事件的单位，应当立即组织本单位应急救援队伍和工作人员营救受害人员，疏散、撤离、安置受到威胁的人员，控制危险源，标明危险区域，封锁危险场所，并采取其他防止危害扩大的必要措施，同时向所在地县级人民政府报告；对因本单位的问题引发的或者主体是本单位人员的社会安全事件，有关单位应当按照规定上报情况，并迅速派出负责人赶赴现场开展劝解、疏导工作。

突发事件发生地的其他单位应当服从人民政府发布的决定、命令，配合人民政府采取的应急处置措施，做好本单位的应急救援工作，并积极组织人员参加所在地的应急救援和处置工作。

第七十九条 突发事件发生地的个人应当依法服从人民政府、居民委员会、村民委员会或者所属单位的指挥和安排，配合人民政府采取的应急处置措施，积极参加应急救援工作，协助维护社会秩序。

第八十条 国家支持城乡社区组织健全应急工作机制，强化城乡社区综合服务设施和信息平台应急功能，加强与突发事件信息系统数据共享，增强突发事件应急处置中保障群众基本生活和服务群众能力。

第八十一条 国家采取措施，加强心理健康服务体系和人才队伍建设，支持引导心理健康服务人员和社会工作者对受突发事件影响的各类人群开展心理健康教育、心理评估、心理疏导、心理危机干预、心理行为问题诊治等心理援助工作。

第八十二条 对于突发事件遇难人员的遗体，应当按照法律和国家有关规定，科学规范处置，加强卫生防疫，维护逝者尊严。对于逝者的遗物应当妥善保管。

第八十三条 县级以上人民政府及其有关部门根据突发事件应对工作需要，在履行法定职责所必需的范围和限度内，可以要求公民、法人和其他组织提供应急处置与救援需要的信息。公民、法人和其他组织应当予以提供，法律另有规定的除外。县级以上人民政府及其有关部门对获取的相关信息，应当严格保密，并依法保护公民的通信自由和通信秘密。

第八十四条 在突发事件应急处置中，有关单位和个人因依照本法规定配合突发事件应对工作或者履行相关义务，需要获取他人个人信息的，应当依照法律规定的程序和方式取得并确保信息安全，不得非法收集、使用、加工、传输他人个人信息，不得非法买卖、提供或者公开他人个人信息。

第八十五条 因依法履行突发事件应对工作职责或者义务获取的个人信息，只能用于突发事件应对，并在突发事件应对工作结束后予以销毁。确因依法作为证据使用或者调查评估需要留存或者延期销毁的，应当按照规定进行合法性、必要性、安全性评估，并采取相应保护和处理措施，严格依法使用。

第六章　事后恢复与重建

第八十六条 突发事件的威胁和危害得到控制或者消除后，履行统一领导职责或者组织处置突发事件的人民政府应当宣布解除应急响应，停止执行依照本法规定采取的应急处置措施，同时采取或者继续实施必要措施，防止发生自然灾害、事故灾难、公共卫生事件的次生、衍生事件或者重新引发社会安全事件，组织受影响地区尽快恢复社会秩序。

第八十七条 突发事件应急处置工作结束后，履行统一领导职责的人民政府应当立即组织对突发事件造成的影响和损失进行调查评估，制定恢复重建计划，并向上一级人民政府报告。

受突发事件影响地区的人民政府应当及时组织和协调应急管理、卫生健康、公安、交通、铁路、民航、邮政、电信、建设、生态环境、水利、能源、广播电视等有关部门恢复社会秩序，尽快修复被损坏的交通、通信、供水、排水、供电、供气、供热、医疗卫生、水利、广播电视等公共设施。

第八十八条 受突发事件影响地区的人民政府开展恢复重建工作需要上一级人民政府支持的，可以向上一级人民政府提出请求。上一级人民政府应当根据受影响地区遭受的损失和实际情况，提供资金、物资支持和技术指导，组织协调其他地区和有关方面提供资金、物资和人力支援。

第八十九条 国务院根据受突发事件影响地区遭受损失的情况，制定扶持该地区有关行业发展的优惠政策。

受突发事件影响地区的人民政府应当根据本地区遭受的损失和采取应急处置措施的情况，制定救助、补偿、抚慰、抚恤、安置等善后工作计划并组织实施，妥善解决因处置突发事件引发的矛盾纠纷。

第九十条 公民参加应急救援工作或者协助维护社会秩序期间，其所在单位应当保证其工资待遇和福利不变，并可以按照规定给予相应补助。

第九十一条 县级以上人民政府对在应急救援工作中伤亡的人员依法落实工伤待遇、抚恤或者其他保障政策，并组织做好应急救援工作中致病人员的医疗救治工作。

第九十二条 履行统一领导职责的人民政府在突发事件应对工作结束后，应当及时查明突发事件的发生经过和原因，总结突发事件应急处置工作的经验教训，制定改进措施，并向上一级人民政府提出报告。

第九十三条 突发事件应对工作中有关资金、物资的筹集、管理、分配、拨付和使用等情况，应当依法接受审计机关的审计监督。

第九十四条 国家档案主管部门应当建立健全突发事件应对工作相关档案收集、整理、保护、利用工作机制。突发事件应对工作中形成的材料，应当按照国家规定归档，并向相关档案馆移交。

第七章 法律责任

第九十五条 地方各级人民政府和县级以上人民政府有关部门违反本法规定，不履行或者不正确履行法定职责的，由其上级行政机关责令改正；有下列情形之一，由有关机关综合考虑突发事件发生的原因、后果、应对处置情况、行为人过错等因素，对负有责任的领导人员和直接责任人员依法给予处分：

（一）未按照规定采取预防措施，导致发生突发事件，或者未采取必要的防范措施，导致发生次生、衍生事件的；

（二）迟报、谎报、瞒报、漏报或者授意他人迟报、谎报、瞒报以及阻碍他人报告有关突发事件的信息，或者通报、报送、公布虚假信息，造成后果的；

（三）未按照规定及时发布突发事件警报、采取预警期的措施，导致损害发生的；

（四）未按照规定及时采取措施处置突发事件或者处置不当，造成后果的；

（五）违反法律规定采取应对措施，侵犯公民生命健康权益的；

（六）不服从上级人民政府对突发事件应急处置工作的统一领导、指挥和协调的；

（七）未及时组织开展生产自救、恢复重建等善后工作的；

（八）截留、挪用、私分或者变相私分应急救援资金、物资的；

（九）不及时归还征用的单位和个人的财产，或者对被征用财产的单位和个人不按照规定给予补偿的。

第九十六条　有关单位有下列情形之一，由所在地履行统一领导职责的人民政府有关部门责令停产停业，暂扣或者吊销许可证件，并处五万元以上二十万元以下的罚款；情节特别严重的，并处二十万元以上一百万元以下的罚款：

（一）未按照规定采取预防措施，导致发生较大以上突发事件的；

（二）未及时消除已发现的可能引发突发事件的隐患，导致发生较大以上突发事件的；

（三）未做好应急物资储备和应急设备、设施日常维护、检测工作，导致发生较大以上突发事件或者突发事件危害扩大的；

（四）突发事件发生后，不及时组织开展应急救援工作，造成严重后果的。

其他法律对前款行为规定了处罚的，依照较重的规定处罚。

第九十七条　违反本法规定，编造并传播有关突发事件的虚假信息，或者明知是有关突发事件的虚假信息而进行传播的，责令改正，给予警告；造成严重后果的，依法暂停其业务活动或者吊销其许可证件；负有直接责任的人员是公职人员的，还应当依法给予处分。

第九十八条　单位或者个人违反本法规定，不服从所在地人民政府及其有关部门依法发布的决定、命令或者不配合其依法采取的措施的，责令改正；造成严重后果的，依法给予行政处罚；负有直接责任的人员是公职人员的，还应当依法给予处分。

第九十九条　单位或者个人违反本法第八十四条、第八十五条关于个人信息保护规定的，由主管部门依照有关法律规定给予处罚。

第一百条　单位或者个人违反本法规定，导致突发事件发生或者危害扩大，造成人身、财产或者其他损害的，应当依法承担民事责任。

第一百零一条　为了使本人或者他人的人身、财产免受正在发生的危险而采取避险措施的，依照《中华人民共和国民法典》、《中华人民共和国刑法》等法律关于紧急避险的规定处理。

第一百零二条　违反本法规定，构成违反治安管理行为的，依法给予治安管理处罚；构成犯罪的，依法追究刑事责任。

第八章　附　　则

第一百零三条　发生特别重大突发事件，对人民生命财产安全、国家安全、公共安全、生态环境安全或者社会秩序构成重大威胁，采取本法和其他有关法律、法规、规章规定的应急处置措施不能消除或者有效控制、减轻其严重社会危害，需要进入紧急状态的，由全国人民代表大会常务委员会或者国务院依照宪法和其他有关法律规定的权限和程序决定。

紧急状态期间采取的非常措施，依照有关法律规定执行或者由全国人民代表大会常务委员会另行规定。

第一百零四条　中华人民共和国领域外发生突发事件，造成或者可能造成中华人民共和国公民、法人和其他组织人身伤亡、财产损失的，由国务院外交部门会同国务院其他有关部门、有关地方人民政府，按照国家有关规定做好应对工作。

第一百零五条　在中华人民共和国境内的外国人、无国籍人应当遵守本法，服从所在地人民政府及其有关部门依法发布的决定、命令，并配合其依法采取的措施。

第一百零六条　本法自 2024 年 11 月 1 日起施行。

《中华人民共和国突发事件应对法》新旧对照表[*]

(左栏黑体字部分为修改内容,右栏阴影部分为删去内容,右栏波浪线部分为移动的内容)

突发事件应对法（2024 年修订）	突发事件应对法（2007 年）
目　　录 第一章　总　　则 **第二章　管理与指挥体制** 第三章　预防与应急准备 第四章　监测与预警 第五章　应急处置与救援 第六章　事后恢复与重建 第七章　法律责任 第八章　附　　则	目　　录 第一章　总　　则 第二章　预防与应急准备 第三章　监测与预警 第四章　应急处置与救援 第五章　事后恢复与重建 第六章　法律责任 第七章　附　　则
第一章　总　　则	第一章　总　　则
第一条　为了预防和减少突发事件的发生，控制、减轻和消除突发事件引起的严重社会危害，**提高突发事件预防和应对能力，**规范突发事件应对活动，保护人民生命财产安全，维护国家安全、公共安全、**生态**环境安全和社会秩序，**根据宪法，**制定本法。	第一条　为了预防和减少突发事件的发生，控制、减轻和消除突发事件引起的严重社会危害，规范突发事件应对活动，保护人民生命财产安全，维护国家安全、公共安全、环境安全和社会秩序，制定本法。

[*] 以下表格左栏为 2024 年 6 月 28 日第十四届全国人民代表大会常务委员会第十次会议修订公布的新《突发事件应对法》，右栏为 2007 年 8 月 30 日第十届全国人民代表大会常务委员会第二十九次会议通过的旧《突发事件应对法》。

续表

突发事件应对法（2024年修订）	突发事件应对法（2007年）
第二条 本法所称突发事件，是指突然发生，造成或者可能造成严重社会危害，需要采取应急处置措施予以应对的自然灾害、事故灾难、公共卫生事件和社会安全事件。 突发事件的预防与应急准备、监测与预警、应急处置与救援、事后恢复与重建等应对活动，适用本法。 《中华人民共和国传染病防治法》等有关法律对突发公共卫生事件应对作出规定的，适用其规定。有关法律没有规定的，适用本法。	第三条第一款 本法所称突发事件，是指突然发生，造成或者可能造成严重社会危害，需要采取应急处置措施予以应对的自然灾害、事故灾难、公共卫生事件和社会安全事件。 第二条 突发事件的预防与应急准备、监测与预警、应急处置与救援、事后恢复与重建等应对活动，适用本法。
第三条 按照社会危害程度、影响范围等因素，**突发**自然灾害、事故灾难、公共卫生事件分为特别重大、重大、较大和一般四级。法律、行政法规或者国务院另有规定的，从其规定。 突发事件的分级标准由国务院或者国务院确定的部门制定。	第三条第二款、第三款 按照社会危害程度、影响范围等因素，自然灾害、事故灾难、公共卫生事件分为特别重大、重大、较大和一般四级。法律、行政法规或者国务院另有规定的，从其规定。 突发事件的分级标准由国务院或者国务院确定的部门制定。
第四条 突发事件应对工作坚持中国共产党的领导，坚持以马克思列宁主义、毛泽东思想、邓小平理论、"三个代表"重要思想、科学发展观、习近平新时代中国特色社会主义思想为指导，建立健全集中统一、高效权威的中国特色突发事件应对工作领导体制，完善党委领导、政府负责、部门联动、军地联合、社会协同、公众参与、科技支撑、法治保障的治理体系。	新增条文

续表

突发事件应对法（2024年修订）	突发事件应对法（2007年）
第五条 突发事件应对工作**应当坚持总体国家安全观，统筹发展与安全；坚持人民至上、生命至上；坚持依法科学应对，尊重和保障人权；坚持**预防为主、预防与应急相结合。	**第五条** 突发事件应对工作实行预防为主、预防与应急相结合的原则。国家建立重大突发事件风险评估体系，对可能发生的突发事件进行综合性评估，减少重大突发事件的发生，最大限度地减轻重大突发事件的影响。 （第二句移至第三十二条处）
第六条 国家建立有效的社会动员机制，**组织动员企业事业单位、社会组织、志愿者等各方力量依法有序参与突发事件应对工作，**增强全民的公共安全和防范风险的意识，提高全社会的避险救助能力。	**第六条** 国家建立有效的社会动员机制，增强全民的公共安全和防范风险的意识，提高全社会的避险救助能力。
第七条 国家建立健全突发事件信息发布制度。有关人民政府和部门应当及时**向社会公布**突发事件相关信息和有关突发事件应对的决定、命令、措施等信息。 任何单位和个人不得编造、**故意**传播有关突发事件的虚假信息。**有关人民政府和部门发现影响或者可能影响社会稳定、扰乱社会和经济管理秩序的虚假或者不完整信息的，应当及时发布准确的信息予以澄清。**	**第十条** 有关人民政府及其部门作出的应对突发事件的决定、命令，应当及时公布。 **第五十三条** 履行统一领导职责或者组织处置突发事件的人民政府，应当按照有关规定统一、准确、及时发布有关突发事件事态发展和应急处置工作的信息。 **第五十四条** 任何单位和个人不得编造、传播有关突发事件事态发展或者应急处置工作的虚假信息。
第八条 国家建立健全突发事件新闻采访报道制度。有关人民政府和部门应当做好新闻媒体服务引导工作，支持新闻媒体开展采访报道和舆论监督。	**第二十九条第三款** 新闻媒体应当无偿开展突发事件预防与应急、自救与互救知识的公益宣传。

续表

突发事件应对法（2024年修订）	突发事件应对法（2007年）
新闻媒体采访报道突发事件应当及时、准确、客观、公正。 新闻媒体应当开展突发事件应对法律法规、预防与应急、自救与互救知识等的公益宣传。	
第九条 国家建立突发事件应对工作投诉、举报制度，公布统一的投诉、举报方式。 对于不履行或者不正确履行突发事件应对工作职责的行为，任何单位和个人有权向有关人民政府和部门投诉、举报。 接到投诉、举报的人民政府和部门应当依照规定立即组织调查处理，并将调查处理结果以适当方式告知投诉人、举报人；投诉、举报事项不属于其职责的，应当及时移送有关机关处理。 有关人民政府和部门对投诉人、举报人的相关信息应当予以保密，保护投诉人、举报人的合法权益。	新增条文
第十条 突发事件应对措施应当与突发事件可能造成的社会危害的性质、程度和范围相适应；有多种措施可供选择的，应当选择有利于最大程度地保护公民、法人和其他组织权益，**且对他人权益损害和生态环境影响较小**的措施，**并根据情况变化及时调整，做到科学、精准、有效**。	**第十一条第一款** 有关人民政府及其部门采取的应对突发事件的措施，应当与突发事件可能造成的社会危害的性质、程度和范围相适应；有多种措施可供选择的，应当选择有利于最大程度地保护公民、法人和其他组织权益的措施。

续表

突发事件应对法（2024年修订）	突发事件应对法（2007年）
第十一条 国家在突发事件应对工作中，应当对未成年人、老年人、残疾人、孕产期和哺乳期的妇女、需要及时就医的伤病人员等群体给予特殊、优先保护。	新增条文
第十二条 县级以上人民政府及其部门为应对突发事件的**紧急需要**，可以征用单位和个人的**设备、设施、场地、交通工具等财产**。被征用的财产在使用完毕或者突发事件应急处置工作结束后，应当及时返还。财产被征用或者征用后毁损、灭失的，应当给予**公平、合理**的补偿。	第十二条 有关人民政府及其部门为应对突发事件，可以征用单位和个人的财产。被征用的财产在使用完毕或者突发事件应急处置工作结束后，应当及时返还。财产被征用或者征用后毁损、灭失的，应当给予补偿。
第十三条 因**依法**采取突发事件应对措施，**致使**诉讼、**监察调查**、行政复议、仲裁、**国家赔偿等**活动不能正常进行的，适用有关时效中止和程序中止的规定，法律另有规定的除外。	第十三条 因采取突发事件应对措施，诉讼、行政复议、仲裁活动不能正常进行的，适用有关时效中止和程序中止的规定，但法律另有规定的除外。
第十四条 中华人民共和国政府在突发事件的预防**与应急准备**、监测与预警、应急处置与救援、事后恢复与重建等方面，同外国政府和有关国际组织开展合作与交流。	第十五条 中华人民共和国政府在突发事件的预防、监测与预警、应急处置与救援、事后恢复与重建等方面，同外国政府和有关国际组织开展合作与交流。
第十五条 对在突发事件应对工作中做出突出贡献的单位和个人，按照国家有关规定给予**表彰、奖励**。	第六十一条第三款 公民参加应急救援工作或者协助维护社会秩序期间，其在本单位的工资待遇和福利不变；表现突出、成绩显著的，由县级以上人民政府给予表彰或者奖励。（前半句移至第九十条处）

续表

突发事件应对法（2024年修订）	突发事件应对法（2007年）
第二章 管理与指挥体制	
第十六条 国家建立统一**指挥**、**专常兼备**、**反应灵敏**、**上下联动**的应急管理体制和综合协调、分类管理、分级负责、属地管理为主的**工作体系**。	**第四条** 国家建立统一领导、综合协调、分类管理、分级负责、属地管理为主的应急管理体制。
第十七条 县级人民政府对本行政区域内突发事件的应对**管理**工作负责。突发事件发生后，发生地县级人民政府应当立即采取措施控制事态发展，组织开展应急救援和处置工作，并立即向上一级人民政府报告，必要时可以越级上报，**具备条件的，应当进行网络直报或者自动速报**。 突发事件发生地县级人民政府不能消除或者不能有效控制突发事件引起的严重社会危害的，应当及时向上级人民政府报告。上级人民政府应当及时采取措施，统一领导应急处置工作。 法律、行政法规规定由国务院有关部门对突发事件应对**管理**工作负责的，从其规定；地方人民政府应当积极配合并提供必要的支持。	**第七条** 县级人民政府对本行政区域内突发事件的应对工作负责；涉及两个以上行政区域的，由有关行政区域共同的上一级人民政府负责，或者由各有关行政区域的上一级人民政府共同负责。 突发事件发生后，发生地县级人民政府应当立即采取措施控制事态发展，组织开展应急救援和处置工作，并立即向上一级人民政府报告，必要时可以越级上报。 突发事件发生地县级人民政府不能消除或者不能有效控制突发事件引起的严重社会危害的，应当及时向上级人民政府报告。上级人民政府应当及时采取措施，统一领导应急处置工作。 法律、行政法规规定由国务院有关部门对突发事件的应对工作负责的，从其规定；地方人民政府应当积极配合并提供必要的支持。 （第一款后半句移至第十八条处）

续表

突发事件应对法（2024 年修订）	突发事件应对法（2007 年）
第十八条 突发事件涉及两个以上行政区域的，**其应对管理工作**由有关行政区域共同的上一级人民政府负责，或者由各有关行政区域的上一级人民政府共同负责。**共同负责的人民政府应当按照国家有关规定，建立信息共享和协调配合机制。根据共同应对突发事件的需要，地方人民政府之间可以建立协同应对机制。**	第七条第一款 县级人民政府对本行政区域内突发事件的应对工作负责；涉及两个以上行政区域的，由有关行政区域共同的上一级人民政府负责，或者由各有关行政区域的上一级人民政府共同负责。
第十九条 县级以上人民政府是突发事件应对**管理**工作的行政领导机关。 国务院在总理领导下研究、决定和部署特别重大突发事件的应对工作；根据实际需要，设立国家突发事件应急指挥机构，负责突发事件应对工作；必要时，国务院可以派出工作组指导有关工作。 县级以上地方人民政府设立由本级人民政府主要负责人、相关部门负责人、**国家综合性消防救援队伍和**驻当地中国人民解放军、中国人民武装警察部队有关负责人**等**组成的突发事件应急指挥机构，统一领导、协调本级人民政府各有关部门和下级人民政府开展突发事件应对工作；根据实际需要，设立相关类别突发事件应急指挥机构，组织、协调、指挥突发事件应对工作。	第九条 国务院和县级以上地方各级人民政府是突发事件应对工作的行政领导机关，其办事机构及具体职责由国务院规定。 第八条 国务院在总理领导下研究、决定和部署特别重大突发事件的应对工作；根据实际需要，设立国家突发事件应急指挥机构，负责突发事件应对工作；必要时，国务院可以派出工作组指导有关工作。 县级以上地方各级人民政府设立由本级人民政府主要负责人、相关部门负责人、驻当地中国人民解放军和中国人民武装警察部队有关负责人组成的突发事件应急指挥机构，统一领导、协调本级人民政府各有关部门和下级人民政府开展突发事件应对工作；根据实际需要，设立相关类别突发事件应急指挥机构，组织、协调、指挥突发事件应对工作。 上级人民政府主管部门应当在各自职责范围内，指导、协助下级人民政府及其相应部门做好有关突发事件的应对工作。 （移至第二十一条处）

续表

突发事件应对法（2024年修订）	突发事件应对法（2007年）
第二十条　突发事件应急指挥机构在突发事件应对过程中可以依法发布有关突发事件应对的决定、命令、措施。突发事件应急指挥机构发布的决定、命令、措施与设立它的人民政府发布的决定、命令、措施具有同等效力，法律责任由设立它的人民政府承担。	新增条文
第二十一条　县级以上人民政府应急管理部门和卫生健康、公安等有关部门应当在各自职责范围内做好有关突发事件应对管理工作，并指导、协助下级人民政府及其相应部门做好有关突发事件的应对管理工作。	第八条第三款　上级人民政府主管部门应当在各自职责范围内，指导、协助下级人民政府及其相应部门做好有关突发事件的应对工作。
第二十二条　乡级人民政府、街道办事处应当明确专门工作力量，负责突发事件应对有关工作。 居民委员会、村民委员会依法协助人民政府和有关部门做好突发事件应对工作。	新增条文
第二十三条　公民、法人和其他组织有义务参与突发事件应对工作。	第十一条第二款　公民、法人和其他组织有义务参与突发事件应对工作。
第二十四条　中国人民解放军、中国人民武装警察部队和民兵组织依照本法和其他有关法律、行政法规、军事法规的规定以及国务院、中央军事委员会的命令，参加突发事件的应急救援和处置工作。	第十四条　中国人民解放军、中国人民武装警察部队和民兵组织依照本法和其他有关法律、行政法规、军事法规的规定以及国务院、中央军事委员会的命令，参加突发事件的应急救援和处置工作。

续表

突发事件应对法（2024年修订）	突发事件应对法（2007年）
第二十五条 县级以上人民政府**及其设立的突发事件应急指挥机构发布的有关**突发事件**应对**的决定、命令、**措施**，应当**及时**报本级人民代表大会常务委员会备案；突发事件应急处置工作结束后，应当向本级人民代表大会常务委员会作出专项工作报告。	第十六条 县级以上人民政府作出应对突发事件的决定、命令，应当报本级人民代表大会常务委员会备案；突发事件应急处置工作结束后，应当向本级人民代表大会常务委员会作出专项工作报告。
第三章 预防与应急准备	第二章 预防与应急准备
第二十六条 国家建立健全突发事件应急预案体系。 国务院制定国家突发事件总体应急预案，组织制定国家突发事件专项应急预案；国务院有关部门根据各自的职责和国务院相关应急预案，制定国家突发事件部门应急预案**并报国务院备案**。 地方各级人民政府和县级以上地方人民政府有关部门根据有关法律、法规、规章、上级人民政府及其有关部门的应急预案以及本地区、**本部门**的实际情况，制定相应的突发事件应急预案**并按国务院有关规定备案**。	第十七条第一款、第二款、第三款 国家建立健全突发事件应急预案体系。 国务院制定国家突发事件总体应急预案，组织制定国家突发事件专项应急预案；国务院有关部门根据各自的职责和国务院相关应急预案，制定国家突发事件部门应急预案。 地方各级人民政府和县级以上地方各级人民政府有关部门根据有关法律、法规、规章、上级人民政府及其有关部门的应急预案以及本地区的实际情况，制定相应的突发事件应急预案。
第二十七条 县级以上人民政府应急管理部门指导突发事件应急预案体系建设，综合协调应急预案衔接工作，增强有关应急预案的衔接性和实效性。	新增条文

续表

突发事件应对法（2024年修订）	突发事件应对法（2007年）
第二十八条 应急预案应当根据本法和其他有关法律、法规的规定，针对突发事件的性质、特点和可能造成的社会危害，具体规定突发事件**应对**管理工作的组织指挥体系与职责和突发事件的预防与预警机制、处置程序、应急保障措施以及事后恢复与重建措施等内容。 应急预案制定机关**应当广泛听取有关部门、单位、专家和社会各方面意见，增强应急预案的针对性和可操作性**，并根据实际需要、情势变化、**应急演练中发现的问题等及时对**应急预案作出修订。 应急预案的制定、修订、**备案等工作程序和管理办法**由国务院规定。	第十八条 应急预案应当根据本法和其他有关法律、法规的规定，针对突发事件的性质、特点和可能造成的社会危害，具体规定突发事件应急管理工作的组织指挥体系与职责和突发事件的预防与预警机制、处置程序、应急保障措施以及事后恢复与重建措施等内容。 第十七条第四款 应急预案制定机关应当根据实际需要和情势变化，适时修订应急预案。应急预案的制定、修订程序由国务院规定。
第二十九条 县级以上人民政府应当将突发事件应对工作纳入国民经济和社会发展规划。县级以上人民政府有关部门应当制定突发事件应急体系建设规划。	新增条文
第三十条 国土空间规划等规划应当符合预防、处置突发事件的需要，统筹安排突发事件**应对**工作所必需的设备和基础设施建设，合理确定应急避难、**封闭隔离、紧急医疗救治等**场所，**实现日常使用和应急使用的相互转换。**	第十九条 城乡规划应当符合预防、处置突发事件的需要，统筹安排应对突发事件所必需的设备和基础设施建设，合理确定应急避难场所。

续表

突发事件应对法（2024年修订）	突发事件应对法（2007年）
第三十一条　国务院应急管理部门会同卫生健康、自然资源、住房城乡建设等部门统筹、指导全国应急避难场所的建设和管理工作，建立健全应急避难场所标准体系。县级以上地方人民政府负责本行政区域内应急避难场所的规划、建设和管理工作。	新增条文
第三十二条　国家建立**健全**突发事件风险评估体系，对可能发生的突发事件进行综合性评估，**有针对性地采取有效防范措施**，减少突发事件的发生，最大限度减轻突发事件的影响。	第五条　突发事件应对工作实行预防为主、预防与应急相结合的原则。国家建立重大突发事件风险评估体系，对可能发生的突发事件进行综合性评估，减少重大突发事件的发生，最大限度地减轻重大突发事件的影响。
第三十三条　县级人民政府应当对本行政区域内容易引发自然灾害、事故灾难和公共卫生事件的危险源、危险区域进行调查、登记、风险评估，定期进行检查、监控，并责令有关单位采取安全防范措施。 省级和设区的市级人民政府应当对本行政区域内容易引发特别重大、重大突发事件的危险源、危险区域进行调查、登记、风险评估，组织进行检查、监控，并责令有关单位采取安全防范措施。 县级以上地方人民政府**应当根据情况变化，及时调整**危险源、危险区域**的登记**。登记的危险源、危险区域及其基础信息，应当按照国家**有关规定接入突发事件信息系统，并**及时向社会公布。	第二十条　县级人民政府应当对本行政区域内容易引发自然灾害、事故灾难和公共卫生事件的危险源、危险区域进行调查、登记、风险评估，定期进行检查、监控，并责令有关单位采取安全防范措施。 省级和设区的市级人民政府应当对本行政区域内容易引发特别重大、重大突发事件的危险源、危险区域进行调查、登记、风险评估，组织进行检查、监控，并责令有关单位采取安全防范措施。 县级以上地方各级人民政府按照本法规定登记的危险源、危险区域，应当按照国家规定及时向社会公布。

续表

突发事件应对法（2024年修订）	突发事件应对法（2007年）
第三十四条　县级人民政府及其有关部门、乡级人民政府、街道办事处、居民委员会、村民委员会应当及时调解处理可能引发社会安全事件的矛盾纠纷。	第二十一条　县级人民政府及其有关部门、乡级人民政府、街道办事处、居民委员会、村民委员会应当及时调解处理可能引发社会安全事件的矛盾纠纷。
第三十五条　所有单位应当建立健全安全管理制度，**定期开展危险源辨识评估，制定安全防范措施**；定期检查本单位各项安全防范措施的落实情况，及时消除事故隐患；掌握并及时处理本单位存在的可能引发社会安全事件的问题，防止矛盾激化和事态扩大；对本单位可能发生的突发事件和采取安全防范措施的情况，应当按照规定及时向所在地人民政府或者有关部门报告。	第二十二条　所有单位应当建立健全安全管理制度，定期检查本单位各项安全防范措施的落实情况，及时消除事故隐患；掌握并及时处理本单位存在的可能引发社会安全事件的问题，防止矛盾激化和事态扩大；对本单位可能发生的突发事件和采取安全防范措施的情况，应当按照规定及时向所在地人民政府或者人民政府有关部门报告。
第三十六条　矿山、**金属冶炼**、建筑施工单位和易燃易爆物品、危险化学品、放射性物品等危险物品的生产、经营、**运输、储存**、使用单位，应当制定具体应急预案，**配备必要的应急救援器材、设备和物资**，并对生产经营场所、有危险物品的建筑物、构筑物及周边环境开展隐患排查，及时采取措施**管控风险和**消除隐患，防止发生突发事件。	第二十三条　矿山、建筑施工单位和易燃易爆物品、危险化学品、放射性物品等危险物品的生产、经营、储运、使用单位，应当制定具体应急预案，并对生产经营场所、有危险物品的建筑物、构筑物及周边环境开展隐患排查，及时采取措施消除隐患，防止发生突发事件。

续表

突发事件应对法（2024年修订）	突发事件应对法（2007年）
第三十七条 公共交通工具、公共场所和其他人员密集场所的经营单位或者管理单位应当制定具体应急预案，为交通工具和有关场所配备报警装置和必要的应急救援设备、设施，注明其使用方法，并显著标明安全撤离的通道、路线，保证安全通道、出口的畅通。 有关单位应当定期检测、维护其报警装置和应急救援设备、设施，使其处于良好状态，确保正常使用。	**第二十四条** 公共交通工具、公共场所和其他人员密集场所的经营单位或者管理单位应当制定具体应急预案，为交通工具和有关场所配备报警装置和必要的应急救援设备、设施，注明其使用方法，并显著标明安全撤离的通道、路线，保证安全通道、出口的畅通。 有关单位应当定期检测、维护其报警装置和应急救援设备、设施，使其处于良好状态，确保正常使用。
第三十八条 县级以上人民政府应当建立健全突发事件应对管理培训制度，对人民政府及其有关部门负有突发事件**应对管理**职责的工作人员**以及居民委员会、村民委员会有关人员**定期进行培训。	**第二十五条** 县级以上人民政府应当建立健全突发事件应急管理培训制度，对人民政府及其有关部门负有处置突发事件职责的工作人员定期进行培训。
第三十九条 国家综合性消防救援队伍是应急救援的综合性常备骨干力量，按照国家有关规定执行综合应急救援任务。县级以上人民政府有关部门可以根据实际需要设立专业应急救援队伍。 县级以上人民政府及其有关部门可以建立由成年志愿者组成的应急救援队伍。**乡级人民政府、街道办事处和有条件的居民委员会、村民委员会可以建立基层应急救援队伍，及时、就近开展应急救援。**单位应当建立由本单位职工组成的专职或者兼职应急救援队伍。	**第二十六条** 县级以上人民政府应当整合应急资源，建立或者确定综合性应急救援队伍。人民政府有关部门可以根据实际需要设立专业应急救援队伍。 县级以上人民政府及其有关部门可以建立由成年志愿者组成的应急救援队伍。单位应当建立由本单位职工组成的专职或者兼职应急救援队伍。 县级以上人民政府应当加强专业应急救援队伍与非专业应急救援队伍的合作，联合培训、联合演练，提高合成应急、协同应急的能力。

续表

突发事件应对法（2024年修订）	突发事件应对法（2007年）
国家鼓励和支持社会力量建立提供社会化应急救援服务的应急救援队伍。社会力量建立的应急救援队伍参与突发事件应对工作应当服从履行统一领导职责或者组织处置突发事件的人民政府、突发事件应急指挥机构的统一指挥。 县级以上人民政府应当**推动**专业应急救援队伍与非专业应急救援队伍联合培训、联合演练，提高合成应急、协同应急的能力。	
第四十条 地方各级人民政府、县级以上人民政府有关部门、有关单位应当为**其组建的**应急救援**队伍**购买人身意外伤害保险，配备必要的防护装备和器材，**防范和**减少应急救援人员的人身伤害风险。 专业应急救援人员应当具备相应的身体条件、专业技能和心理素质，取得国家规定的应急救援职业资格，具体办法由国务院应急管理部门会同国务院有关部门制定。	**第二十七条** 国务院有关部门、县级以上地方各级人民政府及其有关部门、有关单位应当为专业应急救援人员购买人身意外伤害保险，配备必要的防护装备和器材，减少应急救援人员的人身风险。
第四十一条 中国人民解放军、中国人民武装警察部队和民兵组织应当有计划地组织开展应急救援的专门训练。	**第二十八条** 中国人民解放军、中国人民武装警察部队和民兵组织应当有计划地组织开展应急救援的专门训练。
第四十二条 县级人民政府及其有关部门、乡级人民政府、街道办事处应当组织开展**面向社会公众的**应急知识宣传普及活动和必要的应急演练。	**第二十九条第一款、第二款** 县级人民政府及其有关部门、乡级人民政府、街道办事处应当组织开展应急知识的宣传普及活动和必要的应急演练。

续表

突发事件应对法（2024年修订）	突发事件应对法（2007年）
居民委员会、村民委员会、企业事业单位、**社会组织**应当根据所在地人民政府的要求，结合各自的实际情况，开展**面向居民、村民、职工等的**应急知识宣传普及活动和必要的应急演练。	居民委员会、村民委员会、企业事业单位应当根据所在地人民政府的要求，结合各自的实际情况，开展有关突发事件应急知识的宣传普及活动和必要的应急演练。
第四十三条 各级各类学校应当把应急教育纳入**教育教学计划**，对学生**及教职工开展**应急知识教育**和应急演练**，培养安全意识，**提高**自救与互救能力。 教育主管部门应当对学校开展应急教育进行指导和监督，**应急管理等部门应当给予支持**。	**第三十条** 各级各类学校应当把应急知识教育纳入教学内容，对学生进行应急知识教育，培养学生的安全意识和自救与互救能力。 教育主管部门应当对学校开展应急知识教育进行指导和监督。
第四十四条 各级人民政府应当**将**突发事件应对工作所需经费纳入本级预算，并加强资金管理，提高资金使用绩效。	**第三十一条** 国务院和县级以上地方各级人民政府应当采取财政措施，保障突发事件应对工作所需经费。
第四十五条 国家**按照集中管理、统一调拨、平时服务、灾时应急、采储结合、节约高效的原则，**建立健全应急物资储备保障制度，**动态更新应急物资储备品种目录，**完善重要应急物资的监管、生产、**采购、**储备、调拨和紧急配送体系，**促进安全应急产业发展，优化产业布局**。 **国家储备物资品种目录、总体发展规划，由国务院发展改革部门会同国务院有关部门拟订。国务院应急管理等部门依据职责制定应急物资储备规划、品种目录，并组织实施。应急物资储备规划应当纳入国家储备总体发展规划。**	**第三十二条第一款** 国家建立健全应急物资储备保障制度，完善重要应急物资的监管、生产、储备、调拨和紧急配送体系。

续表

突发事件应对法（2024年修订）	突发事件应对法（2007年）
第四十六条 设区的市级以上人民政府和突发事件易发、多发地区的县级人民政府应当建立应急救援物资、生活必需品和应急处置装备的储备保障制度。 县级以上地方人民政府应当根据本地区的实际情况和突发事件应对工作的需要，依法与有条件的企业签订协议，保障应急救援物资、生活必需品和应急处置装备的生产、供给。有关企业应当根据协议，按照县级以上地方人民政府要求，进行应急救援物资、生活必需品和应急处置装备的生产、供给，并确保符合国家有关产品质量的标准和要求。 国家鼓励公民、法人和其他组织储备基本的应急自救物资和生活必需品。有关部门可以向社会公布相关物资、物品的储备指南和建议清单。	**第三十二条第二款、第三款** 设区的市级以上人民政府和突发事件易发、多发地区的县级人民政府应当建立应急救援物资、生活必需品和应急处置装备的储备制度。 县级以上地方各级人民政府应当根据本地区的实际情况，与有关企业签订协议，保障应急救援物资、生活必需品和应急处置装备的生产、供给。
第四十七条 国家建立健全应急运输保障体系，统筹铁路、公路、水运、民航、邮政、快递等运输和服务方式，制定应急运输保障方案，保障应急物资、装备和人员及时运输。 县级以上地方人民政府和有关主管部门应当根据国家应急运输保障方案，结合本地区实际做好应急调度和运力保障，确保运输通道和客货运枢纽畅通。 国家发挥社会力量在应急运输保障中的积极作用。社会力量参与突发事件应急运输保障，应当服从突发事件应急指挥机构的统一指挥。	新增条文

续表

突发事件应对法（2024年修订）	突发事件应对法（2007年）
第四十八条 国家建立健全能源应急保障体系，提高能源安全保障能力，确保受突发事件影响地区的能源供应。	新增条文
第四十九条 国家建立健全应急通信、应急广播保障体系，加强应急通信系统、应急广播系统建设，确保突发事件应对工作的通信、广播安全畅通。	**第三十三条** 国家建立健全应急通信保障体系，完善公用通信网，建立有线与无线相结合、基础电信网络与机动通信系统相配套的应急通信系统，确保突发事件应对工作的通信畅通。
第五十条 国家建立健全突发事件卫生应急体系，组织开展突发事件中的医疗救治、卫生学调查处置和心理援助等卫生应急工作，有效控制和消除危害。	新增条文
第五十一条 县级以上人民政府应当加强急救医疗服务网络的建设，配备相应的医疗救治物资、设施设备和人员，提高医疗卫生机构应对各类突发事件的救治能力。	新增条文
第五十二条 国家鼓励公民、法人和其他组织为突发事件应对工作提供物资、资金、技术支持和捐赠。 接受捐赠的单位应当及时公开接受捐赠的情况和受赠财产的使用、管理情况，接受社会监督。	**第三十四条** 国家鼓励公民、法人和其他组织为人民政府应对突发事件工作提供物资、资金、技术支持和捐赠。
第五十三条 红十字会在突发事件中，应当对伤病人员和其他受害者提供紧急救援和人道救助，并协助人民政府开展与其职责相关的其他人道主义服务活动。有关人民政府应当给予红十字会支持和资助，保障其依法参与应对突发事件。	新增条文

续表

突发事件应对法（2024年修订）	突发事件应对法（2007年）
慈善组织在发生重大突发事件时开展募捐和救助活动，应当在有关人民政府的统筹协调、有序引导下依法进行。有关人民政府应当通过提供必要的需求信息、政府购买服务等方式，对慈善组织参与应对突发事件、开展应急慈善活动予以支持。	
第五十四条　有关单位应当加强应急救援资金、物资的管理，提高使用效率。 任何单位和个人不得截留、挪用、私分或者变相私分应急救援资金、物资。	新增条文
第五十五条　国家发展保险事业，建立政府支持、社会力量参与、市场化运作的巨灾风险保险体系，并鼓励单位和个人参加保险。	第三十五条　国家发展保险事业，建立国家财政支持的巨灾风险保险体系，并鼓励单位和公民参加保险。
第五十六条　国家加强应急管理基础科学、重点行业领域关键核心技术的研究，加强互联网、云计算、大数据、人工智能等现代技术手段在突发事件应对工作中的应用，鼓励、扶持有条件的教学科研机构、企业培养应急管理人才和科技人才，研发、推广新技术、新材料、新设备和新工具，提高突发事件应对能力。	第三十六条　国家鼓励、扶持具备相应条件的教学科研机构培养应急管理专门人才，鼓励、扶持教学科研机构和有关企业研究开发用于突发事件预防、监测、预警、应急处置与救援的新技术、新设备和新工具。

续表

突发事件应对法（2024 年修订）	突发事件应对法（2007 年）
第五十七条 县级以上人民政府及其有关部门应当建立健全突发事件专家咨询论证制度，发挥专业人员在突发事件应对工作中的作用。	新增条文
第四章 监测与预警	**第三章 监测与预警**
第五十八条 国家建立健全突发事件监测制度。 县级以上人民政府及其有关部门应当根据自然灾害、事故灾难和公共卫生事件的种类和特点，建立健全基础信息数据库，完善监测网络，划分监测区域，确定监测点，明确监测项目，提供必要的设备、设施，配备专职或者兼职人员，对可能发生的突发事件进行监测。	**第四十一条** 国家建立健全突发事件监测制度。 县级以上人民政府及其有关部门应当根据自然灾害、事故灾难和公共卫生事件的种类和特点，建立健全基础信息数据库，完善监测网络，划分监测区域，确定监测点，明确监测项目，提供必要的设备、设施，配备专职或者兼职人员，对可能发生的突发事件进行监测。
第五十九条 国务院建立全国统一的突发事件信息系统。 县级以上地方人民政府应当建立或者确定本地区统一的突发事件信息系统，汇集、储存、分析、传输有关突发事件的信息，并与上级人民政府及其有关部门、下级人民政府及其有关部门、专业机构、监测网点**和重点企业**的突发事件信息系统实现互联互通，加强跨部门、跨地区的信息**共享**与情报合作。	**第三十七条** 国务院建立全国统一的突发事件信息系统。 县级以上地方各级人民政府应当建立或者确定本地区统一的突发事件信息系统，汇集、储存、分析、传输有关突发事件的信息，并与上级人民政府及其有关部门、下级人民政府及其有关部门、专业机构和监测网点的突发事件信息系统实现互联互通，加强跨部门、跨地区的信息交流与情报合作。

续表

突发事件应对法（2024年修订）	突发事件应对法（2007年）
第六十条 县级以上人民政府及其有关部门、专业机构应当通过多种途径收集突发事件信息。 县级人民政府应当在居民委员会、村民委员会和有关单位建立专职或者兼职信息报告员制度。 公民、法人或者其他组织**发现发生突发事件，或者发现可能发生突发事件的异常情况**，应当立即向所在地人民政府、有关主管部门或者指定的专业机构报告。**接到报告的单位应当按照规定立即核实处理，对于不属于其职责的，应当立即移送相关单位核实处理。**	**第三十八条** 县级以上人民政府及其有关部门、专业机构应当通过多种途径收集突发事件信息。 县级人民政府应当在居民委员会、村民委员会和有关单位建立专职或者兼职信息报告员制度。 获悉突发事件信息的公民、法人或者其他组织，应当立即向所在地人民政府、有关主管部门或者指定的专业机构报告。
第六十一条 地方各级人民政府应当按照国家有关规定向上级人民政府报送突发事件信息。县级以上人民政府有关主管部门应当向本级人民政府相关部门通报突发事件信息，**并报告上级人民政府主管部门**。专业机构、监测网点和信息报告员应当及时向所在地人民政府及其有关主管部门报告突发事件信息。	**第三十九条** 地方各级人民政府应当按照国家有关规定向上级人民政府报送突发事件信息。县级以上人民政府有关主管部门应当向本级人民政府相关部门通报突发事件信息。专业机构、监测网点和信息报告员应当及时向所在地人民政府及其有关主管部门报告突发事件信息。
有关单位和人员报送、报告突发事件信息，应当做到及时、客观、真实，不得迟报、谎报、瞒报、漏报，**不得授意他人迟报、谎报、瞒报，不得阻碍他人报告**。	有关单位和人员报送、报告突发事件信息，应当做到及时、客观、真实，不得迟报、谎报、瞒报、漏报。

续表

突发事件应对法（2024年修订）	突发事件应对法（2007年）
第六十二条 县级以上地方人民政府应当及时汇总分析突发事件隐患和**监测**信息，必要时组织相关部门、专业技术人员、专家学者进行会商，对发生突发事件的可能性及其可能造成的影响进行评估；认为可能发生重大或者特别重大突发事件的，应当立即向上级人民政府报告，并向上级人民政府有关部门、当地驻军和可能受到危害的毗邻或者相关地区的人民政府通报，**及时采取预防措施**。	**第四十条** 县级以上地方各级人民政府应当及时汇总分析突发事件隐患和预警信息，必要时组织相关部门、专业技术人员、专家学者进行会商，对发生突发事件的可能性及其可能造成的影响进行评估；认为可能发生重大或者特别重大突发事件的，应当立即向上级人民政府报告，并向上级人民政府有关部门、当地驻军和可能受到危害的毗邻或者相关地区的人民政府通报。
第六十三条 国家建立健全突发事件预警制度。 可以预警的自然灾害、事故灾难和公共卫生事件的预警级别，按照突发事件发生的紧急程度、发展势态和可能造成的危害程度分为一级、二级、三级和四级，分别用红色、橙色、黄色和蓝色标示，一级为最高级别。 预警级别的划分标准由国务院或者国务院确定的部门制定。	**第四十二条** 国家建立健全突发事件预警制度。 可以预警的自然灾害、事故灾难和公共卫生事件的预警级别，按照突发事件发生的紧急程度、发展势态和可能造成的危害程度分为一级、二级、三级和四级，分别用红色、橙色、黄色和蓝色标示，一级为最高级别。 预警级别的划分标准由国务院或者国务院确定的部门制定。
第六十四条 可以预警的自然灾害、事故灾难或者公共卫生事件即将发生或者发生的可能性增大时，县级以上地方人民政府应当根据有关法律、行政法规和国务院规定的权限和程序，发布相应级别的警报，决定并宣布有关地区进入预警期，同时向上一级人民政府报告，必要时可以越级上报；**具备条件的，应当进行网络直报或者自动速报**；**同时**向当地驻军和可能受到危害的毗邻或者相关地区的人民政府通报。	**第四十三条** 可以预警的自然灾害、事故灾难或者公共卫生事件即将发生或者发生的可能性增大时，县级以上地方各级人民政府应当根据有关法律、行政法规和国务院规定的权限和程序，发布相应级别的警报，决定并宣布有关地区进入预警期，同时向上一级人民政府报告，必要时可以越级上报，并向当地驻军和可能受到危害的毗邻或者相关地区的人民政府通报。

续表

突发事件应对法（2024年修订）	突发事件应对法（2007年）
发布警报应当明确预警类别、级别、起始时间、可能影响的范围、警示事项、应当采取的措施、发布单位和发布时间等。	
第六十五条　国家建立健全突发事件预警发布平台，按照有关规定及时、准确向社会发布突发事件预警信息。 广播、电视、报刊以及网络服务提供者、电信运营商应当按照国家有关规定，建立突发事件预警信息快速发布通道，及时、准确、无偿播发或者刊载突发事件预警信息。 公共场所和其他人员密集场所，应当指定专门人员负责突发事件预警信息接收和传播工作，做好相关设备、设施维护，确保突发事件预警信息及时、准确接收和传播。	新增条文
第六十六条　发布三级、四级警报，宣布进入预警期后，县级以上地方人民政府应当根据即将发生的突发事件的特点和可能造成的危害，采取下列措施： （一）启动应急预案； （二）责令有关部门、专业机构、监测网点和负有特定职责的人员及时收集、报告有关信息，向社会公布反映突发事件信息的渠道，加强对突发事件发生、发展情况的监测、预报和预警工作； （三）组织有关部门和机构、专业技术人员、有关专家学者，随时对突发事件信息进行分析评估，预测发生突发事件可	第四十四条　发布三级、四级警报，宣布进入预警期后，县级以上地方各级人民政府应当根据即将发生的突发事件的特点和可能造成的危害，采取下列措施： （一）启动应急预案； （二）责令有关部门、专业机构、监测网点和负有特定职责的人员及时收集、报告有关信息，向社会公布反映突发事件信息的渠道，加强对突发事件发生、发展情况的监测、预报和预警工作； （三）组织有关部门和机构、专业技术人员、有关专家学者，随时对突发事件信息进行分析评估，预测发生突发事件可

突发事件应对法（2024年修订）	突发事件应对法（2007年）
能性的大小、影响范围和强度以及可能发生的突发事件的级别； （四）定时向社会发布与公众有关的突发事件预测信息和分析评估结果，并对相关信息的报道工作进行管理； （五）及时按照有关规定向社会发布可能受到突发事件危害的警告，宣传避免、减轻危害的常识，公布咨询**或者求助**电话**等联络方式和渠道**。	能性的大小、影响范围和强度以及可能发生的突发事件的级别； （四）定时向社会发布与公众有关的突发事件预测信息和分析评估结果，并对相关信息的报道工作进行管理； （五）及时按照有关规定向社会发布可能受到突发事件危害的警告，宣传避免、减轻危害的常识，公布咨询电话。
第六十七条 发布一级、二级警报，宣布进入预警期后，县级以上地方人民政府除采取本法**第六十六条**规定的措施外，还应当针对即将发生的突发事件的特点和可能造成的危害，采取下列一项或者多项措施： （一）责令应急救援队伍、负有特定职责的人员进入待命状态，并动员后备人员做好参加应急救援和处置工作的准备； （二）调集应急救援所需物资、设备、工具，准备应急设施和**应急避难、封闭隔离、紧急医疗救治等**场所，并确保其处于良好状态、随时可以投入正常使用； （三）加强对重点单位、重要部位和重要基础设施的安全保卫，维护社会治安秩序； （四）采取必要措施，确保交通、通信、供水、排水、供电、供气、供热、**医疗卫生、广播电视、气象**等公共设施的安全和正常运行；	**第四十五条** 发布一级、二级警报，宣布进入预警期后，县级以上地方各级人民政府除采取本法第四十四条规定的措施外，还应当针对即将发生的突发事件的特点和可能造成的危害，采取下列一项或者多项措施： （一）责令应急救援队伍、负有特定职责的人员进入待命状态，并动员后备人员做好参加应急救援和处置工作的准备； （二）调集应急救援所需物资、设备、工具，准备应急设施和避难场所，并确保其处于良好状态、随时可以投入正常使用； （三）加强对重点单位、重要部位和重要基础设施的安全保卫，维护社会治安秩序； （四）采取必要措施，确保交通、通信、供水、排水、供电、供气、供热等公共设施的安全和正常运行；

续表

突发事件应对法（2024年修订）	突发事件应对法（2007年）
（五）及时向社会发布有关采取特定措施避免或者减轻危害的建议、劝告； （六）转移、疏散或者撤离易受突发事件危害的人员并予以妥善安置，转移重要财产； （七）关闭或者限制使用易受突发事件危害的场所，控制或者限制容易导致危害扩大的公共场所的活动； （八）法律、法规、规章规定的其他必要的防范性、保护性措施。	（五）及时向社会发布有关采取特定措施避免或者减轻危害的建议、劝告； （六）转移、疏散或者撤离易受突发事件危害的人员并予以妥善安置，转移重要财产； （七）关闭或者限制使用易受突发事件危害的场所，控制或者限制容易导致危害扩大的公共场所的活动； （八）法律、法规、规章规定的其他必要的防范性、保护性措施。
第六十八条 发布警报，宣布进入预警期后，县级以上人民政府应当对重要商品和服务市场情况加强监测，根据实际需要及时保障供应、稳定市场。必要时，国务院和省、自治区、直辖市人民政府可以按照《中华人民共和国价格法》等有关法律规定采取相应措施。	新增条文
第六十九条 对即将发生或者已经发生的社会安全事件，县级以上地方人民政府及其有关主管部门应当按照规定向上一级人民政府及其有关主管部门报告，必要时可以越级上报，**具备条件的，应当进行网络直报或者自动速报**。	第四十六条 对即将发生或者已经发生的社会安全事件，县级以上地方各级人民政府及其有关主管部门应当按照规定向上一级人民政府及其有关主管部门报告，必要时可以越级上报。
第七十条 发布突发事件警报的人民政府应当根据事态的发展，按照有关规定适时调整预警级别并重新发布。	第四十七条 发布突发事件警报的人民政府应当根据事态的发展，按照有关规定适时调整预警级别并重新发布。

续表

突发事件应对法（2024年修订）	突发事件应对法（2007年）
有事实证明不可能发生突发事件或者危险已经解除的，发布警报的人民政府应当立即宣布解除警报，终止预警期，并解除已经采取的有关措施。	有事实证明不可能发生突发事件或者危险已经解除的，发布警报的人民政府应当立即宣布解除警报，终止预警期，并解除已经采取的有关措施。
第五章　应急处置与救援	第四章　应急处置与救援
第七十一条　国家建立健全突发事件应急响应制度。 突发事件的应急响应级别，按照突发事件的性质、特点、可能造成的危害程度和影响范围等因素分为一级、二级、三级和四级，一级为最高级别。 突发事件应急响应级别划分标准由国务院或者国务院确定的部门制定。县级以上人民政府及其有关部门应当在突发事件应急预案中确定应急响应级别。	新增条文
第七十二条　突发事件发生后，履行统一领导职责或者组织处置突发事件的人民政府应当针对其性质、特点、危害程度**和影响范围等**，立即**启动应急响应**，组织有关部门，调动应急救援队伍和社会力量，依照法律、法规、规章**和应急预案**的规定，采取应急处置措施，**并向上级人民政府报告；必要时，可以设立现场指挥部，负责现场应急处置与救援，统一指挥进入突发事件现场的单位和个人。**	**第四十八条**　突发事件发生后，履行统一领导职责或者组织处置突发事件的人民政府应当针对其性质、特点和危害程度，立即组织有关部门，调动应急救援队伍和社会力量，依照本章的规定和有关法律、法规、规章的规定采取应急处置措施。

续表

突发事件应对法（2024年修订）	突发事件应对法（2007年）
启动应急响应，应当明确响应事项、级别、预计期限、应急处置措施等。 履行统一领导职责或者组织处置突发事件的人民政府，应当建立协调机制，提供需求信息，引导志愿服务组织和志愿者等社会力量及时有序参与应急处置与救援工作。	
第七十三条 自然灾害、事故灾难或者公共卫生事件发生后，履行统一领导职责的人民政府**应当**采取下列一项或者多项应急处置措施： （一）组织营救和救治受害人员，**转移**、疏散、撤离并妥善安置受到威胁的人员以及采取其他救助措施； （二）迅速控制危险源，标明危险区域，封锁危险场所，划定警戒区，实行交通管制、**限制人员流动**、**封闭管理**以及其他控制措施； （三）立即抢修被损坏的交通、通信、供水、排水、供电、供气、供热、**医疗卫生**、**广播电视**、**气象**等公共设施，向受到危害的人员提供避难场所和生活必需品，实施医疗救护和卫生防疫以及其他保障措施； （四）禁止或者限制使用有关设备、设施，关闭或者限制使用有关场所，中止人员密集的活动或者可能导致危害扩大的生产经营活动以及采取其他保护措施；	第四十九条 自然灾害、事故灾难或者公共卫生事件发生后，履行统一领导职责的人民政府可以采取下列一项或者多项应急处置措施： （一）组织营救和救治受害人员，疏散、撤离并妥善安置受到威胁的人员以及采取其他救助措施； （二）迅速控制危险源，标明危险区域，封锁危险场所，划定警戒区，实行交通管制以及其他控制措施； （三）立即抢修被损坏的交通、通信、供水、排水、供电、供气、供热等公共设施，向受到危害的人员提供避难场所和生活必需品，实施医疗救护和卫生防疫以及其他保障措施； （四）禁止或者限制使用有关设备、设施，关闭或者限制使用有关场所，中止人员密集的活动或者可能导致危害扩大的生产经营活动以及采取其他保护措施； （五）启用本级人民政府设置的财政预备费和储备的应急救援物资，必要时调用其他急需物资、设备、设施、工具；

续表

突发事件应对法（2024年修订）	突发事件应对法（2007年）
（五）启用本级人民政府设置的财政预备费和储备的应急救援物资，必要时调用其他急需物资、设备、设施、工具； （六）组织公民、**法人和其他组织**参加应急救援和处置工作，要求具有特定专长的人员提供服务； （七）保障食品、饮用水、**药品**、燃料等基本生活必需品的供应； （八）依法从严惩处囤积居奇、哄抬价格、**牟取暴利**、制假售假等扰乱市场秩序的行为，维护市场秩序； （九）依法从严惩处哄抢财物、干扰破坏应急处置工作等扰乱社会秩序的行为，维护社会治安； **（十）开展生态环境应急监测，保护集中式饮用水水源地等环境敏感目标，控制和处置污染物**；（十一）采取防止发生次生、衍生事件的必要措施。	（六）组织公民参加应急救援和处置工作，要求具有特定专长的人员提供服务； （七）保障食品、饮用水、燃料等基本生活必需品的供应； （八）依法从严惩处囤积居奇、哄抬物价、制假售假等扰乱市场秩序的行为，稳定市场价格，维护市场秩序； （九）依法从严惩处哄抢财物、干扰破坏应急处置工作等扰乱社会秩序的行为，维护社会治安； （十）采取防止发生次生、衍生事件的必要措施。
第七十四条 社会安全事件发生后，组织处置工作的人民政府应当立即**启动应急响应**，组织有关部门针对事件的性质和特点，依照有关法律、行政法规和国家其他有关规定，采取下列一项或者多项应急处置措施： （一）强制隔离使用器械相互对抗或者以暴力行为参与冲突的当事人，妥善解决现场纠纷和争端，控制事态发展；	**第五十条** 社会安全事件发生后，组织处置工作的人民政府应当立即组织有关部门并由公安机关针对事件的性质和特点，依照有关法律、行政法规和国家其他有关规定，采取下列一项或者多项应急处置措施： （一）强制隔离使用器械相互对抗或者以暴力行为参与冲突的当事人，妥善解决现场纠纷和争端，控制事态发展；

续表

突发事件应对法（2024年修订）	突发事件应对法（2007年）
（二）对特定区域内的建筑物、交通工具、设备、设施以及燃料、燃气、电力、水的供应进行控制； （三）封锁有关场所、道路，查验现场人员的身份证件，限制有关公共场所内的活动； （四）加强对易受冲击的核心机关和单位的警卫，在国家机关、军事机关、国家通讯社、广播电台、电视台、外国驻华使领馆等单位附近设置临时警戒线； （五）法律、行政法规和国务院规定的其他必要措施。	（二）对特定区域内的建筑物、交通工具、设备、设施以及燃料、燃气、电力、水的供应进行控制； （三）封锁有关场所、道路，查验现场人员的身份证件，限制有关公共场所内的活动； （四）加强对易受冲击的核心机关和单位的警卫，在国家机关、军事机关、国家通讯社、广播电台、电视台、外国驻华使领馆等单位附近设置临时警戒线； （五）法律、行政法规和国务院规定的其他必要措施。 **严重危害社会治安秩序的事件发生时，公安机关应当立即依法出动警力，根据现场情况依法采取相应的强制性措施，尽快使社会秩序恢复正常。**
第七十五条 发生突发事件，严重影响国民经济正常运行时，国务院或者国务院授权的有关主管部门可以采取保障、控制等必要的应急措施，保障人民群众的基本生活需要，最大限度地减轻突发事件的影响。	**第五十一条** 发生突发事件，严重影响国民经济正常运行时，国务院或者国务院授权的有关主管部门可以采取保障、控制等必要的应急措施，保障人民群众的基本生活需要，最大限度地减轻突发事件的影响。
第七十六条 履行统一领导职责或者组织处置突发事件的人民政府**及其有关部门**，必要时可以向单位和个人征用应急救援所需设备、设施、场地、交通工具和其他物资，请求其他地方人民政府**及其有关部门**提供人力、物力、财力或者技术支援，	**第五十二条** 履行统一领导职责或者组织处置突发事件的人民政府，必要时可以向单位和个人征用应急救援所需设备、设施、场地、交通工具和其他物资，请求其他地方人民政府提供人力、物力、财力或者技术支援，要求生产、供应生活必

续表

突发事件应对法（2024年修订）	突发事件应对法（2007年）
要求生产、供应生活必需品和应急救援物资的企业组织生产、保证供给，要求提供医疗、交通等公共服务的组织提供相应的服务。 履行统一领导职责或者组织处置突发事件的人民政府**和有关主管部门**，应当组织协调运输经营单位，优先运送处置突发事件所需物资、设备、工具、应急救援人员和受到突发事件危害的人员。 **履行统一领导职责或者组织处置突发事件的人民政府及其有关部门，应当为受突发事件影响无人照料的无民事行为能力人、限制民事行为能力人提供及时有效帮助；建立健全联系帮扶应急救援人员家庭制度，帮助解决实际困难。**	品和应急救援物资的企业组织生产、保证供给，要求提供医疗、交通等公共服务的组织提供相应的服务。 履行统一领导职责或者组织处置突发事件的人民政府，应当组织协调运输经营单位，优先运送处置突发事件所需物资、设备、工具、应急救援人员和受到突发事件危害的人员。
第七十七条　突发事件发生地的居民委员会、村民委员会和其他组织应当按照当地人民政府的决定、命令，进行宣传动员，组织群众开展自救与互救，协助维护社会秩序；**情况紧急的，应当立即组织群众开展自救与互救等先期处置工作。**	第五十五条　突发事件发生地的居民委员会、村民委员会和其他组织应当按照当地人民政府的决定、命令，进行宣传动员，组织群众开展自救和互救，协助维护社会秩序。
第七十八条　受到自然灾害危害或者发生事故灾难、公共卫生事件的单位，应当立即组织本单位应急救援队伍和工作人员营救受害人员，疏散、撤离、安置受到威胁的人员，控制危险源，标明危险区域，封锁危险场所，并采取其他防止危害扩大	第五十六条　受到自然灾害危害或者发生事故灾难、公共卫生事件的单位，应当立即组织本单位应急救援队伍和工作人员营救受害人员，疏散、撤离、安置受到威胁的人员，控制危险源，标明危险区域，封锁危险场所，并采取其他防止危害扩

续表

突发事件应对法（2024年修订）	突发事件应对法（2007年）
的必要措施，同时向所在地县级人民政府报告；对因本单位的问题引发的或者主体是本单位人员的社会安全事件，有关单位应当按照规定上报情况，并迅速派出负责人赶赴现场开展劝解、疏导工作。 　　突发事件发生地的其他单位应当服从人民政府发布的决定、命令，配合人民政府采取的应急处置措施，做好本单位的应急救援工作，并积极组织人员参加所在地的应急救援和处置工作。	大的必要措施，同时向所在地县级人民政府报告；对因本单位的问题引发的或者主体是本单位人员的社会安全事件，有关单位应当按照规定上报情况，并迅速派出负责人赶赴现场开展劝解、疏导工作。 　　突发事件发生地的其他单位应当服从人民政府发布的决定、命令，配合人民政府采取的应急处置措施，做好本单位的应急救援工作，并积极组织人员参加所在地的应急救援和处置工作。
第七十九条　突发事件发生地的**个人**应当**依法**服从人民政府、居民委员会、村民委员会或者所属单位的指挥和安排，配合人民政府采取的应急处置措施，积极参加应急救援工作，协助维护社会秩序。	**第五十七条**　突发事件发生地的**公民**应当服从人民政府、居民委员会、村民委员会或者所属单位的指挥和安排，配合人民政府采取的应急处置措施，积极参加应急救援工作，协助维护社会秩序。
第八十条　国家支持城乡社区组织健全应急工作机制，强化城乡社区综合服务设施和信息平台应急功能，加强与突发事件信息系统数据共享，增强突发事件应急处置中保障群众基本生活和服务群众能力。	新增条文
第八十一条　国家采取措施，加强心理健康服务体系和人才队伍建设，支持引导心理健康服务人员和社会工作者对受突发事件影响的各类人群开展心理健康教育、心理评估、心理疏导、心理危机干预、心理行为问题诊治等心理援助工作。	新增条文

续表

突发事件应对法（2024 年修订）	突发事件应对法（2007 年）
第八十二条　对于突发事件遇难人员的遗体，应当按照法律和国家有关规定，科学规范处置，加强卫生防疫，维护逝者尊严。对于逝者的遗物应当妥善保管。	新增条文
第八十三条　县级以上人民政府及其有关部门根据突发事件应对工作需要，在履行法定职责所必需的范围和限度内，可以要求公民、法人和其他组织提供应急处置与救援需要的信息。公民、法人和其他组织应当予以提供，法律另有规定的除外。县级以上人民政府及其有关部门对获取的相关信息，应当严格保密，并依法保护公民的通信自由和通信秘密。	新增条文
第八十四条　在突发事件应急处置中，有关单位和个人因依照本法规定配合突发事件应对工作或者履行相关义务，需要获取他人个人信息的，应当依照法律规定的程序和方式取得并确保信息安全，不得非法收集、使用、加工、传输他人个人信息，不得非法买卖、提供或者公开他人个人信息。	新增条文
第八十五条　因依法履行突发事件应对工作职责或者义务获取的个人信息，只能用于突发事件应对，并在突发事件应对工作结束后予以销毁。确因依法作为证据使用或者调查评估需要留存或者延期销毁的，应当按照规定进行合法性、必要性、安全性评估，并采取相应保护和处理措施，严格依法使用。	新增条文

续表

突发事件应对法（2024年修订）	突发事件应对法（2007年）
第六章　事后恢复与重建	第五章　事后恢复与重建
第八十六条　突发事件的威胁和危害得到控制或者消除后，履行统一领导职责或者组织处置突发事件的人民政府应当**宣布解除应急响应**，停止执行依照本法规定采取的应急处置措施，同时采取或者继续实施必要措施，防止发生自然灾害、事故灾难、公共卫生事件的次生、衍生事件或者重新引发社会安全事件，**组织受影响地区尽快恢复社会秩序**。	第五十八条　突发事件的威胁和危害得到控制或者消除后，履行统一领导职责或者组织处置突发事件的人民政府应当停止执行依照本法规定采取的应急处置措施，同时采取或者继续实施必要措施，防止发生自然灾害、事故灾难、公共卫生事件的次生、衍生事件或者重新引发社会安全事件。
第八十七条　突发事件应急处置工作结束后，履行统一领导职责的人民政府应当立即组织对突发事件造成的**影响和损失**进行**调查**评估，制定恢复重建计划，并向上一级人民政府报告。 受突发事件影响地区的人民政府应当及时组织和协调**应急管理、卫生健康**、公安、交通、铁路、民航、**邮政**、**电信**、建设、**生态环境**、**水利**、**能源**、**广播电视**等有关部门恢复社会秩序，尽快修复被损坏的交通、通信、供水、排水、供电、供气、供热、**医疗卫生**、**水利**、**广播电视**等公共设施。	第五十九条　突发事件应急处置工作结束后，履行统一领导职责的人民政府应当立即组织对突发事件造成的损失进行评估，组织受影响地区尽快恢复生产、生活、工作和社会秩序，制定恢复重建计划，并向上一级人民政府报告。 受突发事件影响地区的人民政府应当及时组织和协调公安、交通、铁路、民航、邮电、建设等有关部门恢复社会治安秩序，尽快修复被损坏的交通、通信、供水、排水、供电、供气、供热等公共设施。
第八十八条　受突发事件影响地区的人民政府开展恢复重建工作需要上一级人民政府支持的，可以向上一级人民政府提出请求。上一级人民政府应当根据受影响地区遭受的损失和实际情况，提供资金、物资支持和技术指导，组织**协调**其他地区**和有关方面**提供资金、物资和人力支援。	第六十条　受突发事件影响地区的人民政府开展恢复重建工作需要上一级人民政府支持的，可以向上一级人民政府提出请求。上一级人民政府应当根据受影响地区遭受的损失和实际情况，提供资金、物资支持和技术指导，组织其他地区提供资金、物资和人力支援。

续表

突发事件应对法（2024年修订）	突发事件应对法（2007年）
第八十九条 国务院根据受突发事件影响地区遭受损失的情况，制定扶持该地区有关行业发展的优惠政策。 受突发事件影响地区的人民政府应当根据本地区遭受的损失**和采取应急处置措施**的情况，制定救助、补偿、抚慰、抚恤、安置等善后工作计划并组织实施，妥善解决因处置突发事件引发的矛盾纠纷。	第六十一条第一款、第二款 国务院根据受突发事件影响地区遭受损失的情况，制定扶持该地区有关行业发展的优惠政策。 受突发事件影响地区的人民政府应当根据本地区遭受损失的情况，制定救助、补偿、抚慰、抚恤、安置等善后工作计划并组织实施，妥善解决因处置突发事件引发的矛盾和纠纷。
第九十条 公民参加应急救援工作或者协助维护社会秩序期间，其**所在单位应当保证其**工资待遇和福利不变，**并可以按照规定给予相应补助**。	第六十一条第三款 公民参加应急救援工作或者协助维护社会秩序期间，其在本单位的工资待遇和福利不变；表现突出、成绩显著的，由县级以上人民政府给予表彰或者奖励。 （移至第十五条处）
第九十一条 县级以上人民政府对在应急救援工作中伤亡的人员依法**落实工伤待遇、抚恤或者其他保障政策，并组织做好应急救援工作中致病人员的医疗救治工作**。	第六十一条第四款 县级以上人民政府对在应急救援工作中伤亡的人员依法给予抚恤。
第九十二条 履行统一领导职责的人民政府**在突发事件应对工作结束后，**应当及时查明突发事件的发生经过和原因，总结突发事件应急处置工作的经验教训，制定改进措施，并向上一级人民政府提出报告。	第六十二条 履行统一领导职责的人民政府应当及时查明突发事件的发生经过和原因，总结突发事件应急处置工作的经验教训，制定改进措施，并向上一级人民政府提出报告。

续表

突发事件应对法（2024年修订）	突发事件应对法（2007年）
第九十三条　突发事件应对工作中有关资金、物资的筹集、管理、分配、拨付和使用等情况，应当依法接受审计机关的审计监督。	新增条文
第九十四条　国家档案主管部门应当建立健全突发事件应对工作相关档案收集、整理、保护、利用工作机制。突发事件应对工作中形成的材料，应当按照国家规定归档，并向相关档案馆移交。	新增条文
第七章　法律责任	第六章　法律责任
第九十五条　地方各级人民政府和县级以上人民政府有关部门违反本法规定，不履行**或者不正确履行**法定职责的，由其上级行政机关责令改正；有下列情形之一，**由有关机关综合考虑突发事件发生的原因、后果、应对处置情况、行为人过错等因素，对负有责任的领导人员**和直接责任人员依法给予处分： （一）未按照规定采取预防措施，导致发生突发事件，或者未采取必要的防范措施，导致发生次生、衍生事件的； （二）迟报、谎报、瞒报、漏报**或者授意他人迟报、谎报、瞒报以及阻碍他人报告**有关突发事件的信息，或者通报、报送、公布虚假信息，造成后果的；	第六十三条　地方各级人民政府和县级以上各级人民政府有关部门违反本法规定，不履行法定职责的，由其上级行政机关或者监察机关责令改正；有下列情形之一的，根据情节对直接负责的主管人员和其他直接责任人员依法给予处分： （一）未按规定采取预防措施，导致发生突发事件，或者未采取必要的防范措施，导致发生次生、衍生事件的； （二）迟报、谎报、瞒报、漏报有关突发事件的信息，或者通报、报送、公布虚假信息，造成后果的； （三）未按规定及时发布突发事件警报、采取预警期的措施，导致损害发生的；

续表

突发事件应对法（2024年修订）	突发事件应对法（2007年）
（三）未按照规定及时发布突发事件警报、采取预警期的措施，导致损害发生的； （四）未按照规定及时采取措施处置突发事件或者处置不当，造成后果的； （五）**违反法律规定采取应对措施，侵犯公民生命健康权益的；** （六）不服从上级人民政府对突发事件应急处置工作的统一领导、指挥和协调的； （七）未及时组织开展生产自救、恢复重建等善后工作的； （八）截留、挪用、私分或者变相私分应急救援资金、物资的； （九）不及时归还征用的单位和个人的财产，或者对被征用财产的单位和个人不按照规定给予补偿的。	（四）未按规定及时采取措施处置突发事件或者处置不当，造成后果的； （五）不服从上级人民政府对突发事件应急处置工作的统一领导、指挥和协调的； （六）未及时组织开展生产自救、恢复重建等善后工作的； （七）截留、挪用、私分或者变相私分应急救援资金、物资的； （八）不及时归还征用的单位和个人的财产，或者对被征用财产的单位和个人不按规定给予补偿的。
第九十六条 有关单位有下列情形之一，由所在地履行统一领导职责的人民政府**有关部门**责令停产停业，暂扣或者吊销许可证件，并处五万元以上二十万元以下的罚款；**情节特别严重的，并处二十万元以上一百万元以下的罚款：** （一）未按照规定采取预防措施，导致发生**较大以上**突发事件的；	**第六十四条** 有关单位有下列情形之一的，由所在地履行统一领导职责的人民政府责令停产停业，暂扣或者吊销许可证或者营业执照，并处五万元以上二十万元以下的罚款；构成违反治安管理行为的，由公安机关依法给予处罚： （一）未按规定采取预防措施，导致发生严重突发事件的； （二）未及时消除已发现的可能引发突发事件的隐患，导

突发事件应对法（2024年修订）	突发事件应对法（2007年）
（二）未及时消除已发现的可能引发突发事件的隐患，导致发生**较大以上**突发事件的； （三）未做好**应急物资储备和**应急设备、设施日常维护、检测工作，导致发生**较大以上**突发事件或者突发事件危害扩大的； （四）突发事件发生后，不及时组织开展应急救援工作，造成严重后果的。 **其他法律对前款行为规定了处罚的，依照较重的规定处罚。**	致发生严重突发事件的； （三）未做好应急设备、设施日常维护、检测工作，导致发生严重突发事件或者突发事件危害扩大的； （四）突发事件发生后，不及时组织开展应急救援工作，造成严重后果的。 前款规定的行为，其他法律、行政法规规定由人民政府有关部门依法决定处罚的，从其规定。
第九十七条 违反本法规定，编造并传播有关突发事件的虚假信息，或者明知是有关突发事件的虚假信息而进行传播的，责令改正，给予警告；造成严重后果的，依法暂停其业务活动或者吊销其**许可证件**；负有直接责任的人员是**公职**人员的，还应当依法给予处分。	**第六十五条** 违反本法规定，编造并传播有关突发事件事态发展或者应急处置工作的虚假信息，或者明知是有关突发事件事态发展或者应急处置工作的虚假信息而进行传播的，责令改正，给予警告；造成严重后果的，依法暂停其业务活动或者吊销其执业许可证；负有直接责任的人员是国家工作人员的，还应当对其依法给予处分；构成违反治安管理行为的，由公安机关依法给予处罚。
第九十八条 单位或者个人违反本法规定，不服从所在地人民政府及其有关部门**依法**发布的决定、命令或者不配合其依法采取的措施**的，责令改正**；造成严重后果的，**依法给予行政处罚**；**负有直接责任的人员是公职人员的，还应当依法给予处分。**	**第六十六条** 单位或者个人违反本法规定，不服从所在地人民政府及其有关部门发布的决定、命令或者不配合其依法采取的措施，构成违反治安管理行为的，由公安机关依法给予处罚。

续表

突发事件应对法（2024年修订）	突发事件应对法（2007年）
第九十九条 单位或者个人违反本法第八十四条、第八十五条关于个人信息保护规定的，由主管部门依照有关法律规定给予处罚。	新增条文
第一百条 单位或者个人违反本法规定，导致突发事件发生或者危害扩大，**造成人身、财产或者其他**损害的，应当依法承担民事责任。	**第六十七条** 单位或者个人违反本法规定，导致突发事件发生或者危害扩大，给他人人身、财产造成损害的，应当依法承担民事责任。
第一百零一条 为了使本人或者他人的人身、财产免受正在发生的危险而采取避险措施的，依照《中华人民共和国民法典》、《中华人民共和国刑法》等法律关于紧急避险的规定处理。	新增条文
第一百零二条 违反本法规定，**构成违反治安管理行为的，依法给予治安管理处罚**；构成犯罪的，依法追究刑事责任。	**第六十八条** 违反本法规定，构成犯罪的，依法追究刑事责任。
第八章 附　则	**第七章 附　则**
第一百零三条 发生特别重大突发事件，对人民生命财产安全、国家安全、公共安全、**生态**环境安全或者社会秩序构成重大威胁，采取本法和其他有关法律、法规、规章规定的应急处置措施不能消除或者有效控制、减轻其严重社会危害，需要进入紧急状态的，由全国人民代表大会常务委员会或者国务院依照宪法和其他有关法律规定的权限和程序决定。	**第六十九条** 发生特别重大突发事件，对人民生命财产安全、国家安全、公共安全、环境安全或者社会秩序构成重大威胁，采取本法和其他有关法律、法规、规章规定的应急处置措施不能消除或者有效控制、减轻其严重社会危害，需要进入紧急状态的，由全国人民代表大会常务委员会或者国务院依照宪法和其他有关法律规定的权限和程序决定。

突发事件应对法（2024年修订）	突发事件应对法（2007年）
紧急状态期间采取的非常措施，依照有关法律规定执行或者由全国人民代表大会常务委员会另行规定。	紧急状态期间采取的非常措施，依照有关法律规定执行或者由全国人民代表大会常务委员会另行规定。
第一百零四条　中华人民共和国领域外发生突发事件，造成或者可能造成中华人民共和国公民、法人和其他组织人身伤亡、财产损失的，由国务院外交部门会同国务院其他有关部门、有关地方人民政府，按照国家有关规定做好应对工作。	新增条文
第一百零五条　在中华人民共和国境内的外国人、无国籍人应当遵守本法，服从所在地人民政府及其有关部门依法发布的决定、命令，并配合其依法采取的措施。	新增条文
第一百零六条　本法自 **2024 年 11 月 1 日** 起施行。	第七十条　本法自 2007 年 11 月 1 日起施行。